RUSSO

VOCABULÁRIO

PALAVRAS MAIS ÚTEIS

PORTUGUÊS
RUSSO

Para alargar o seu léxico e apurar
as suas competências linguísticas

9000 palavras

Vocabulário Português-Russo - 9000 palavras

Por Andrey Taranov

Os vocabulários da T&P Books destinam-se a ajudar a aprender, a memorizar, e a rever palavras estrangeiras. O dicionário é dividido em temas, cobrindo todas as principais esferas de atividades quotidianas, negócios, ciência, cultura, etc.

O processo de aprendizagem, utilizando os dicionários baseados em temáticas da T&P Books dá-lhe as seguintes vantagens:

- Informação de origem corretamente agrupada predetermina o sucesso em fases subsequentes da memorização de palavras
- Disponibilização de palavras derivadas da mesma raiz, o que permite a memorização de unidades de texto (em vez de palavras separadas)
- Pequenas unidades de palavras facilitam o processo de estabelecimento de vínculos associativos necessários para a consolidação do vocabulário
- O nível de conhecimento da língua pode ser estimado pelo número de palavras aprendidas

T&P Books Publishing
www.tpbooks.com

ISBN: 978-1-78400-839-0

Este livro também está disponível em formato E-book.
Por favor visite www.tpbooks.com ou as principais livrarias on-line.

VOCABULÁRIO RUSSO
palavras mais úteis

Os vocabulários da T&P Books destinam-se a ajudar a aprender, a memorizar, e a rever palavras estrangeiras. O vocabulário contém mais de 9000 palavras de uso comum organizadas tematicamente.

O vocabulário contém as palavras mais comummente usadas
Recomendado como adicional para qualquer curso de línguas
Satisfaz as necessidades dos iniciados e dos alunos avançados de línguas estrangeiras
Conveniente para o uso diário, sessões de revisão e atividades de auto-teste
Permite avaliar o seu vocabulário

Características especias do vocabulário

* As palavras estão organizadas de acordo com o seu significado, e não por ordem alfabética
* As palavras são apresentadas em três colunas para facilitar os processos de revisão e auto-teste
* As palavras compostas são divididas em pequenos blocos para facilitar o processo de aprendizagem
* O vocabulário oferece uma transcrição simples e adequada de cada palavra estrangeira

O vocabulário contém 256 tópicos incluindo:

Conceitos básicos, Números, Cores, Meses, Estações do ano, Unidades de medida, Roupas & Acessórios, Alimentos & Nutrição, Restaurante, Membros da Família, Parentes, Caráter, Sentimentos, Emoções, Doenças, Cidade, Passeios, Compras, Dinheiro, Casa, Lar, Escritório, Trabalho no Escritório, Importação & Exportação, Marketing, Pesquisa de Emprego, Desportos, Educação, Computador, Internet, Ferramentas, Natureza, Países, Nacionalidades e muito mais ...

TABELA DE CONTEÚDOS

GUIA DE PRONUNCIAÇÃO

Alfabeto fonético T&P	Exemplo Russo	Exemplo Português

Consoantes

[b]	абрикос [abrikós]	barril
[d]	квадрат [kvadrát]	dentista
[f]	реформа [refórma]	safári
[g]	глина [glína]	gosto
[ʒ]	массажист [masaʒíst]	talvez
[j]	пресный [présnij]	géiser
[h], [x]	мех, Пасха [méh], [pásxa]	[h] aspirada
[k]	кратер [krátɛr]	kiwi
[l]	лиловый [lilóvij]	libra
[m]	молоко [molokó]	magnólia
[n]	нут, пони [nút], [póni]	natureza
[p]	пират [pirát]	presente
[r]	ручей [rutʃéj]	riscar
[s]	суслик [súslik]	sanita
[t]	тоннель [tonélʲ]	tulipa
[ʃ]	лишайник [liʃájnik]	mês
[ʧ]	врач, речь [vrátʃ], [rétʃʲ]	Tchau!
[ʦ]	кузнец [kuznéʦ]	tsé-tsé
[ʃ]	мощность [móʃnostʲ]	shiatsu
[v]	молитва [molítva]	fava
[z]	дизайнер [dizájner]	sésamo

Símbolos adicionais

[ʲ]	дикарь [dikárʲ]	sinal de palatalização
[·]	автопилот [afto·pilót]	ponto mediano
[ˈ]	заплата [zapláta]	acento principal

Vogais acentuadas

[á]	платье [plátje]	chamar
[é]	лебедь [lébetʲ]	metal
[ǿ]	шахтёр [ʃahtǿr]	ioga
[í]	организм [organízm]	sinónimo
[ó]	роспись [róspisʲ]	lobo
[ú]	инсульт [insúlʲt]	bonita

Alfabeto fonético T&P	Exemplo Russo	Exemplo Português
[ɪ]	добыча [dɔbĩʧa]	sinónimo
[æ]	полиэстер [pɔliǽstɛr]	semana
['ú], [jú]	салют, юг [salʲút], [júg]	nacional
['á], [já]	связь, я [svʲásʲ], [já]	Himalaias

Vogais não acentuadas

[a]	гравюра [gravʲúra]	som neutro, semelhante a um xevá [ə]
[e]	кенгуру [kɛngurú]	som neutro, semelhante a um xevá
[ə]	пожалуйста [pɔʒálǝsta]	milagre
[i]	рисунок [risúnɔk]	sinónimo
[ɔ]	железо [ʒelézɔ]	som neutro, semelhante a um xevá
[u]	вирус [vírus]	bonita
[ɨ]	первый [pérvij]	sinónimo
[ɛ]	аэропорт [aɛrɔpórt]	mesquita
['u], [ju]	брюнет [brʲunét]	nacional
[ɪ], [jɪ]	заяц, язык [záɪʦ], [jɪzĩk]	som neutro, semelhante a um xevá
['a], [ja]	няня, копия [nʲánʲa], [kópija]	Himalaias

ABREVIATURAS
usadas no vocabulário

Abreviaturas do Português

adj	-	adjetivo
adv	-	advérbio
anim.	-	animado
conj.	-	conjunção
desp.	-	desporto
etc.	-	etecetra
ex.	-	por exemplo
f	-	nome feminino
f pl	-	feminino plural
fem.	-	feminino
inanim.	-	inanimado
m	-	nome masculino
m pl	-	masculino plural
m, f	-	masculino, feminino
masc.	-	masculino
mat.	-	matemática
mil.	-	militar
pl	-	plural
prep.	-	preposição
pron.	-	pronome
sb.	-	sobre
sing.	-	singular
v aux	-	verbo auxiliar
vi	-	verbo intransitivo
vi, vt	-	verbo intransitivo, transitivo
vr	-	verbo reflexivo
vt	-	verbo transitivo

Abreviaturas do Russo

возв	-	verbo reflexivo
ж	-	nome feminino
ж мн	-	feminino plural
м	-	nome masculino
м мн	-	masculino plural
м, ж	-	masculino, feminino
мн	-	plural
н/пх	-	verbo intransitivo, transitivo

н/св	-	aspecto perfectivo/imperfectivo
нпх	-	verbo intransitivo
нсв	-	aspecto imperfectivo
пх	-	verbo transitivo
с	-	neutro
с мн	-	neutro plural
св	-	aspecto perfectivo

CONCEITOS BÁSICOS

Conceitos básicos. Parte 1

1. Pronomes

eu	я	[já]
tu	ты	[tĩ]
ele	он	[ón]
ela	она	[oná]
ele, ela (neutro)	оно	[onó]
nós	мы	[mĩ]
vocês	вы	[vĩ]
eles, elas	они	[oní]

2. Cumprimentos. Saudações. Despedidas

Olá!	Здравствуй!	[zdrástvuj]
Bom dia! (formal)	Здравствуйте!	[zdrástvujte]
Bom dia! (de manhã)	Доброе утро!	[dóbrɔe útrɔ]
Boa tarde!	Добрый день!	[dóbrij dénʲ]
Boa noite!	Добрый вечер!	[dóbrij vetʃer]
cumprimentar (vt)	здороваться (нсв, возв)	[zdɔróvatsa]
Olá!	Привет!	[privét]
saudação (f)	привет (m)	[privét]
saudar (vt)	приветствовать (нсв, пх)	[privétstvɔvatʲ]
Como vai?	Как у вас дела?	[kák u vás delá?]
Como vais?	Как дела?	[kák delá?]
O que há de novo?	Что нового?	[ʃtó nóvɔvɔ?]
Até à vista!	До свидания!	[dɔ svidánija]
Até breve!	До скорой встречи!	[dɔ skórɔj fstrétʃi]
Adeus! (sing.)	Прощай!	[prɔʃʲáj]
Adeus! (pl)	Прощайте!	[prɔʃʲájte]
despedir-se (vr)	прощаться (нсв, возв)	[prɔʃʲátsa]
Até logo!	Пока!	[pɔká]
Obrigado! -a!	Спасибо!	[spasíbɔ]
Muito obrigado! -a!	Большое спасибо!	[bɔlʲʃóe spasíbɔ]
De nada	Пожалуйста	[pɔʒáləsta]
Não tem de quê	Не стоит благодарности	[ne stóit blagɔdárnɔsti]
De nada	Не за что	[né za ʃtɔ]
Desculpa!	Извини!	[izviní]
Desculpe!	Извините!	[izviníte]

15

desculpar (vt)	извинять (нсв, пх)	[izvinʲátʲ]
desculpar-se (vr)	извиняться (нсв, возв)	[izvinʲátsa]
As minhas desculpas	Мои извинения	[mɔí izvinénija]
Desculpe!	Простите!	[prɔstíte]
perdoar (vt)	прощать (нсв, пх)	[prɔʃátʲ]
Não faz mal	Ничего страшного	[nitʃevó stráʃnɔvɔ]
por favor	пожалуйста	[pɔʒálɔsta]

Não se esqueça!	Не забудьте!	[ne zabútʲte]
Certamente! Claro!	Конечно!	[kɔnéʃnɔ]
Claro que não!	Конечно нет!	[kɔnéʃnɔ nét]
Está bem! De acordo!	Согласен!	[sɔglásen]
Basta!	Хватит!	[hvátit]

3. Como se dirigir a alguém

Desculpe (para chamar a atenção)	Извините	[izviníte]
senhor	господин	[gɔspɔdín]
senhora	госпожа	[gɔspɔʒá]
rapariga	девушка	[dévuʃka]
rapaz	молодой человек	[mɔlɔdój tʃelɔvék]
menino	мальчик	[málʲtʃik]
menina	девочка	[dévɔtʃka]

4. Números cardinais. Parte 1

zero	ноль	[nólʲ]
um	один	[ɔdín]
dois	два	[dvá]
três	три	[trí]
quatro	четыре	[tʃetĩre]

cinco	пять	[pʲátʲ]
seis	шесть	[ʃæstʲ]
sete	семь	[sémʲ]
oito	восемь	[vósemʲ]
nove	девять	[dévɪtʲ]

dez	десять	[désɪtʲ]
onze	одиннадцать	[ɔdínatsatʲ]
doze	двенадцать	[dvenátsatʲ]
treze	тринадцать	[trinátsatʲ]
catorze	четырнадцать	[tʃetĩrnatsatʲ]

quinze	пятнадцать	[pitnátsatʲ]
dezasseis	шестнадцать	[ʃɛsnátsatʲ]
dezassete	семнадцать	[semnátsatʲ]
dezoito	восемнадцать	[vɔsemnátsatʲ]
dezanove	девятнадцать	[devitnátsatʲ]
vinte	двадцать	[dvátsatʲ]
vinte e um	двадцать один	[dvátsatʲ ɔdín]

| vinte e dois | двадцать два | [dvátsatʲ dvá] |
| vinte e três | двадцать три | [dvátsatʲ trí] |

trinta	тридцать	[trítsatʲ]
trinta e um	тридцать один	[trítsatʲ ɔdín]
trinta e dois	тридцать два	[trítsatʲ dvá]
trinta e três	тридцать три	[trítsatʲ trí]

quarenta	сорок	[sórɔk]
quarenta e um	сорок один	[sórɔk ɔdín]
quarenta e dois	сорок два	[sórɔk dvá]
quarenta e três	сорок три	[sórɔk trí]

cinquenta	пятьдесят	[pɪtʲdesʲát]
cinquenta e um	пятьдесят один	[pɪtʲdesʲát ɔdín]
cinquenta e dois	пятьдесят два	[pɪtʲdesʲát dvá]
cinquenta e três	пятьдесят три	[pɪtʲdesʲát trí]

sessenta	шестьдесят	[ʃɛstʲdesʲát]
sessenta e um	шестьдесят один	[ʃɛstʲdesʲát ɔdín]
sessenta e dois	шестьдесят два	[ʃɛstʲdesʲát dvá]
sessenta e três	шестьдесят три	[ʃɛstʲdesʲát trí]

setenta	семьдесят	[sémʲdesɪt]
setenta e um	семьдесят один	[sémʲdesɪt ɔdín]
setenta e dois	семьдесят два	[sémʲdesɪt dvá]
setenta e três	семьдесят три	[sémʲdesɪt trí]

oitenta	восемьдесят	[vósemʲdesɪt]
oitenta e um	восемьдесят один	[vósemʲdesɪt ɔdín]
oitenta e dois	восемьдесят два	[vósemʲdesɪt dvá]
oitenta e três	восемьдесят три	[vósemʲdesɪt trí]

noventa	девяносто	[devɪnóstɔ]
noventa e um	девяносто один	[devɪnóstɔ ɔdín]
noventa e dois	девяносто два	[devɪnóstɔ dvá]
noventa e três	девяносто три	[devɪnóstɔ trí]

5. Números cardinais. Parte 2

cem	сто	[stó]
duzentos	двести	[dvésti]
trezentos	триста	[trísta]
quatrocentos	четыреста	[tʃetɨ̆resta]
quinhentos	пятьсот	[pɪtʲsót]

seiscentos	шестьсот	[ʃɛstʲsót]
setecentos	семьсот	[semʲsót]
oitocentos	восемьсот	[vɔsemʲsót]
novecentos	девятьсот	[devɪtʲsót]

mil	тысяча	[tɨ̆sɪtʃa]
dois mil	две тысячи	[dve tɨ̆sɪtʃi]
De quem são ...?	три тысячи	[trí tɨ̆sɪtʃi]

17

dez mil	десять тысяч	[désɪtʲ tɪ̄sʲatʃ]
cem mil	сто тысяч	[stó tɪ̄sɪtʃ]
um milhão	миллион (м)	[milión]
mil milhões	миллиард (м)	[miliárd]

6. Números ordinais

primeiro	первый	[pérvʲij]
segundo	второй	[ftɔrój]
terceiro	третий	[trétij]
quarto	четвёртый	[tʃetvǿrtʲij]
quinto	пятый	[pʲátij]

sexto	шестой	[ʃɛstój]
sétimo	седьмой	[sedʲmój]
oitavo	восьмой	[vɔsʲmój]
nono	девятый	[devʲátij]
décimo	десятый	[desʲátij]

7. Números. Frações

fração (f)	дробь (ж)	[drópʲ]
um meio	одна вторая	[ɔdná ftɔrája]
um terço	одна третья	[ɔdná trétja]
um quarto	одна четвёртая	[ɔdná tʃetvǿrtaja]

um oitavo	одна восьмая	[ɔdná vɔsʲmája]
um décimo	одна десятая	[ɔdná desʲátaja]
dois terços	две третьих	[dve trétjih]
três quartos	три четвёртых	[trí tʃetvǿrtɨh]

8. Números. Operações básicas

subtração (f)	вычитание (с)	[vɨtʃitánie]
subtrair (vi, vt)	вычитать (нсв, пх)	[vɨtʃitátʲ]
divisão (f)	деление (с)	[delénie]
dividir (vt)	делить (нсв, пх)	[delítʲ]

adição (f)	сложение (с)	[slɔʒǽnie]
somar (vt)	сложить (св, пх)	[slɔʒɨ̄tʲ]
adicionar (vt)	прибавлять (нсв, пх)	[pribavlʲátʲ]
multiplicação (f)	умножение (с)	[umnɔʒǽnie]
multiplicar (vt)	умножать (нсв, пх)	[umnɔʒátʲ]

9. Números. Diversos

| algarismo, dígito (m) | цифра (ж) | [tsɨ̄fra] |
| número (m) | число (с) | [tʃisló] |

numeral (m)	числительное (с)	[tʃislítelʲnɔe]
menos (m)	минус (м)	[mínus]
mais (m)	плюс (м)	[plʲús]
fórmula (f)	формула (ж)	[fórmula]

cálculo (m)	вычисление (с)	[vitʃislénie]
contar (vt)	считать (нсв, пх)	[ʃitátʲ]
calcular (vt)	подсчитывать (нсв, пх)	[potʃítivatʲ]
comparar (vt)	сравнивать (нсв, пх)	[srávnivatʲ]

Quanto, -os, -as?	Сколько?	[skólʲkɔ?]
soma (f)	сумма (ж)	[súmma]
resultado (m)	результат (м)	[rezulʲtát]
resto (m)	остаток (м)	[ɔstátɔk]

alguns, algumas ...	несколько	[néskɔlʲkɔ]
um pouco de ...	мало	[málɔ]
resto (m)	остальное (с)	[ɔstalʲnóe]
um e meio	полтора	[pɔltɔrá]
dúzia (f)	дюжина (ж)	[dʲúʒina]

ao meio	пополам	[pɔpɔlám]
em partes iguais	поровну	[pórɔvnu]
metade (f)	половина (ж)	[pɔlovína]
vez (f)	раз (м)	[rás]

10. Os verbos mais importantes. Parte 1

abrir (vt)	открывать (нсв, пх)	[ɔtkrivátʲ]
acabar, terminar (vt)	заканчивать (нсв, пх)	[zakántʃivatʲ]
aconselhar (vt)	советовать (нсв, пх)	[sɔvétɔvatʲ]
adivinhar (vt)	отгадать (св, пх)	[ɔdgadátʲ]
advertir (vt)	предупреждать (нсв, пх)	[predupreʒdátʲ]

ajudar (vt)	помогать (нсв, пх)	[pɔmɔgátʲ]
almoçar (vi)	обедать (нсв, нпх)	[ɔbédatʲ]
alugar (~ um apartamento)	снимать (нсв, пх)	[snimátʲ]
amar (vt)	любить (нсв, пх)	[lʲubítʲ]
ameaçar (vt)	угрожать (нсв, пх)	[ugrɔʒátʲ]

anotar (escrever)	записывать (нсв, пх)	[zapísivatʲ]
apressar-se (vr)	торопиться (нсв, возв)	[tɔrɔpítsa]
arrepender-se (vr)	сожалеть (нсв, нпх)	[sɔʒilétʲ]
assinar (vt)	подписывать (нсв, пх)	[pɔtpísivatʲ]

atirar, disparar (vi)	стрелять (нсв, нпх)	[strelʲátʲ]
brincar (vi)	шутить (нсв, нпх)	[ʃutítʲ]
brincar, jogar (crianças)	играть (нсв, нпх)	[igrátʲ]
buscar (vt)	искать ... (нсв, пх)	[iskátʲ ...]
caçar (vi)	охотиться (нсв, возв)	[ɔhótitsa]

cair (vi)	падать (нсв, нпх)	[pádatʲ]
cavar (vt)	рыть (нсв, пх)	[rítʲ]
cessar (vt)	прекращать (нсв, пх)	[prekraʃátʲ]

chamar (~ por socorro)	звать (нсв, пх)	[zvátʲ]
chegar (vi)	приезжать (нсв, нпх)	[prieʒʒátʲ]
chorar (vi)	плакать (нсв, нпх)	[plákatʲ]

começar (vt)	начинать (нсв, пх)	[natʃinátʲ]
comparar (vt)	сравнивать (нсв, пх)	[srávnivatʲ]
compreender (vt)	понимать (нсв, пх)	[pɔnimátʲ]
concordar (vi)	соглашаться (нсв, возв)	[sɔɡlaʃátsa]
confiar (vt)	доверять (нсв, пх)	[dɔverʲátʲ]

confundir (equivocar-se)	путать (нсв, пх)	[pútatʲ]
conhecer (vt)	знать (нсв, пх)	[znátʲ]
contar (fazer contas)	считать (нсв, пх)	[ʃʲitátʲ]
contar com (esperar)	рассчитывать на ... (нсв)	[raʃʲítivatʲ na ...]
continuar (vt)	продолжать (нсв, пх)	[prɔdɔlʒátʲ]

controlar (vt)	контролировать (нсв, пх)	[kɔntrɔlírɔvatʲ]
convidar (vt)	приглашать (нсв, пх)	[priɡlaʃátʲ]
correr (vi)	бежать (н/св, нпх)	[beʒátʲ]
criar (vt)	создать (св, пх)	[sɔzdátʲ]
custar (vt)	стоить (нсв, пх)	[stóitʲ]

11. Os verbos mais importantes. Parte 2

dar (vt)	давать (нсв, пх)	[davátʲ]
dar uma dica	подсказать (св, пх)	[pɔtskazátʲ]
decorar (enfeitar)	украшать (нсв, пх)	[ukraʃátʲ]
defender (vt)	защищать (нсв, пх)	[zaʃiʃʲátʲ]
deixar cair (vt)	ронять (нсв, пх)	[rɔnʲátʲ]

descer (para baixo)	спускаться (нсв, возв)	[spuskátsa]
desculpar (vt)	извинять (нсв, пх)	[izvinʲátʲ]
desculpar-se (vr)	извиняться (нсв, возв)	[izvinʲátsa]
dirigir (~ uma empresa)	руководить (нсв, пх)	[rukɔvɔdítʲ]
discutir (notícias, etc.)	обсуждать (нсв, пх)	[ɔpsuʒdátʲ]
dizer (vt)	сказать (нсв, пх)	[skazátʲ]

duvidar (vt)	сомневаться (нсв, возв)	[sɔmnevátsa]
encontrar (achar)	находить (нсв, пх)	[nahɔdítʲ]
enganar (vt)	обманывать (нсв, пх)	[ɔbmánivatʲ]
entrar (na sala, etc.)	входить (нсв, нпх)	[fhɔdítʲ]
enviar (uma carta)	отправлять (нсв, пх)	[ɔtpravlʲátʲ]

errar (equivocar-se)	ошибаться (нсв, возв)	[ɔʃibátsa]
escolher (vt)	выбирать (нсв, пх)	[vibirátʲ]
esconder (vt)	прятать (нсв, пх)	[prʲátatʲ]
escrever (vt)	писать (нсв, пх)	[pisátʲ]
esperar (o autocarro, etc.)	ждать (нсв, пх)	[ʒdátʲ]

esperar (ter esperança)	надеяться (нсв, возв)	[nadéitsa]
esquecer (vt)	забывать (нсв, пх)	[zabivátʲ]
estudar (vt)	изучать (нсв, пх)	[izutʃátʲ]
exigir (vt)	требовать (нсв, пх)	[trébɔvatʲ]
existir (vi)	существовать (нсв, нпх)	[suʃʲestvɔvátʲ]

explicar (vt)	объяснять (нсв, пх)	[ɔbjısnʲátʲ]
falar (vi)	говорить (нсв, н/пх)	[gɔvɔrítʲ]
faltar (clases, etc.)	пропускать (нсв, пх)	[prɔpuskátʲ]
fazer (vt)	делать (нсв, пх)	[délatʲ]
ficar em silêncio	молчать (нсв, нпх)	[mɔltʃátʲ]
gabar-se, jactar-se (vr)	хвастаться (нсв, возв)	[hvástatsa]

gostar (apreciar)	нравиться (нсв, возв)	[nrávitsa]
gritar (vi)	кричать (нсв, нпх)	[kritʃátʲ]
guardar (cartas, etc.)	сохранять (нсв, пх)	[sɔhranʲátʲ]
informar (vt)	информировать (н/св, пх)	[infɔrmírɔvatʲ]
insistir (vi)	настаивать (нсв, нпх)	[nastáivatʲ]

insultar (vt)	оскорблять (нсв, пх)	[ɔskɔrblʲátʲ]
interessar-se (vr)	интересоваться (нсв, возв)	[interesɔvátsa]
ir (a pé)	идти (нсв, нпх)	[itʲtʲí]
ir nadar	купаться (нсв, возв)	[kupátsa]
jantar (vi)	ужинать (нсв, нпх)	[úʒinatʲ]

12. Os verbos mais importantes. Parte 3

ler (vt)	читать (нсв, н/пх)	[tʃitátʲ]
libertar (cidade, etc.)	освобождать (нсв, пх)	[ɔsvɔbɔʒdátʲ]
matar (vt)	убивать (нсв, пх)	[ubivátʲ]
mencionar (vt)	упоминать (нсв, пх)	[upɔminátʲ]
mostrar (vt)	показывать (нсв, пх)	[pɔkázivatʲ]

mudar (modificar)	изменить (св, пх)	[izmenítʲ]
nadar (vi)	плавать (нсв, нпх)	[plávatʲ]
negar-se a ...	отказываться (нсв, возв)	[ɔtkázivatsa]
objetar (vt)	возражать (нсв, н/пх)	[vɔzraʒátʲ]

observar (vt)	наблюдать (нсв, н/пх)	[nablʲudátʲ]
ordenar (mil.)	приказывать (нсв, пх)	[prikázivatʲ]
ouvir (vt)	слышать (нсв, пх)	[slĩʃatʲ]
pagar (vt)	платить (нсв, н/пх)	[platítʲ]
parar (vi)	останавливаться (нсв, возв)	[ɔstanávlivatsa]

participar (vi)	участвовать (нсв, нпх)	[utʃástvɔvatʲ]
pedir (comida)	заказывать (нсв, пх)	[zakázivatʲ]
pedir (um favor, etc.)	просить (нсв, пх)	[prɔsítʲ]
pegar (tomar)	брать (нсв), взять (св)	[brátʲ], [vzʲátʲ]
pensar (vt)	думать (нсв, н/пх)	[dúmatʲ]

perceber (ver)	замечать (нсв, пх)	[zametʃátʲ]
perdoar (vt)	прощать (нсв, пх)	[prɔʃátʲ]
perguntar (vt)	спрашивать (нсв, пх)	[spráʃivatʲ]
permitir (vt)	разрешать (нсв, пх)	[razreʃátʲ]
pertencer a ...	принадлежать ... (нсв, нпх)	[prinadleʒátʲ ...]

planear (vt)	планировать (нсв, пх)	[planírɔvatʲ]
poder (vi)	мочь (нсв, нпх)	[mótʃʲ]
possuir (vt)	владеть (нсв, пх)	[vladétʲ]
preferir (vt)	предпочитать (нсв, пх)	[pretpɔtʃitátʲ]

preparar (vt)	готовить (нсв, пх)	[gotóvitʲ]
prever (vt)	предвидеть (нсв, пх)	[predvídetʲ]
prometer (vt)	обещать (н/св, пх)	[obeʃátʲ]
pronunciar (vt)	произносить (нсв, пх)	[prɔiznɔsítʲ]
propor (vt)	предлагать (нсв, пх)	[predlagátʲ]
punir (castigar)	наказывать (нсв, пх)	[nakázivatʲ]

13. Os verbos mais importantes. Parte 4

quebrar (vt)	ломать (нсв, пх)	[lɔmátʲ]
queixar-se (vr)	жаловаться (нсв, возв)	[ʒálɔvatsa]
querer (desejar)	хотеть (нсв, пх)	[hɔtétʲ]
recomendar (vt)	рекомендовать (нсв, пх)	[rekɔmendɔvátʲ]
repetir (dizer outra vez)	повторять (нсв, пх)	[pɔftɔrʲátʲ]

repreender (vt)	ругать (нсв, пх)	[rugátʲ]
reservar (~ um quarto)	резервировать (н/св, пх)	[rezervírɔvatʲ]
responder (vt)	отвечать (нсв, пх)	[ɔtvetʃátʲ]
rezar, orar (vi)	молиться (нсв, возв)	[mɔlítsa]
rir (vi)	смеяться (нсв, возв)	[smejátsa]

roubar (vt)	красть (нсв, н/пх)	[krástʲ]
sair (~ de casa)	выходить (нсв, нпх)	[vihɔdítʲ]
salvar (vt)	спасать (нсв, пх)	[spasátʲ]
seguir ...	следовать за ... (нсв)	[slédɔvatʲ za ...]

| sentar-se (vr) | садиться (нсв, возв) | [sadítsa] |
| ser necessário | требоваться (нсв, возв) | [trébɔvatsa] |

| ser, estar | быть (нсв, нпх) | [bĩtʲ] |
| significar (vt) | означать (нсв, пх) | [ɔznatʃátʲ] |

| sorrir (vi) | улыбаться (нсв, возв) | [ulibátsa] |
| subestimar (vt) | недооценивать (нсв, пх) | [nedɔɔtsǽnivatʲ] |

| surpreender-se (vr) | удивляться (нсв, возв) | [udivlʲátsa] |
| tentar (vt) | пробовать (нсв, пх) | [próbɔvatʲ] |

| ter (vt) | иметь (нсв, пх) | [imétʲ] |
| ter fome | хотеть есть (нсв) | [hɔtétʲ éstʲ] |

| ter medo | бояться (нсв, возв) | [bɔjátsa] |
| ter sede | хотеть пить | [hɔtétʲ pítʲ] |

tocar (com as mãos)	трогать (нсв, пх)	[trógatʲ]
tomar o pequeno-almoço	завтракать (нсв, нпх)	[záftrakatʲ]
trabalhar (vi)	работать (нсв, нпх)	[rabótatʲ]

| traduzir (vt) | переводить (нсв, пх) | [perevɔdítʲ] |
| unir (vt) | объединять (нсв, пх) | [ɔbjedinʲátʲ] |

vender (vt)	продавать (нсв, пх)	[prɔdavátʲ]
ver (vt)	видеть (нсв, пх)	[vídetʲ]
virar (ex. ~ à direita)	поворачивать (нсв, нпх)	[pɔvɔrátʃivatʲ]

14. Cores

cor (f)	цвет (м)	[tsvét]
matiz (m)	оттенок (м)	[otténɔk]
tom (m)	тон (м)	[tón]
arco-íris (m)	радуга (ж)	[ráduga]
branco	белый	[bélij]
preto	чёрный	[tʃórnij]
cinzento	серый	[sérij]
verde	зелёный	[zelǿnij]
amarelo	жёлтый	[ʒóltij]
vermelho	красный	[krásnij]
azul	синий	[sínij]
azul claro	голубой	[gɔlubój]
rosa	розовый	[rózɔvij]
laranja	оранжевый	[ɔránʒevij]
violeta	фиолетовый	[fiɔlétɔvij]
castanho	коричневый	[kɔrítʃnevij]
dourado	золотой	[zɔlɔtój]
prateado	серебристый	[serebrístij]
bege	бежевый	[béʒevij]
creme	кремовый	[krémɔvij]
turquesa	бирюзовый	[birʲuzóvij]
vermelho cereja	вишнёвый	[viʃnǿvij]
lilás	лиловый	[lilóvij]
carmesim	малиновый	[malínɔvij]
claro	светлый	[svétlij]
escuro	тёмный	[tǿmnij]
vivo	яркий	[járkij]
de cor	цветной	[tsvetnój]
a cores	цветной	[tsvetnój]
preto e branco	чёрно-белый	[tʃórnɔ-bélij]
unicolor	одноцветный	[ɔdnɔtsvétnij]
multicor	разноцветный	[raznɔtsvétnij]

15. Questões

Quem?	Кто?	[któ?]
Que?	Что?	[ʃtó?]
Onde?	Где?	[gdé?]
Para onde?	Куда?	[kudá?]
De onde?	Откуда?	[ɔtkúda?]
Quando?	Когда?	[kɔgdá?]
Para quê?	Зачем?	[zatʃém?]
Porquê?	Почему?	[pɔtʃemú?]
Para quê?	Для чего?	[dlʲa tʃevó?]

Como?	Как?	[kák?]
Qual?	Какой?	[kakój?]
Qual? (entre dois ou mais)	Который?	[kotórij?]

A quem?	Кому?	[kɔmú?]
Sobre quem?	О ком?	[ɔ kóm?]
Do quê?	О чём?	[ɔ ʧóm?]
Com quem?	С кем?	[s kém?]

Quanto, -os, -as?	Сколько?	[skólʲkɔ?]
De quem? (masc.)	Чей?	[ʧéj?]
De quem é? (fem.)	Чья?	[ʧjá?]
De quem são? (pl)	Чьи?	[ʧjí?]

16. Preposições

com (prep.)	с	[s]
sem (prep.)	без	[bez], [bes]
a, para (exprime lugar)	в	[f], [v]
sobre (ex. falar ~)	о	[ɔ]
antes de ...	перед	[péred]
diante de ...	перед	[péred]

sob (debaixo de)	под	[pɔd]
sobre (em cima de)	над	[nád]
sobre (~ a mesa)	на	[na]
de (vir ~ Lisboa)	из	[iz], [is]
de (feito ~ pedra)	из	[iz], [is]

dentro de (~ dez minutos)	через	[ʧérez]
por cima de ...	через	[ʧérez]

17. Palavras funcionais. Advérbios. Parte 1

Onde?	Где?	[gdé?]
aqui	здесь	[zdésʲ]
lá, ali	там	[tám]

em algum lugar	где-то	[gdé-tɔ]
em lugar nenhum	нигде	[nigdé]

ao pé de ...	у, около	[u], [ókɔlɔ]
ao pé da janela	у окна	[u ɔkná]

Para onde?	Куда?	[kudá?]
para cá	сюда	[sʲudá]
para lá	туда	[tudá]
daqui	отсюда	[ɔtsʲúda]
de lá, dali	оттуда	[ɔttúda]

perto	близко	[blískɔ]
longe	далеко	[dalekó]

perto de ...	около	[ókɔlɔ]
ao lado de	рядом	[rʲádɔm]
perto, não fica longe	недалеко	[nedalekó]

esquerdo	левый	[lévij]
à esquerda	слева	[sléva]
para esquerda	налево	[nalévɔ]

direito	правый	[právij]
à direita	справа	[správa]
para direita	направо	[naprávɔ]

à frente	спереди	[spéredi]
da frente	передний	[perédnij]
em frente (para a frente)	вперёд	[fperǿd]

atrás de ...	сзади	[szádi]
por detrás (vir ~)	сзади	[szádi]
para trás	назад	[nazád]

| meio (m), metade (f) | середина (ж) | [seredína] |
| no meio | посередине | [pɔseredíne] |

de lado	сбоку	[zbóku]
em todo lugar	везде	[vezdé]
ao redor (olhar ~)	вокруг	[vɔkrúg]

de dentro	изнутри	[iznutrí]
para algum lugar	куда-то	[kudá-tɔ]
diretamente	напрямик	[naprɪmík]
de volta	обратно	[ɔbrátnɔ]

| de algum lugar | откуда-нибудь | [ɔtkúda-nibutʲ] |
| de um lugar | откуда-то | [ɔtkúda-tɔ] |

em primeiro lugar	во-первых	[vɔ-pérvih]
em segundo lugar	во-вторых	[vɔ-ftɔrîh]
em terceiro lugar	в-третьих	[f trétjih]

de repente	вдруг	[vdrúg]
no início	вначале	[vnatʃále]
pela primeira vez	впервые	[fpervîje]
muito antes de ...	задолго до ...	[zadólgɔ dɔ ...]
de novo, novamente	заново	[zánɔvɔ]
para sempre	насовсем	[nasɔfsém]

nunca	никогда	[nikɔgdá]
de novo	опять	[ɔpʲátʲ]
agora	теперь	[tepérʲ]
frequentemente	часто	[tʃástɔ]
então	тогда	[tɔgdá]
urgentemente	срочно	[srótʃnɔ]
usualmente	обычно	[ɔbîtʃnɔ]

| a propósito, ... | кстати, ... | [kstáti, ...] |
| é possível | возможно | [vɔzmóʒnɔ] |

provavelmente	вероятно	[verɔjátnɔ]
talvez	может быть	[móʒet bĩtʲ]
além disso, …	кроме того, …	[króme tɔvó, …]
por isso …	поэтому …	[pɔǽtɔmu …]
apesar de …	несмотря на …	[nesmɔtrʲá na …]
graças a …	благодаря …	[blagɔdarʲá …]

que (pron.)	что	[ʃtó]
que (conj.)	что	[ʃtó]
algo	что-то	[ʃtó-tɔ]
alguma coisa	что-нибудь	[ʃtó-nibutʲ]
nada	ничего	[niʧevó]

quem	кто	[któ]
alguém (~ teve uma ideia …)	кто-то	[któ-tɔ]
alguém	кто-нибудь	[któ-nibutʲ]

ninguém	никто	[niktó]
para lugar nenhum	никуда	[nikudá]
de ninguém	ничей	[niʧéj]
de alguém	чей-нибудь	[ʧej-nibútʲ]

tão	так	[ták]
também (gostaria ~ de …)	также	[tágʒe]
também (~ eu)	тоже	[tóʒe]

18. Palavras funcionais. Advérbios. Parte 2

Porquê?	Почему?	[pɔʧemú?]
por alguma razão	почему-то	[pɔʧemú-tɔ]
porque …	потому, что …	[pɔtɔmú, ʃtó …]
por qualquer razão	зачем-то	[zaʧém-tɔ]

e (tu ~ eu)	и	[i]
ou (ser ~ não ser)	или	[íli]
mas (porém)	но	[nó]
para (~ a minha mãe)	для	[dlʲá]

demasiado, muito	слишком	[slíʃkɔm]
só, somente	только	[tólʲkɔ]
exatamente	точно	[tóʧnɔ]
cerca de (~ 10 kg)	около	[ókɔlɔ]

aproximadamente	приблизительно	[priblizítelʲnɔ]
aproximado	приблизительный	[priblizítelʲnij]
quase	почти	[pɔʧtí]
resto (m)	остальное (c)	[ɔstalʲnóe]

cada	каждый	[káʒdij]
qualquer	любой	[lʲubój]
muito	много	[mnógɔ]
muitas pessoas	многие	[mnógie]
todos	все	[fsé]
em troca de …	в обмен на …	[v ɔbmén na …]

em troca	взамен	[vzamén]
à mão	вручную	[vrutʃnúju]
pouco provável	вряд ли	[vrʲát lí]

provavelmente	наверное	[navérnɔe]
de propósito	нарочно	[naróʃnɔ]
por acidente	случайно	[slutʃájnɔ]

muito	очень	[ótʃenʲ]
por exemplo	например	[naprimér]
entre	между	[méʒdu]
entre (no meio de)	среди	[sredí]
tanto	столько	[stólʲkɔ]
especialmente	особенно	[ɔsóbennɔ]

Conceitos básicos. Parte 2

19. Opostos

rico	богатый	[bɔgátij]
pobre	бедный	[bédnij]
doente	больной	[bolʲnój]
são	здоровый	[zdɔróvij]
grande	большой	[bolʲʃój]
pequeno	маленький	[málenʲkij]
rapidamente	быстро	[bɪ̄strɔ]
lentamente	медленно	[médlenɔ]
rápido	быстрый	[bɪ̄strij]
lento	медленный	[médlenʲij]
alegre	весёлый	[vesǿlij]
triste	грустный	[grúsnʲij]
juntos	вместе	[vméste]
separadamente	отдельно	[ɔtdélʲnɔ]
em voz alta (ler ~)	вслух	[fslúh]
para si (em silêncio)	про себя	[prɔ sebʲá]
alto	высокий	[visókij]
baixo	низкий	[nískij]
profundo	глубокий	[glubókij]
pouco fundo	мелкий	[mélkij]
sim	да	[dá]
não	нет	[nét]
distante (no espaço)	далёкий	[dalǿkij]
próximo	близкий	[blískij]
longe	далеко	[dalekó]
perto	рядом	[rʲádɔm]
longo	длинный	[dlínnij]
curto	короткий	[kɔrótkij]
bom, bondoso	добрый	[dóbrij]
mau	злой	[zlój]

casado	женатый	[ʒenátij]
solteiro	холостой	[hɔlɔstój]
proibir (vt)	запретить (св, пх)	[zapretítʲ]
permitir (vt)	разрешить (св, пх)	[razreʃítʲ]
fim (m)	конец (м)	[kɔnéʦ]
começo (m)	начало (c)	[naʧálɔ]
esquerdo	левый	[lévij]
direito	правый	[právij]
primeiro	первый	[pérvij]
último	последний	[pɔslédnij]
crime (m)	преступление (c)	[prestuplénie]
castigo (m)	наказание (c)	[nakazánie]
ordenar (vt)	приказать (св, пх)	[prikazátʲ]
obedecer (vt)	подчиниться (св, возв)	[pɔtʧinítsa]
reto	прямой	[prɪmój]
curvo	кривой	[krivój]
paraíso (m)	рай (м)	[ráj]
inferno (m)	ад (м)	[ád]
nascer (vi)	родиться (св, возв)	[rɔdítsa]
morrer (vi)	умереть (св, нпх)	[umerétʲ]
forte	сильный	[sílʲnij]
fraco, débil	слабый	[slábij]
idoso	старый	[stárij]
jovem	молодой	[mɔlɔdój]
velho	старый	[stárij]
novo	новый	[nóvij]
duro	твёрдый	[tvørdij]
mole	мягкий	[mʲáhkij]
tépido	тёплый	[tøplij]
frio	холодный	[hɔlódnij]
gordo	толстый	[tólstij]
magro	худой	[hudój]
estreito	узкий	[úskij]
largo	широкий	[ʃirókij]
bom	хороший	[hɔróʃij]
mau	плохой	[plɔhój]
valente	храбрый	[hrábrij]
cobarde	трусливый	[truslívij]

20. Dias da semana

segunda-feira (f)	понедельник (м)	[pɔnedélʲnik]
terça-feira (f)	вторник (м)	[ftórnik]
quarta-feira (f)	среда (ж)	[sredá]
quinta-feira (f)	четверг (м)	[tʃetvérg]
sexta-feira (f)	пятница (ж)	[pʲátnitsa]
sábado (m)	суббота (ж)	[subóta]
domingo (m)	воскресенье (с)	[vɔskresénje]

hoje	сегодня	[sevódnʲa]
amanhã	завтра	[záftra]
depois de amanhã	послезавтра	[pɔslezáftra]
ontem	вчера	[ftʃerá]
anteontem	позавчера	[pɔzaftʃerá]

dia (m)	день (м)	[dénʲ]
dia (m) de trabalho	рабочий день (м)	[rabótʃij dénʲ]
feriado (m)	празник (м)	[práznik]
dia (m) de folga	выходной день (м)	[vihɔdnój dénʲ]
fim (m) de semana	выходные (мн)	[vihɔdnɨje]

o dia todo	весь день	[vesʲ dénʲ]
no dia seguinte	на следующий день	[na sléduʃij dénʲ]
há dois dias	2 дня назад	[dvá dnʲá nazád]
na véspera	накануне	[nakanúne]
diário	ежедневный	[eʒednévnij]
todos os dias	ежедневно	[eʒednévnɔ]

semana (f)	неделя (ж)	[nedélʲa]
na semana passada	на прошлой неделе	[na próʃlɔj nedéle]
na próxima semana	на следующей неделе	[na sléduʃej nedéle]
semanal	еженедельный	[eʒenedélʲnij]
cada semana	еженедельно	[eʒenedélʲnɔ]
duas vezes por semana	2 раза в неделю	[dvá ráza v nedélʲu]
cada terça-feira	каждый вторник	[káʒdij ftórnik]

21. Horas. Dia e noite

manhã (f)	утро (с)	[útrɔ]
de manhã	утром	[útrɔm]
meio-dia (m)	полдень (м)	[póldenʲ]
à tarde	после обеда	[pósle ɔbéda]

noite (f)	вечер (м)	[vétʃer]
à noite (noitinha)	вечером	[vétʃerɔm]
noite (f)	ночь (ж)	[nótʃʲ]
à noite	ночью	[nótʃju]
meia-noite (f)	полночь (ж)	[pólnɔtʃʲ]

segundo (m)	секунда (ж)	[sekúnda]
minuto (m)	минута (ж)	[minúta]
hora (f)	час (м)	[tʃás]

meia hora (f)	полчаса (мн)	[poltʃasá]
quarto (m) de hora	четверть (ж) часа	[tʃétvertʲ tʃása]
quinze minutos	15 минут	[pitnátsatʲ minút]
vinte e quatro horas	сутки (мн)	[sútki]

nascer (m) do sol	восход (м) солнца	[vɔsxód sóntsa]
amanhecer (m)	рассвет (м)	[rasvét]
madrugada (f)	раннее утро (с)	[ránnee útrɔ]
pôr do sol (m)	закат (м)	[zakát]

de madrugada	рано утром	[ránɔ útrɔm]
hoje de manhã	сегодня утром	[sevódnʲa útrɔm]
amanhã de manhã	завтра утром	[záftra útrɔm]

hoje à tarde	сегодня днём	[sevódnʲa dnǿm]
à tarde	после обеда	[pósle ɔbéda]
amanhã à tarde	завтра после обеда	[záftra pósle ɔbéda]

| hoje à noite | сегодня вечером | [sevódnʲa vétʃerɔm] |
| amanhã à noite | завтра вечером | [záftra vetʃerɔm] |

às três horas em ponto	ровно в 3 часа	[róvnɔ f trí tʃasá]
por volta das quatro	около 4-х часов	[ókɔlɔ tʃetīrǿh tʃasóf]
às doze	к 12-ти часам	[k dvenátsatí tʃasám]

dentro de vinte minutos	через 20 минут	[tʃéres dvátsatʲ minút]
dentro duma hora	через час	[tʃéres tʃás]
a tempo	вовремя	[vóvremʲa]

menos um quarto	без четверти …	[bes tʃétverti …]
durante uma hora	в течение часа	[f tetʃénie tʃása]
a cada quinze minutos	каждые 15 минут	[káʒdie pitnátsatʲ minút]
as vinte e quatro horas	круглые сутки	[krúglie sútki]

22. Meses. Estações

janeiro (m)	январь (м)	[jɪnvárʲ]
fevereiro (m)	февраль (м)	[fevrálʲ]
março (m)	март (м)	[márt]
abril (m)	апрель (м)	[aprélʲ]
maio (m)	май (м)	[máj]
junho (m)	июнь (м)	[ijúnʲ]

julho (m)	июль (м)	[ijúlʲ]
agosto (m)	август (м)	[ávgust]
setembro (m)	сентябрь (м)	[sentʲábrʲ]
outubro (m)	октябрь (м)	[ɔktʲábrʲ]
novembro (m)	ноябрь (м)	[nɔjábrʲ]
dezembro (m)	декабрь (м)	[dekábrʲ]

primavera (f)	весна (ж)	[vesná]
na primavera	весной	[vesnój]
primaveril	весенний	[vesénnij]
verão (m)	лето (с)	[létɔ]

| no verão | летом | [létɔm] |
| de verão | летний | [létnij] |

outono (m)	осень (ж)	[ósenʲ]
no outono	осенью	[ósenju]
outonal	осенний	[ɔsénnij]

inverno (m)	зима (ж)	[zimá]
no inverno	зимой	[zimój]
de inverno	зимний	[zímnij]
mês (m)	месяц (м)	[mésɪts]
este mês	в этом месяце	[v ǽtɔm mésɪtse]
no próximo mês	в следующем месяце	[f sléduʃem mésɪtse]
no mês passado	в прошлом месяце	[f próʃlɔm mésɪtse]

há um mês	месяц назад	[mésɪts nazád]
dentro de um mês	через месяц	[tʲéres mésɪts]
dentro de dois meses	через 2 месяца	[tʲéres dvá mésɪtsa]
todo o mês	весь месяц	[vesʲ mésɪts]
um mês inteiro	целый месяц	[tsǽlij mésɪts]

mensal	ежемесячный	[eʒemésɪtʃnij]
mensalmente	ежемесячно	[eʒemésɪtʃnɔ]
cada mês	каждый месяц	[káʒdij mésɪts]
duas vezes por mês	2 раза в месяц	[dvá ráza v mésɪts]

ano (m)	год (м)	[gód]
este ano	в этом году	[v ǽtɔm gɔdú]
no próximo ano	в следующем году	[f sléduʃem gɔdú]
no ano passado	в прошлом году	[f próʃlɔm gɔdú]
há um ano	год назад	[gót nazád]
dentro dum ano	через год	[tʲéres gód]
dentro de 2 anos	через 2 года	[tʲéres dvá góda]
todo o ano	весь год	[vesʲ gód]
um ano inteiro	целый год	[tsǽlij gód]

cada ano	каждый год	[káʒdij gód]
anual	ежегодный	[eʒegódnij]
anualmente	ежегодно	[eʒegódnɔ]
quatro vezes por ano	4 раза в год	[tʲetʲīre ráza v gód]

data (~ de hoje)	число (с)	[tʲisló]
data (ex. ~ de nascimento)	дата (ж)	[dáta]
calendário (m)	календарь (м)	[kalendárʲ]

meio ano	полгода	[pɔlgóda]
seis meses	полугодие (с)	[pɔlugódie]
estação (f)	сезон (м)	[sezón]
século (m)	век (м)	[vék]

23. Tempo. Diversos

| tempo (m) | время (с) | [vrémʲa] |
| momento (m) | миг (м) | [míg] |

instante (m)	мгновение (c)	[mgnɔvénie]
instantâneo	мгновенный	[mgnɔvénnij]
lapso (m) de tempo	отрезок (м)	[ɔtrézɔk]
vida (f)	жизнь (ж)	[ʒĩznʲ]
eternidade (f)	вечность (ж)	[vétʃnɔstʲ]

época (f)	эпоха (ж)	[ɛpóha]
era (f)	эра (ж)	[ǽra]
ciclo (m)	цикл (м)	[ʦĩkl]
período (m)	период (м)	[períud]
prazo (m)	срок (м)	[srók]

futuro (m)	будущее (c)	[búduʃee]
futuro	будущий	[búduʃij]
da próxima vez	в следующий раз	[f sléduʃij rás]
passado (m)	прошлое (c)	[próʃlɔe]
passado	прошлый	[próʃlij]
na vez passada	в прошлый раз	[f próʃlij rás]
mais tarde	позже	[póʒʒe]
depois	после	[pósle]
atualmente	теперь	[tepérʲ]
agora	сейчас	[sejtʃás]
imediatamente	немедленно	[nemédlenɔ]
em breve, brevemente	скоро	[skórɔ]
de antemão	заранее	[zaránee]

há muito tempo	давно	[davnó]
há pouco tempo	недавно	[nedávnɔ]
destino (m)	судьба (ж)	[sutʲbá]
recordações (f pl)	память (ж)	[pámitʲ]
arquivo (m)	архив (м)	[arhíf]
durante ...	во время ...	[vɔ vrémʲa ...]
durante muito tempo	долго	[dólgɔ]
pouco tempo	недолго	[nedólgɔ]
cedo (levantar-se ~)	рано	[ránɔ]
tarde (deitar-se ~)	поздно	[póznɔ]

para sempre	навсегда	[nafsegdá]
começar (vt)	начинать (нсв, пх)	[natʃinátʲ]
adiar (vt)	перенести (св, пх)	[perenestí]

simultaneamente	одновременно	[ɔdnɔvreménnɔ]
permanentemente	постоянно	[pɔstɔjánnɔ]
constante (ruído, etc.)	постоянный	[pɔstɔjánnij]
temporário	временный	[vrémennij]

às vezes	иногда	[inɔgdá]
raramente	редко	[rétkɔ]
frequentemente	часто	[tʃástɔ]

24. Linhas e formas

quadrado (m)	квадрат (м)	[kvadrát]
quadrado	квадратный	[kvadrátnij]

círculo (m)	круг (м)	[krúg]
redondo	круглый	[krúglıj]
triângulo (m)	треугольник (м)	[treugólʲnik]
triangular	треугольный	[treugólʲnıj]

oval (f)	овал (м)	[ɔvál]
oval	овальный	[ɔválʲnıj]
retângulo (m)	прямоугольник (м)	[prımɔugólʲnik]
retangular	прямоугольный	[prımɔugólʲnıj]

pirâmide (f)	пирамида (ж)	[piramída]
rombo, losango (m)	ромб (м)	[rómp]
trapézio (m)	трапеция (ж)	[trapétsıja]
cubo (m)	куб (м)	[kúb]
prisma (m)	призма (ж)	[prízma]

circunferência (f)	окружность (ж)	[ɔkrúʒnɔstʲ]
esfera (f)	сфера (ж)	[sféra]
globo (m)	шар (м)	[ʃár]
diâmetro (m)	диаметр (м)	[diámetr]
raio (m)	радиус (м)	[rádius]
perímetro (m)	периметр (м)	[perímetr]
centro (m)	центр (м)	[tsǽntr]

horizontal	горизонтальный	[gɔrizɔntálʲnıj]
vertical	вертикальный	[vertikálʲnıj]
paralela (f)	параллель (ж)	[paralélʲ]
paralelo	параллельный	[paralélʲnıj]

linha (f)	линия (ж)	[línija]
traço (m)	черта (ж)	[tʃertá]
reta (f)	прямая (ж)	[prımája]
curva (f)	кривая (ж)	[krivája]
fino (linha ~a)	тонкий	[tónkij]
contorno (m)	контур (м)	[kóntur]

interseção (f)	пересечение (с)	[peresetʃénie]
ângulo (m) reto	прямой угол (м)	[prımój úgɔl]
segmento (m)	сегмент (м)	[segmént]
setor (m)	сектор (м)	[séktɔr]
lado (de um triângulo, etc.)	сторона (ж)	[stɔrɔná]
ângulo (m)	угол (м)	[úgɔl]

25. Unidades de medida

peso (m)	вес (м)	[vés]
comprimento (m)	длина (ж)	[dliná]
largura (f)	ширина (ж)	[ʃiriná]
altura (f)	высота (ж)	[vısɔtá]
profundidade (f)	глубина (ж)	[glubiná]
volume (m)	объём (м)	[ɔbjóm]
área (f)	площадь (ж)	[plóʃatʲ]
grama (m)	грамм (м)	[grám]
miligrama (m)	миллиграмм (м)	[miligrám]

quilograma (m)	килограмм (м)	[kilográm]
tonelada (f)	тонна (ж)	[tónna]
libra (453,6 gramas)	фунт (м)	[fúnt]
onça (f)	унция (ж)	[úntsija]

metro (m)	метр (м)	[métr]
milímetro (m)	миллиметр (м)	[milimétr]
centímetro (m)	сантиметр (м)	[santimétr]
quilómetro (m)	километр (м)	[kilométr]
milha (f)	миля (ж)	[mílʲa]

polegada (f)	дюйм (м)	[dʲújm]
pé (304,74 mm)	фут (м)	[fút]
jarda (914,383 mm)	ярд (м)	[járd]

| metro (m) quadrado | квадратный метр (м) | [kvadrátnij métr] |
| hectare (m) | гектар (м) | [gektár] |

litro (m)	литр (м)	[lítr]
grau (m)	градус (м)	[grádus]
volt (m)	вольт (м)	[vólʲt]
ampere (m)	ампер (м)	[ampér]
cavalo-vapor (m)	лошадиная сила (ж)	[loʃidínaja síla]

quantidade (f)	количество (c)	[kɔlítʃestvɔ]
um pouco de ...	немного ...	[nemnógɔ ...]
metade (f)	половина (ж)	[pɔlɔvína]
dúzia (f)	дюжина (ж)	[dʲúʒina]
peça (f)	штука (ж)	[ʃtúka]

| dimensão (f) | размер (м) | [razmér] |
| escala (f) | масштаб (м) | [maʃtáb] |

mínimo	минимальный	[minimálʲnij]
menor, mais pequeno	наименьший	[naiménʲʃij]
médio	средний	[srédnij]
máximo	максимальный	[maksimálʲnij]
maior, mais grande	наибольший	[naibólʲʃij]

26. Recipientes

boião (m) de vidro	банка (ж)	[bánka]
lata (~ de cerveja)	банка (ж)	[bánka]
balde (m)	ведро (c)	[vedró]
barril (m)	бочка (ж)	[bótʃka]

bacia (~ de plástico)	таз (м)	[tás]
tanque (m)	бак (м)	[bák]
cantil (m) de bolso	фляжка (ж)	[flʲáʃka]
bidão (m) de gasolina	канистра (ж)	[kanístra]
cisterna (f)	цистерна (ж)	[tsistǽrna]

| caneca (f) | кружка (ж) | [krúʃka] |
| chávena (f) | чашка (ж) | [tʃáʃka] |

pires (m)	блюдце (с)	[blʲútse]
copo (m)	стакан (м)	[stakán]
taça (f) de vinho	бокал (м)	[bɔkál]
panela, caçarola (f)	кастрюля (ж)	[kastrʲúlʲa]

| garrafa (f) | бутылка (ж) | [butɨ́lka] |
| gargalo (m) | горлышко (с) | [górlɨʃkɔ] |

jarro, garrafa (f)	графин (м)	[grafín]
jarro (m) de barro	кувшин (м)	[kufʃín]
recipiente (m)	сосуд (м)	[sɔsúd]
pote (m)	горшок (м)	[gɔrʃók]
vaso (m)	ваза (ж)	[váza]

frasco (~ de perfume)	флакон (м)	[flakón]
frasquinho (ex. ~ de iodo)	пузырёк (м)	[puzirǿk]
tubo (~ de pasta dentífrica)	тюбик (м)	[tʲúbik]

saca (ex. ~ de açúcar)	мешок (м)	[meʃók]
saco (~ de plástico)	пакет (м)	[pakét]
maço (m)	пачка (ж)	[pátʃka]

caixa (~ de sapatos, etc.)	коробка (ж)	[kɔrópka]
caixa (~ de madeira)	ящик (м)	[jáʃik]
cesta (f)	корзина (ж)	[kɔrzína]

27. Materiais

material (m)	материал (м)	[materjál]
madeira (f)	дерево (с)	[dérevɔ]
de madeira	деревянный	[derevʲánnij]

| vidro (m) | стекло (с) | [steklɔ́] |
| de vidro | стеклянный | [steklʲánnij] |

| pedra (f) | камень (м) | [kámenʲ] |
| de pedra | каменный | [kámennɨj] |

| plástico (m) | пластик (м) | [plástik] |
| de plástico | пластмассовый | [plastmásɔvɨj] |

| borracha (f) | резина (ж) | [rezína] |
| de borracha | резиновый | [rezínɔvɨj] |

| tecido, pano (m) | ткань (ж) | [tkánʲ] |
| de tecido | из ткани | [is tkáni] |

| papel (m) | бумага (ж) | [bumága] |
| de papel | бумажный | [bumáʒnij] |

cartão (m)	картон (м)	[kartón]
de cartão	картонный	[kartónnij]
polietileno (m)	полиэтилен (м)	[pɔlietilén]
celofane (m)	целлофан (м)	[tsɛlɔfán]

linóleo (m)	линолеум (м)	[linóleum]
contraplacado (m)	фанера (ж)	[fanéra]

porcelana (f)	фарфор (м)	[farfór]
de porcelana	фарфоровый	[farfórovij]
barro (f)	глина (ж)	[glína]
de barro	глиняный	[glíninij]
cerâmica (f)	керамика (ж)	[kerámika]
de cerâmica	керамический	[keramítʃeskij]

28. Metais

metal (m)	металл (м)	[metál]
metálico	металлический	[metalítʃeskij]
liga (f)	сплав (м)	[spláf]

ouro (m)	золото (с)	[zólotɔ]
de ouro	золотой	[zɔlotój]
prata (f)	серебро (с)	[serebró]
de prata	серебряный	[serébrinij]

ferro (m)	железо (с)	[ʒelézɔ]
de ferro	железный	[ʒeléznij]
aço (m)	сталь (ж)	[stálʲ]
de aço	стальной	[stalʲnój]
cobre (m)	медь (ж)	[métʲ]
de cobre	медный	[médnij]

alumínio (m)	алюминий (м)	[alʲumínij]
de alumínio	алюминиевый	[alʲumínievij]
bronze (m)	бронза (ж)	[brónza]
de bronze	бронзовый	[brónzovij]

latão (m)	латунь (ж)	[latúnʲ]
níquel (m)	никель (м)	[níkelʲ]
platina (f)	платина (ж)	[plátina]
mercúrio (m)	ртуть (ж)	[rtútʲ]
estanho (m)	олово (с)	[ólovɔ]
chumbo (m)	свинец (м)	[svinéts]
zinco (m)	цинк (м)	[tsĩnk]

O SER HUMANO

O ser humano. O corpo

29. Humanos. Conceitos básicos

ser (m) humano	человек (м)	[ʧelɔvék]
homem (m)	мужчина (м)	[muʃína]
mulher (f)	женщина (ж)	[ʒǽnʃina]
criança (f)	ребёнок (м)	[rebǿnɔk]
menina (f)	девочка (ж)	[dévɔʧka]
menino (m)	мальчик (м)	[máliʧik]
adolescente (m)	подросток (м)	[pɔdróstɔk]
velho (m)	старик (м)	[starík]
velha, anciã (f)	старая женщина (ж)	[stáraja ʒǽnʃina]

30. Anatomia humana

organismo (m)	организм (м)	[ɔrganízm]
coração (m)	сердце (с)	[sérʦe]
sangue (m)	кровь (ж)	[krófi]
artéria (f)	артерия (ж)	[artǽrija]
veia (f)	вена (ж)	[véna]
cérebro (m)	мозг (м)	[mósg]
nervo (m)	нерв (м)	[nérf]
nervos (m pl)	нервы (мн)	[nérvi]
vértebra (f)	позвонок (м)	[pɔzvɔnók]
coluna (f) vertebral	позвоночник (м)	[pɔzvɔnóʧnik]
estômago (m)	желудок (м)	[ʒelúdɔk]
intestinos (m pl)	кишечник (м)	[kiʃǽʧnik]
intestino (m)	кишка (ж)	[kiʃká]
fígado (m)	печень (ж)	[pétʃeni]
rim (m)	почка (ж)	[póʧka]
osso (m)	кость (ж)	[kósti]
esqueleto (m)	скелет (м)	[skelét]
costela (f)	ребро (с)	[rebró]
crânio (m)	череп (м)	[ʧérep]
músculo (m)	мышца (ж)	[mīʃtsa]
bíceps (m)	бицепс (м)	[bítsɛps]
tríceps (m)	трицепс (м)	[trítsɛps]
tendão (m)	сухожилие (с)	[suhɔʒīlie]
articulação (f)	сустав (м)	[sustáf]

pulmões (m pl)	лёгкие (мн)	[lǿhkie]
órgãos (m pl) genitais	половые органы (мн)	[pɔlɔvīe órgani]
pele (f)	кожа (ж)	[kóʒa]

31. Cabeça

cabeça (f)	голова (ж)	[gɔlɔvá]
cara (f)	лицо (c)	[litsó]
nariz (m)	нос (м)	[nós]
boca (f)	рот (м)	[rót]

olho (m)	глаз (м)	[glás]
olhos (m pl)	глаза (мн)	[glazá]
pupila (f)	зрачок (м)	[zratʃók]
sobrancelha (f)	бровь (ж)	[bróf']
pestana (f)	ресница (ж)	[resnítsa]
pálpebra (f)	веко (c)	[vékɔ]

língua (f)	язык (м)	[jɪzīk]
dente (m)	зуб (м)	[zúb]
lábios (m pl)	губы (мн)	[gúbi]
maçãs (f pl) do rosto	скулы (мн)	[skúli]
gengiva (f)	десна (ж)	[desná]
palato (m)	нёбо (c)	[nǿbɔ]

narinas (f pl)	ноздри (мн)	[nózdri]
queixo (m)	подбородок (м)	[pɔdbɔródɔk]
mandíbula (f)	челюсть (ж)	[tʃél'ust']
bochecha (f)	щека (ж)	[ʃeká]

testa (f)	лоб (м)	[lób]
têmpora (f)	висок (м)	[visók]
orelha (f)	ухо (c)	[úhɔ]
nuca (f)	затылок (м)	[zatīlɔk]
pescoço (m)	шея (ж)	[ʃǽja]
garganta (f)	горло (c)	[górlɔ]

cabelos (m pl)	волосы (мн)	[vólɔsi]
penteado (m)	причёска (ж)	[pritʃóska]
corte (m) de cabelo	стрижка (ж)	[stríʃka]
peruca (f)	парик (м)	[parík]

bigode (m)	усы (м мн)	[usī]
barba (f)	борода (ж)	[bɔrɔdá]
usar, ter (~ barba, etc.)	носить (нсв, пх)	[nɔsít']
trança (f)	коса (ж)	[kɔsá]
suíças (f pl)	бакенбарды (мн)	[bakenbárdi]

ruivo	рыжий	[rīʒij]
grisalho	седой	[sedój]
calvo	лысый	[līsij]
calva (f)	лысина (ж)	[līsina]
rabo-de-cavalo (m)	хвост (м)	[hvóst]
franja (f)	чёлка (ж)	[tʃólka]

32. Corpo humano

mão (f)	кисть (ж)	[kístʲ]
braço (m)	рука (ж)	[ruká]

dedo (m)	палец (м)	[pálets]
polegar (m)	большой палец (м)	[bolʲʃój pálets]
dedo (m) mindinho	мизинец (м)	[mizínets]
unha (f)	ноготь (м)	[nógotʲ]

punho (m)	кулак (м)	[kulák]
palma (f) da mão	ладонь (ж)	[ladónʲ]
pulso (m)	запястье (с)	[zapʲástje]
antebraço (m)	предплечье (с)	[pretplétʃje]
cotovelo (m)	локоть (м)	[lókotʲ]
ombro (m)	плечо (с)	[pletʃó]

perna (f)	нога (ж)	[nɔgá]
pé (m)	ступня (ж)	[stupnʲá]
joelho (m)	колено (с)	[kɔlénɔ]
barriga (f) da perna	икра (ж)	[ikrá]
anca (f)	бедро (с)	[bedró]
calcanhar (m)	пятка (ж)	[pʲátka]

corpo (m)	тело (с)	[télɔ]
barriga (f)	живот (м)	[ʒivót]
peito (m)	грудь (ж)	[grútʲ]
seio (m)	грудь (ж)	[grútʲ]
lado (m)	бок (м)	[bók]
costas (f pl)	спина (ж)	[spiná]
região (f) lombar	поясница (ж)	[pɔjisnítsa]
cintura (f)	талия (ж)	[tálija]

umbigo (m)	пупок (м)	[pupók]
nádegas (f pl)	ягодицы (мн)	[jágɔditsi]
traseiro (m)	зад (м)	[zád]

sinal (m)	родинка (ж)	[ródinka]
sinal (m) de nascença	родимое пятно (с)	[rɔdímɔe pıtnó]
tatuagem (f)	татуировка (ж)	[tatuirófka]
cicatriz (f)	шрам (м)	[ʃrám]

Vestuário & Acessórios

33. Roupa exterior. Casacos

roupa (f)	одежда (ж)	[ɔdéʒda]
roupa (f) exterior	верхняя одежда (ж)	[vérhnʲaja ɔdéʒda]
roupa (f) de inverno	зимняя одежда (ж)	[zímnʲaja ɔdéʒda]
sobretudo (m)	пальто (c)	[palʲtó]
casaco (m) de peles	шуба (ж)	[ʃúba]
casaco curto (m) de peles	полушубок (м)	[pɔluʃúbɔk]
casaco (m) acolchoado	пуховик (м)	[puhɔvík]
casaco, blusão (m)	куртка (ж)	[kúrtka]
impermeável (m)	плащ (м)	[pláʃʲ]
impermeável	непромокаемый	[neprɔmɔkáemʲij]

34. Vestuário de homem & mulher

camisa (f)	рубашка (ж)	[rubáʃka]
calças (f pl)	брюки (мн)	[brʲúki]
calças (f pl) de ganga	джинсы (мн)	[dʒínsɨ]
casaco (m) de fato	пиджак (м)	[pidʒák]
fato (m)	костюм (м)	[kɔstʲúm]
vestido (ex. ~ vermelho)	платье (c)	[plátje]
saia (f)	юбка (ж)	[júpka]
blusa (f)	блузка (ж)	[blúska]
casaco (m) de malha	кофта (ж)	[kófta]
casaco, blazer (m)	жакет (м)	[ʒakét]
T-shirt, camiseta (f)	футболка (ж)	[futbólka]
calções (Bermudas, etc.)	шорты (мн)	[ʃórtɨ]
fato (m) de treino	спортивный костюм (м)	[spɔrtívnij kɔstʲúm]
roupão (m) de banho	халат (м)	[halát]
pijama (m)	пижама (ж)	[piʒáma]
suéter (m)	свитер (м)	[svítɛr]
pulôver (m)	пуловер (м)	[pulóver]
colete (m)	жилет (м)	[ʒɨlét]
fraque (m)	фрак (м)	[frák]
smoking (m)	смокинг (м)	[smóking]
uniforme (m)	форма (ж)	[fórma]
roupa (f) de trabalho	рабочая одежда (ж)	[rabóʧaja ɔdéʒda]
fato-macaco (m)	комбинезон (м)	[kɔmbinezón]
bata (~ branca, etc.)	халат (м)	[halát]

35. Vestuário. Roupa interior

roupa (f) interior	бельё (с)	[beljǿ]
cuecas boxer (f pl)	трусы (м)	[trusĭ]
cuecas (f pl)	бельё (с)	[beljǿ]
camisola (f) interior	майка (ж)	[májka]
peúgas (f pl)	носки (мн)	[nɔskĭ]
camisa (f) de noite	ночная рубашка (ж)	[nɔtʃnája rubáʃka]
sutiã (m)	бюстгальтер (м)	[bʲusgálʲter]
meias longas (f pl)	гольфы (мн)	[gólʲfi]
meia-calça (f)	колготки (мн)	[kɔlgótki]
meias (f pl)	чулки (мн)	[tʃulkĭ]
fato (m) de banho	купальник (м)	[kupálʲnik]

36. Adereços de cabeça

chapéu (m)	шапка (ж)	[ʃápka]
chapéu (m) de feltro	шляпа (ж)	[ʃlʲápa]
boné (m) de beisebol	бейсболка (ж)	[bejzbólka]
boné (m)	кепка (ж)	[képka]
boina (f)	берет (м)	[berét]
capuz (m)	капюшон (м)	[kapʲuʃón]
panamá (m)	панамка (ж)	[panámka]
gorro (m) de malha	вязаная шапочка (ж)	[vʲázanaja ʃápotʃka]
lenço (m)	платок (м)	[platók]
chapéu (m) de mulher	шляпка (ж)	[ʃlʲápka]
capacete (m) de proteção	каска (ж)	[káska]
bibico (m)	пилотка (ж)	[pilótka]
capacete (m)	шлем (м)	[ʃlém]
chapéu-coco (m)	котелок (м)	[kɔtelók]
chapéu (m) alto	цилиндр (м)	[tsilíndr]

37. Calçado

calçado (m)	обувь (ж)	[óbufʲ]
botinas (f pl)	ботинки (мн)	[bɔtínki]
sapatos (de salto alto, etc.)	туфли (мн)	[túfli]
botas (f pl)	сапоги (мн)	[sapɔgĭ]
pantufas (f pl)	тапочки (мн)	[tápotʃki]
ténis (m pl)	кроссовки (мн)	[krɔsófki]
sapatilhas (f pl)	кеды (мн)	[kédi]
sandálias (f pl)	сандалии (мн)	[sandálii]
sapateiro (m)	сапожник (м)	[sapóʒnik]
salto (m)	каблук (м)	[kablúk]

par (m)	пара (ж)	[pára]
atacador (m)	шнурок (м)	[ʃnurók]
apertar os atacadores	шнуровать (нсв, пх)	[ʃnurɔváti]
calçadeira (f)	рожок (м)	[rɔʒók]
graxa (f) para calçado	крем (м) для обуви	[krém dlia óbuvi]

38. Têxtil. Tecidos

algodão (m)	хлопок (м)	[hlópɔk]
de algodão	из хлопка	[is hlópka]
linho (m)	лён (м)	[lión]
de linho	из льна	[iz lʲná]

seda (f)	шёлк (м)	[ʃólk]
de seda	шёлковый	[ʃólkɔvij]
lã (f)	шерсть (ж)	[ʃǽrstʲ]
de lã	шерстяной	[ʃɛrstɪnój]

veludo (m)	бархат (м)	[bárhat]
camurça (f)	замша (ж)	[zámʃa]
bombazina (f)	вельвет (м)	[velʲvét]

náilon (m)	нейлон (м)	[nejlón]
de náilon	из нейлона	[iz nejlóna]
poliéster (m)	полиэстер (м)	[pɔliǽstɛr]
de poliéster	полиэстровый	[pɔliǽstrɔvij]

couro (m)	кожа (ж)	[kóʒa]
de couro	из кожи	[iz kóʒi]
pele (f)	мех (м)	[méh]
de peles, de pele	меховой	[mehɔvój]

39. Acessórios pessoais

luvas (f pl)	перчатки (ж мн)	[pertʃátki]
mitenes (f pl)	варежки (ж мн)	[váreʃki]
cachecol (m)	шарф (м)	[ʃárf]

óculos (m pl)	очки (мн)	[ɔtʃkí]
armação (f) de óculos	оправа (ж)	[ɔpráva]
guarda-chuva (m)	зонт (м)	[zónt]
bengala (f)	трость (ж)	[tróstʲ]
escova (f) para o cabelo	щётка (ж) для волос	[ʃʲótka dlia vɔlós]
leque (m)	веер (м)	[véer]

gravata (f)	галстук (м)	[gálstuk]
gravata-borboleta (f)	галстук-бабочка (м)	[gálstuk-bábɔtʃka]
suspensórios (m pl)	подтяжки (мн)	[pɔttʲáʃki]
lenço (m)	носовой платок (м)	[nɔsɔvój platók]

| pente (m) | расчёска (ж) | [raʃʲóska] |
| travessão (m) | заколка (ж) | [zakólka] |

| gancho (m) de cabelo | шпилька (ж) | [ʃpílʲka] |
| fivela (f) | пряжка (ж) | [prʲáʃka] |

| cinto (m) | пояс (м) | [pójas] |
| correia (f) | ремень (м) | [reménʲ] |

mala (f)	сумка (ж)	[súmka]
mala (f) de senhora	сумочка (ж)	[súmɔtʃka]
mochila (f)	рюкзак (м)	[rʲukzák]

40. Vestuário. Diversos

moda (f)	мода (ж)	[móda]
na moda	модный	[módnij]
estilista (m)	модельер (м)	[mɔdɛljér]

colarinho (m), gola (f)	воротник (м)	[vɔrɔtník]
bolso (m)	карман (м)	[karmán]
de bolso	карманный	[karmánnij]
manga (f)	рукав (м)	[rukáf]
alcinha (f)	вешалка (ж)	[véʃəlka]
braguilha (f)	ширинка (ж)	[ʃirínka]

fecho (m) de correr	молния (ж)	[mólnija]
fecho (m), colchete (m)	застёжка (ж)	[zastǿʃka]
botão (m)	пуговица (ж)	[púgɔvitsa]
casa (f) de botão	петля (ж)	[petlʲá]
soltar-se (vr)	оторваться (св, возв)	[ɔtɔrvátsa]

coser, costurar (vi)	шить (нсв, н/пх)	[ʃítʲ]
bordar (vt)	вышивать (нсв, н/пх)	[viʃivátʲ]
bordado (m)	вышивка (ж)	[vīʃifka]
agulha (f)	иголка (ж)	[igólka]
fio (m)	нитка (ж)	[nítka]
costura (f)	шов (м)	[ʃóf]

sujar-se (vr)	испачкаться (св, возв)	[ispátʃkatsa]
mancha (f)	пятно (с)	[pɪtnó]
engelhar-se (vr)	помяться (нсв, возв)	[pɔmʲátsa]
rasgar (vt)	порвать (св, пх)	[pɔrvátʲ]
traça (f)	моль (м)	[mólʲ]

41. Cuidados pessoais. Cosméticos

pasta (f) de dentes	зубная паста (ж)	[zubnája pásta]
escova (f) de dentes	зубная щётка (ж)	[zubnája ʃǿtka]
escovar os dentes	чистить зубы	[tʃístitʲ zúbi]

máquina (f) de barbear	бритва (ж)	[brítva]
creme (m) de barbear	крем (м) для бритья	[krém dlʲa britjá]
barbear-se (vr)	бриться (нсв, возв)	[brítsa]
sabonete (m)	мыло (с)	[mīlɔ]

champô (m)	шампунь (м)	[ʃampúnʲ]
tesoura (f)	ножницы (мн)	[nóʒnitsi]
lima (f) de unhas	пилочка (ж) для ногтей	[pílotʃka dlʲa nɔktéj]
corta-unhas (m)	щипчики (мн)	[ʃʲíptʃiki]
pinça (f)	пинцет (м)	[pintsǽt]

cosméticos (m pl)	косметика (ж)	[kɔsmétika]
máscara (f) facial	маска (ж)	[máska]
manicura (f)	маникюр (м)	[manikʲúr]
fazer a manicura	делать маникюр	[délatʲ manikʲúr]
pedicure (f)	педикюр (м)	[pedikʲúr]

mala (f) de maquilhagem	косметичка (ж)	[kɔsmetítʃka]
pó (m)	пудра (ж)	[púdra]
caixa (f) de pó	пудреница (ж)	[púdrenitsa]
blush (m)	румяна (ж)	[rumʲána]

perfume (m)	духи (мн)	[duhí]
água (f) de toilette	туалетная вода (ж)	[tualétnaja vɔdá]
loção (f)	лосьон (м)	[lɔsjón]
água-de-colónia (f)	одеколон (м)	[ɔdekɔlón]

sombra (f) de olhos	тени (мн) для век	[téni dlʲa vék]
lápis (m) delineador	карандаш (м) для глаз	[karandáʃ dlʲa glás]
máscara (f), rímel (m)	тушь (ж)	[túʃ]

batom (m)	губная помада (ж)	[gubnája pɔmáda]
verniz (m) de unhas	лак (м) для ногтей	[lák dlʲa nɔktéj]
laca (f) para cabelos	лак (м) для волос	[lák dlʲa vɔlós]
desodorizante (m)	дезодорант (м)	[dezɔdɔránt]

creme (m)	крем (м)	[krém]
creme (m) de rosto	крем (м) для лица	[krém dlʲa litsá]
creme (m) de mãos	крем (м) для рук	[krém dlʲa rúk]
creme (m) antirrugas	крем (м) против морщин	[krém prótif mɔrʃín]
creme (m) de dia	дневной крем (м)	[dnevnój krém]
creme (m) de noite	ночной крем (м)	[nɔtʃnój krém]
de dia	дневной	[dnevnój]
da noite	ночной	[nɔtʃnój]

tampão (m)	тампон (м)	[tampón]
papel (m) higiénico	туалетная бумага (ж)	[tualétnaja bumága]
secador (m) elétrico	фен (м)	[fén]

42. Joalheria

joias (f pl)	драгоценности (мн)	[dragɔtsǽnnɔsti]
precioso	драгоценный	[dragɔtsǽnnij]
marca (f) de contraste	проба (ж)	[próba]

anel (m)	кольцо (с)	[kɔlʲtsó]
aliança (f)	обручальное кольцо (с)	[ɔbrutʃálʲnɔe kɔlʲtsó]
pulseira (f)	браслет (м)	[braslét]
brincos (m pl)	серьги (мн)	[sérʲgi]

colar (m)	ожерелье (c)	[ɔʒerélje]
coroa (f)	корона (ж)	[kɔróna]
colar (m) de contas	бусы (мн)	[búsi]

diamante (m)	бриллиант (м)	[briljánt]
esmeralda (f)	изумруд (м)	[izumrúd]
rubi (m)	рубин (м)	[rubín]
safira (f)	сапфир (м)	[sapfír]
pérola (f)	жемчуг (м)	[ʒǽmtʃʲug]
âmbar (m)	янтарь (м)	[jɪntárʲ]

43. Relógios de pulso. Relógios

relógio (m) de pulso	часы (мн)	[tʃasɨ̄]
mostrador (m)	циферблат (м)	[tsiferblát]
ponteiro (m)	стрелка (ж)	[strélka]
bracelete (f) em aço	браслет (м)	[braslét]
bracelete (f) em couro	ремешок (м)	[remeʃók]

pilha (f)	батарейка (ж)	[bataréjka]
descarregar-se	сесть (св, нпх)	[séstʲ]
trocar a pilha	поменять батарейку	[pɔmenʲátʲ bataréjku]
estar adiantado	спешить (нсв, нпх)	[speʃɪtʲ]
estar atrasado	отставать (нсв, нпх)	[ɔtstavátʲ]

relógio (m) de parede	настенные часы (мн)	[nasténnie tʃasɨ̄]
ampulheta (f)	песочные часы (мн)	[pesótʃnie tʃasɨ̄]
relógio (m) de sol	солнечные часы (мн)	[sólnetʃnie tʃasɨ̄]
despertador (m)	будильник (м)	[budílʲnik]
relojoeiro (m)	часовщик (м)	[tʃasɔfʃʲík]
reparar (vt)	ремонтировать (нсв, пх)	[remɔntírɔvatʲ]

Alimentação. Nutrição

44. Comida

carne (f)	мясо (c)	[mʲásɔ]
galinha (f)	курица (ж)	[kúritsa]
frango (m)	цыплёнок (м)	[tsɨplʲɵnɔk]
pato (m)	утка (ж)	[útka]
ganso (m)	гусь (м)	[gúsʲ]
caça (f)	дичь (ж)	[dítʃʲ]
peru (m)	индейка (ж)	[indéjka]
carne (f) de porco	свинина (ж)	[svinína]
carne (f) de vitela	телятина (ж)	[telʲátina]
carne (f) de carneiro	баранина (ж)	[baránina]
carne (f) de vaca	говядина (ж)	[gɔvʲádina]
carne (f) de coelho	кролик (м)	[królik]
chouriço, salsichão (m)	колбаса (ж)	[kɔlbasá]
salsicha (f)	сосиска (ж)	[sɔsíska]
bacon (m)	бекон (м)	[bekón]
fiambre (f)	ветчина (ж)	[vettʃiná]
presunto (m)	окорок (м)	[ókɔrɔk]
patê (m)	паштет (м)	[paʃtét]
fígado (m)	печень (ж)	[pétʃenʲ]
carne (f) moída	фарш (м)	[fárʃ]
língua (f)	язык (м)	[jɪzˈɨk]
ovo (m)	яйцо (c)	[jijtsó]
ovos (m pl)	яйца (мн)	[jájtsa]
clara (f) do ovo	белок (м)	[belók]
gema (f) do ovo	желток (м)	[ʒeltók]
peixe (m)	рыба (ж)	[rˈɨba]
mariscos (m pl)	морепродукты (мн)	[mɔre·prɔdúkti]
crustáceos (m pl)	ракообразные (мн)	[rakɔɔbráznie]
caviar (m)	икра (ж)	[ikrá]
caranguejo (m)	краб (м)	[kráb]
camarão (m)	креветка (ж)	[krevétka]
ostra (f)	устрица (ж)	[ústritsa]
lagosta (f)	лангуст (м)	[langúst]
polvo (m)	осьминог (м)	[ɔsʲminóg]
lula (f)	кальмар (м)	[kalʲmár]
esturjão (m)	осетрина (ж)	[ɔsetrína]
salmão (m)	лосось (м)	[lɔsósʲ]
halibute (m)	палтус (м)	[páltus]
bacalhau (m)	треска (ж)	[treská]

cavala, sarda (f)	скумбрия (ж)	[skúmbrija]
atum (m)	тунец (м)	[tunéts]
enguia (f)	угорь (м)	[úgorʲ]

truta (f)	форель (ж)	[forǽlʲ]
sardinha (f)	сардина (ж)	[sardína]
lúcio (m)	щука (ж)	[ʃúka]
arenque (m)	сельдь (ж)	[sélʲtʲ]

pão (m)	хлеб (м)	[hléb]
queijo (m)	сыр (м)	[sïr]
açúcar (m)	сахар (м)	[sáhar]
sal (m)	соль (ж)	[sólʲ]

arroz (m)	рис (м)	[rís]
massas (f pl)	макароны (мн)	[makaróni]
talharim (m)	лапша (ж)	[lapʃá]

manteiga (f)	сливочное масло (с)	[slívotʃnoe máslo]
óleo (m) vegetal	растительное масло (с)	[rastítelʲnoe máslo]
óleo (m) de girassol	подсолнечное масло (с)	[potsólnetʃnoe máslo]
margarina (f)	маргарин (м)	[margarín]

azeitonas (f pl)	оливки (мн)	[olífki]
azeite (m)	оливковое масло (с)	[olífkovoe máslo]

leite (m)	молоко (с)	[molokó]
leite (m) condensado	сгущённое молоко (с)	[sguʃǿnoe molokó]
iogurte (m)	йогурт (м)	[jógurt]
nata (f) azeda	сметана (ж)	[smetána]
nata (f) do leite	сливки (мн)	[slífki]

maionese (f)	майонез (м)	[majinǽs]
creme (m)	крем (м)	[krém]

grãos (m pl) de cereais	крупа (ж)	[krupá]
farinha (f)	мука (ж)	[muká]
enlatados (m pl)	консервы (мн)	[konsérvi]

flocos (m pl) de milho	кукурузные хлопья (мн)	[kukurúznie hlópja]
mel (m)	мёд (м)	[mǿd]
doce (m)	джем, конфитюр (м)	[dʒǽm], [konfitʲúr]
pastilha (f) elástica	жевательная резинка (м)	[ʒevátelʲnaja rezínka]

45. Bebidas

água (f)	вода (ж)	[vodá]
água (f) potável	питьевая вода (ж)	[pitjevája vodá]
água (f) mineral	минеральная вода (ж)	[minerálʲnaja vodá]

sem gás	без газа	[bez gáza]
gaseificada	газированная	[gaziróvanaja]
com gás	с газом	[s gázom]
gelo (m)	лёд (м)	[lǿd]

com gelo	со льдом	[sɔ lʲdóm]
sem álcool	безалкогольный	[bezalkɔgólʲnij]
bebida (f) sem álcool	безалкогольный напиток (м)	[bezalkɔgólʲnij napítɔk]
refresco (m)	прохладительный напиток (м)	[prɔhladítelʲnij napítɔk]
limonada (f)	лимонад (м)	[limɔnád]

bebidas (f pl) alcoólicas	алкогольные напитки (мн)	[alkɔgólʲnie napítki]
vinho (m)	вино (c)	[vinó]
vinho (m) branco	белое вино (c)	[bélɔe vinó]
vinho (m) tinto	красное вино (c)	[krásnɔe vinó]

licor (m)	ликёр (м)	[likør]
champanhe (m)	шампанское (c)	[ʃampánskɔe]
vermute (m)	вермут (м)	[vérmut]

uísque (m)	виски (c)	[víski]
vodka (f)	водка (ж)	[vótka]
gim (m)	джин (м)	[dʒīn]
conhaque (m)	коньяк (м)	[kɔnják]
rum (m)	ром (м)	[róm]

café (m)	кофе (м)	[kófe]
café (m) puro	чёрный кофе (м)	[tʃórnij kófe]
café (m) com leite	кофе (м) с молоком	[kófe s mɔlɔkóm]
cappuccino (m)	кофе (м) со сливками	[kófe sɔ slífkami]
café (m) solúvel	растворимый кофе (м)	[rastvɔrímij kófe]

leite (m)	молоко (c)	[mɔlɔkó]
coquetel (m)	коктойль (м)	[kɔktǽjlʲ]
batido (m) de leite	молочный коктейль (м)	[mɔlótʃnij kɔktǽjlʲ]

sumo (m)	сок (м)	[sók]
sumo (m) de tomate	томатный сок (м)	[tɔmátnij sók]
sumo (m) de laranja	апельсиновый сок (м)	[apelʲsínɔvij sók]
sumo (m) fresco	свежевыжатый сок (м)	[sveʒe·vīʒatij sók]

cerveja (f)	пиво (c)	[pívɔ]
cerveja (f) clara	светлое пиво (c)	[svétlɔe pívɔ]
cerveja (f) preta	тёмное пиво (c)	[tɔmnɔe pívɔ]

chá (m)	чай (м)	[tʃáj]
chá (m) preto	чёрный чай (м)	[tʃórnij tʃáj]
chá (m) verde	зелёный чай (м)	[zelɵnij tʃáj]

46. Vegetais

| legumes (m pl) | овощи (м мн) | [óvɔʃʲi] |
| verduras (f pl) | зелень (ж) | [zélenʲ] |

tomate (m)	помидор (м)	[pɔmidór]
pepino (m)	огурец (м)	[ɔguréts]
cenoura (f)	морковь (ж)	[mɔrkófʲ]

49

batata (f)	картофель (м)	[kartófelʲ]
cebola (f)	лук (м)	[lúk]
alho (m)	чеснок (м)	[ʧesnók]

couve (f)	капуста (ж)	[kapústa]
couve-flor (f)	цветная капуста (ж)	[tsvetnája kapústa]
couve-de-bruxelas (f)	брюссельская капуста (ж)	[brʲusélʲskaja kapústa]
brócolos (m pl)	капуста брокколи (ж)	[kapústa brókɔli]

beterraba (f)	свёкла (ж)	[svǿkla]
beringela (f)	баклажан (м)	[baklaʒán]
curgete (f)	кабачок (м)	[kabaʧók]
abóbora (f)	тыква (ж)	[tïkva]
nabo (m)	репа (ж)	[répa]

salsa (f)	петрушка (ж)	[petrúʃka]
funcho, endro (m)	укроп (м)	[ukróp]
alface (f)	салат (м)	[salát]
aipo (m)	сельдерей (м)	[selʲderéj]
espargo (m)	спаржа (ж)	[spárʒa]
espinafre (m)	шпинат (м)	[ʃpinát]

ervilha (f)	горох (м)	[gɔróh]
fava (f)	бобы (мн)	[bɔbï]
milho (m)	кукуруза (ж)	[kukurúza]
feijão (m)	фасоль (ж)	[fasólʲ]

pimentão (m)	перец (м)	[péreʦ]
rabanete (m)	редис (м)	[redís]
alcachofra (f)	артишок (м)	[artiʃók]

47. Frutos. Nozes

fruta (f)	фрукт (м)	[frúkt]
maçã (f)	яблоко (с)	[jáblɔkɔ]
pera (f)	груша (ж)	[grúʃa]
limão (m)	лимон (м)	[limón]
laranja (f)	апельсин (м)	[apelʲsín]
morango (m)	клубника (ж)	[klubníka]

tangerina (f)	мандарин (м)	[mandarín]
ameixa (f)	слива (ж)	[slíva]
pêssego (m)	персик (м)	[pérsik]
damasco (m)	абрикос (м)	[abrikós]
framboesa (f)	малина (ж)	[malína]
ananás (m)	ананас (м)	[ananás]

banana (f)	банан (м)	[banán]
melancia (f)	арбуз (м)	[arbús]
uva (f)	виноград (м)	[vinográd]
ginja (f)	вишня (ж)	[víʃnʲa]
cereja (f)	черешня (ж)	[ʧeréʃnʲa]
meloa (f)	дыня (ж)	[dïnʲa]
toranja (f)	грейпфрут (м)	[gréjpfrut]

abacate (m)	авокадо (с)	[avɔkádɔ]
papaia (f)	папайя (ж)	[papája]
manga (f)	манго (с)	[mángɔ]
romã (f)	гранат (м)	[granát]

groselha (f) vermelha	красная смородина (ж)	[krásnaja smɔródina]
groselha (f) preta	чёрная смородина (ж)	[tʃórnaja smɔródina]
groselha (f) espinhosa	крыжовник (м)	[kriʒóvnik]
mirtilo (m)	черника (ж)	[tʃerníka]
amora silvestre (f)	ежевика (ж)	[eʒevíka]

uvas (f pl) passas	изюм (м)	[izʲúm]
figo (m)	инжир (м)	[inʒĩr]
tâmara (f)	финик (м)	[fínik]

amendoim (m)	арахис (м)	[aráhis]
amêndoa (f)	миндаль (м)	[mindálʲ]
noz (f)	грецкий орех (м)	[grétskij ɔréh]
avelã (f)	лесной орех (м)	[lesnój ɔréh]
coco (m)	кокосовый орех (м)	[kɔkósɔvij ɔréh]
pistáchios (m pl)	фисташки (мн)	[fistáʃki]

48. Pão. Bolaria

pastelaria (f)	кондитерские изделия (мн)	[kɔndíterskie izdélija]
pão (m)	хлеб (м)	[hléb]
bolacha (f)	печенье (с)	[petʃénje]

chocolate (m)	шоколад (м)	[ʃɔkɔlád]
de chocolate	шоколадный	[ʃɔkɔládnij]
rebuçado (m)	конфета (ж)	[kɔnféta]
bolo (cupcake, etc.)	пирожное (с)	[piróʒnɔe]
bolo (m) de aniversário	торт (м)	[tórt]

tarte (~ de maçã)	пирог (м)	[piróg]
recheio (m)	начинка (ж)	[natʃínka]

doce (m)	варенье (с)	[varénje]
geleia (f) de frutas	мармелад (м)	[marmelád]
waffle (m)	вафли (мн)	[váfli]
gelado (m)	мороженое (с)	[mɔróʒenɔe]
pudim (m)	пудинг (м)	[púding]

49. Pratos cozinhados

prato (m)	блюдо (с)	[blʲúdɔ]
cozinha (~ portuguesa)	кухня (ж)	[kúhnʲa]
receita (f)	рецепт (м)	[retsǽpt]
porção (f)	порция (ж)	[pórtsija]

salada (f)	салат (м)	[salát]
sopa (f)	суп (м)	[súp]

caldo (m)	бульон (м)	[buljón]
sandes (f)	бутерброд (м)	[buterbród]
ovos (m pl) estrelados	яичница (ж)	[iíʃnitsa]

hambúrguer (m)	гамбургер (м)	[gámburger]
bife (m)	бифштекс (м)	[bifʃtæks]

conduto (m)	гарнир (м)	[garnír]
espaguete (m)	спагетти (мн)	[spagéti]
puré (m) de batata	картофельное пюре (с)	[kartófelʲnɔe pʲuré]
pizza (f)	пицца (ж)	[pítsa]
papa (f)	каша (ж)	[káʃa]
omelete (f)	омлет (м)	[ɔmlét]

cozido em água	варёный	[varɵnij]
fumado	копчёный	[kɔptʃónij]
frito	жареный	[ʒárenij]
seco	сушёный	[suʃónij]
congelado	замороженный	[zamɔróʒenij]
em conserva	маринованный	[marinóvanij]

doce (açucarado)	сладкий	[slátkij]
salgado	солёный	[sɔlɵnij]
frio	холодный	[hɔlódnij]
quente	горячий	[gɔrʲátʃij]
amargo	горький	[górʲkij]
gostoso	вкусный	[fkúsnij]

cozinhar (em água a ferver)	варить (нсв, пх)	[varítʲ]
fazer, preparar (vt)	готовить (нсв, пх)	[gɔtóvitʲ]
fritar (vt)	жарить (нсв, пх)	[ʒáritʲ]
aquecer (vt)	разогревать (нсв, пх)	[razɔgrevátʲ]

salgar (vt)	солить (нсв, пх)	[sɔlítʲ]
apimentar (vt)	перчить (нсв, пх)	[pértʃitʲ], [pertʃítʲ]
ralar (vt)	тереть (нсв, пх)	[terétʲ]
casca (f)	кожура (ж)	[kɔʒurá]
descascar (vt)	чистить (нсв, пх)	[tʃístitʲ]

50. Especiarias

sal (m)	соль (ж)	[sólʲ]
salgado	солёный	[sɔlɵnij]
salgar (vt)	солить (нсв, пх)	[sɔlítʲ]

pimenta (f) preta	чёрный перец (м)	[tʃórnij pérets]
pimenta (f) vermelha	красный перец (м)	[krásnij pérets]
mostarda (f)	горчица (ж)	[gɔrtʃítsa]
raiz-forte (f)	хрен (м)	[hrén]

condimento (m)	приправа (ж)	[pripráva]
especiaria (f)	пряность (ж)	[prʲánɔstʲ]
molho (m)	соус (м)	[sóus]
vinagre (m)	уксус (м)	[úksus]

anis (m)	анис (м)	[anís]
manjericão (m)	базилик (м)	[bazilík]
cravo (m)	гвоздика (ж)	[gvɔzdíka]
gengibre (m)	имбирь (м)	[imbírʲ]
coentro (m)	кориандр (м)	[kɔriándr]
canela (f)	корица (ж)	[kɔrítsa]

sésamo (m)	кунжут (м)	[kunʒút]
folhas (f pl) de louro	лавровый лист (м)	[lavróvij líst]
páprica (f)	паприка (ж)	[páprika]
cominho (m)	тмин (м)	[tmín]
açafrão (m)	шафран (м)	[ʃafrán]

51. Refeições

comida (f)	еда (ж)	[edá]
comer (vt)	есть (нсв, н/пх)	[éstʲ]

pequeno-almoço (m)	завтрак (м)	[záftrak]
tomar o pequeno-almoço	завтракать (нсв, нпх)	[záftrakatʲ]
almoço (m)	обед (м)	[ɔbéd]
almoçar (vi)	обедать (нсв, нпх)	[ɔbédatʲ]
jantar (m)	ужин (м)	[úʒin]
jantar (vi)	ужинать (нсв, нпх)	[úʒinatʲ]

apetite (m)	аппетит (м)	[apetít]
Bom apetite!	Приятного аппетита!	[prijátnɔvɔ apetíta]

abrir (~ uma lata, etc.)	открывать (нсв, пх)	[ɔtkrivátʲ]
derramar (vt)	пролить (св, пх)	[prɔlítʲ]
derramar-se (vr)	пролиться (св, возв)	[prɔlítsa]

ferver (vi)	кипеть (нсв, нпх)	[kipétʲ]
ferver (vt)	кипятить (нсв, пх)	[kipɪtítʲ]
fervido	кипячёный	[kipɪtʲónij]
arrefecer (vt)	охладить (св, пх)	[ɔhladítʲ]
arrefecer-se (vr)	охлаждаться (нсв, возв)	[ɔhlaʒdátsa]

sabor, gosto (m)	вкус (м)	[fkús]
gostinho (m)	привкус (м)	[prífkus]

fazer dieta	худеть (нсв, нпх)	[hudétʲ]
dieta (f)	диета (ж)	[diéta]
vitamina (f)	витамин (м)	[vitamín]
caloria (f)	калория (ж)	[kalórija]
vegetariano (m)	вегетарианец (м)	[vegetariánets]
vegetariano	вегетарианский	[vegetariánskij]

gorduras (f pl)	жиры (мн)	[ʒirí]
proteínas (f pl)	белки (мн)	[belkí]
carboidratos (m pl)	углеводы (мн)	[uglevódi]
fatia (~ de limão, etc.)	ломтик (м)	[lómtik]
pedaço (~ de bolo)	кусок (м)	[kusók]
migalha (f)	крошка (ж)	[króʃka]

52. Por a mesa

colher (f)	ложка (ж)	[lóʃka]
faca (f)	нож (м)	[nóʃ]
garfo (m)	вилка (ж)	[vílka]

chávena (f)	чашка (ж)	[ʧáʃka]
prato (m)	тарелка (ж)	[tarélka]
pires (m)	блюдце (c)	[blʲúʦe]
guardanapo (m)	салфетка (ж)	[salfétka]
palito (m)	зубочистка (ж)	[zubotʃístka]

53. Restaurante

restaurante (m)	ресторан (м)	[restɔrán]
café (m)	кофейня (ж)	[kɔféjnʲa]
bar (m), cervejaria (f)	бар (м)	[bár]
salão (m) de chá	чайный салон (м)	[ʧájnij salón]

empregado (m) de mesa	официант (м)	[ɔfiʦiánt]
empregada (f) de mesa	официантка (ж)	[ɔfiʦiántka]
barman (m)	бармен (м)	[bármɛn]

ementa (f)	меню (c)	[menʲú]
lista (f) de vinhos	карта (ж) вин	[kárta vín]
reservar uma mesa	забронировать столик	[zabrɔnírɔvatʲ stólik]

prato (m)	блюдо (c)	[blʲúdɔ]
pedir (vt)	заказать (св, пх)	[zakazátʲ]
fazer o pedido	сделать заказ	[zdélatʲ zakás]

aperitivo (m)	аперитив (м)	[aperitíf]
entrada (f)	закуска (ж)	[zakúska]
sobremesa (f)	десерт (м)	[desért]

conta (f)	счёт (м)	[ʃɵt]
pagar a conta	оплатить счёт	[ɔplatítʲ ʃɵt]
dar o troco	дать сдачу	[dátʲ zdáʧu]
gorjeta (f)	чаевые (мн)	[ʧaevïe]

Família, parentes e amigos

nome (m)	имя (c)	[ím'a]
apelido (m)	фамилия (ж)	[famílija]
data (f) de nascimento	дата (ж) рождения	[dáta rɔʒdénija]
local (m) de nascimento	место (c) рождения	[mésto rɔʒdénija]
nacionalidade (f)	национальность (ж)	[natsionál'nost']
lugar (m) de residência	место (c) жительства	[mésto ʒītel'stva]
país (m)	страна (ж)	[straná]
profissão (f)	профессия (ж)	[prɔfésija]
sexo (m)	пол (м)	[pól]
estatura (f)	рост (м)	[róst]
peso (m)	вес (м)	[vés]

mãe (f)	мать (ж)	[mát']
pai (m)	отец (м)	[ɔtéts]
filho (m)	сын (м)	[sīn]
filha (f)	дочь (ж)	[dótʃ']
filha (f) mais nova	младшая дочь (ж)	[mládʃaja dótʃ']
filho (m) mais novo	младший сын (м)	[mládʃij sīn]
filha (f) mais velha	старшая дочь (ж)	[stárʃaja dótʃ']
filho (m) mais velho	старший сын (м)	[stárʃij sīn]
irmão (m)	брат (м)	[brát]
irmã (f)	сестра (ж)	[sestrá]
primo (m)	двоюродный брат (м)	[dvɔjúrɔdnij brát]
prima (f)	двоюродная сестра (ж)	[dvɔjúrɔdnaja sestrá]
mamã (f)	мама (ж)	[máma]
papá (m)	папа (м)	[pápa]
pais (pl)	родители (мн)	[rɔdíteli]
criança (f)	ребёнок (м)	[rebǿnɔk]
crianças (f pl)	дети (мн)	[déti]
avó (f)	бабушка (ж)	[bábuʃka]
avô (m)	дедушка (м)	[déduʃka]
neto (m)	внук (м)	[vnúk]
neta (f)	внучка (ж)	[vnútʃka]
netos (pl)	внуки (мн)	[vnúki]
tio (m)	дядя (м)	[d'ád'a]
tia (f)	тётя (ж)	[tǿt'a]

55

| sobrinho (m) | племянник (м) | [plemʲánik] |
| sobrinha (f) | племянница (ж) | [plemʲánitsa] |

sogra (f)	тёща (ж)	[tóʃa]
sogro (m)	свёкор (м)	[svǿkɔr]
genro (m)	зять (м)	[zʲátʲ]
madrasta (f)	мачеха (ж)	[mátʃeha]
padrasto (m)	отчим (м)	[óttʃim]

criança (f) de colo	грудной ребёнок (м)	[grudnój rebǿnɔk]
bebé (m)	младенец (м)	[mladénets]
menino (m)	малыш (м)	[malîʃ]

mulher (f)	жена (ж)	[ʒená]
marido (m)	муж (м)	[múʃ]
esposo (m)	супруг (м)	[suprúg]
esposa (f)	супруга (ж)	[suprúga]

casado	женатый	[ʒenátij]
casada	замужняя	[zamúʒnʲaja]
solteiro	холостой	[hɔlɔstój]
solteirão (m)	холостяк (м)	[hɔlɔstʲák]
divorciado	разведённый	[razvedǿnnij]
viúva (f)	вдова (ж)	[vdɔvá]
viúvo (m)	вдовец (м)	[vdɔvéts]

parente (m)	родственник (м)	[rótstvenik]
parente (m) próximo	близкий родственник (м)	[blískij rótstvenik]
parente (m) distante	дальний родственник (м)	[dálʲnij rótstvenik]
parentes (m pl)	родные (мн)	[rɔdnîje]

órfão (m)	сирота (м)	[sirɔtá]
órfã (f)	сирота (ж)	[sirɔtá]
tutor (m)	опекун (м)	[ɔpekún]
adotar (um filho)	усыновить (св, пх)	[usinɔvítʲ]
adotar (uma filha)	удочерить (св, пх)	[udɔtʃerítʲ]

56. Amigos. Colegas de trabalho

amigo (m)	друг (м)	[drúg]
amiga (f)	подруга (ж)	[pɔdrúga]
amizade (f)	дружба (ж)	[drúʒba]
ser amigos	дружить (нсв, нпх)	[druʒîtʲ]

amigo (m)	приятель (м)	[prijátelʲ]
amiga (f)	приятельница (ж)	[prijátelʲnitsa]
parceiro (m)	партнёр (м)	[partnǿr]

chefe (m)	шеф (м)	[ʃǽf]
superior (m)	начальник (м)	[natʃálʲnik]
proprietário (m)	владелец (м)	[vladélets]
subordinado (m)	подчинённый (м)	[pottʃinǿnnij]
colega (m)	коллега (м)	[kɔléga]
conhecido (m)	знакомый (м)	[znakómij]

| companheiro (m) de viagem | попутчик (м) | [popúttʃik] |
| colega (m) de classe | одноклассник (м) | [ɔdnɔklásnik] |

vizinho (m)	сосед (м)	[sɔséd]
vizinha (f)	соседка (ж)	[sɔsétka]
vizinhos (pl)	соседи (мн)	[sɔsédi]

57. Homem. Mulher

mulher (f)	женщина (ж)	[ʒǽnʃina]
rapariga (f)	девушка (ж)	[dévuʃka]
noiva (f)	невеста (ж)	[nevésta]

bonita	красивая	[krasívaja]
alta	высокая	[visókaja]
esbelta	стройная	[strójnaja]
de estatura média	невысокого роста	[nevisókɔvɔ rósta]

| loura (f) | блондинка (ж) | [blɔndínka] |
| morena (f) | брюнетка (ж) | [briunétka] |

de senhora	дамский	[dámskij]
virgem (f)	девственница (ж)	[défstvenitsa]
grávida	беременная	[berémennaja]

homem (m)	мужчина (м)	[muʃína]
louro (m)	блондин (м)	[blɔndín]
moreno (m)	брюнет (м)	[briunét]
alto	высокий	[visókii]
de estatura média	невысокого роста	[nevisókɔvɔ rósta]

rude	грубый	[grúbij]
atarracado	коренастый	[kɔrenástij]
robusto	крепкий	[krépkij]
forte	сильный	[síliníj]
força (f)	сила (ж)	[síla]

gordo	полный	[pólnij]
moreno	смуглый	[smúglij]
esbelto	стройный	[strójnij]
elegante	элегантный	[ɛlegántnij]

58. Idade

idade (f)	возраст (м)	[vózrast]
juventude (f)	юность (ж)	[júnɔsti]
jovem	молодой	[mɔlɔdój]

mais novo	младше	[mládʃɛ]
mais velho	старше	[stárʃɛ]
jovem (m)	юноша (м)	[júnɔʃa]
adolescente (m)	подросток (м)	[pɔdróstɔk]

rapaz (m)	парень (м)	[párenʲ]
velho (m)	старик (м)	[starík]
velhota (f)	старая женщина (ж)	[stáraja ʒǽnʃina]

adulto	взрослый	[vzróslij]
de meia-idade	средних лет	[srédnih lét]
idoso, de idade	пожилой	[pɔʒilój]
velho	старый	[stárij]

reforma (f)	пенсия (ж)	[pénsija]
reformar-se (vr)	уйти на пенсию	[ujtí na pénsiju]
reformado (m)	пенсионер (ж)	[pensiɔnér]

59. Crianças

criança (f)	ребёнок (м)	[rebǿnɔk]
crianças (f pl)	дети (мн)	[déti]
gémeos (m pl)	близнецы (мн)	[bliznetsɨ̃]

berço (m)	люлька (ж), колыбель (ж)	[lʲúlʲka], [kɔlibélʲ]
guizo (m)	погремушка (ж)	[pɔgremúʃka]
fralda (f)	подгузник (м)	[pɔdgúznik]

chupeta (f)	соска (ж)	[sóska]
carrinho (m) de bebé	коляска (ж)	[kɔlʲáska]
jardim (m) de infância	детский сад (м)	[détskij sád]
babysitter (f)	няня (ж)	[nʲánʲa]

infância (f)	детство (с)	[détstvɔ]
boneca (f)	кукла (ж)	[kúkla]
brinquedo (m)	игрушка (ж)	[igrúʃka]
jogo (m) de armar	конструктор (м)	[kɔnstrúktɔr]
bem-educado	воспитанный	[vɔspítanij]
mal-educado	невоспитанный	[nevɔspítanij]
mimado	избалованный	[izbalóvannij]

ser travesso	шалить (нсв, нпх)	[ʃalítʲ]
travesso, traquinas	шаловливый	[ʃalovlívij]
travessura (f)	шалость (ж)	[ʃálɔstʲ]
criança (f) travessa	шалун (м)	[ʃalún]

| obediente | послушный | [pɔslúʃnij] |
| desobediente | непослушный | [nepɔslúʃnij] |

dócil	умный, послушный	[úmnij], [pɔslúʃnij]
inteligente	умный, одарённый	[úmnij], [odarǿnnij]
menino (m) prodígio	вундеркинд (м)	[vunderkínd]

60. Casais. Vida de família

| família (f) | семья (ж) | [semjá] |
| familiar | семейный | [seméjnij] |

casal (m)	пара (ж), чета (ж)	[pára], [ʧetá]
matrimónio (m)	брак (м)	[brák]
lar (m)	домашний очаг (м)	[dɔmáʃnij ɔʧág]
dinastia (f)	династия (ж)	[dinástija]

| encontro (m) | свидание (с) | [svidánie] |
| beijo (m) | поцелуй (м) | [pɔʦɛlúj] |

amor (m)	любовь (ж)	[lʲubófʲ]
amar (vt)	любить (нсв, пх)	[lʲubítʲ]
amado, querido	любимый	[lʲubímij]

ternura (f)	нежность (ж)	[néʒnɔstʲ]
terno, afetuoso	нежный	[néʒnij]
fidelidade (f)	верность (ж)	[vérnɔstʲ]
fiel	верный	[vérnij]
cuidado (m)	забота (ж)	[zabóta]
carinhoso	заботливый	[zabótlivij]

recém-casados (m pl)	молодожёны (мн)	[mɔlɔdɔʒónɨ]
lua de mel (f)	медовый месяц (м)	[medóvij mésɨts]
casar-se (com um homem)	выйти замуж	[vɨ̄jti zámuʃ]
casar-se (com uma mulher)	жениться (н/св, возв)	[ʒeníʦa]

boda (f)	свадьба (ж)	[svátʲba]
bodas (f pl) de ouro	золотая свадьба (ж)	[zɔlɔtája svátʲba]
aniversário (m)	годовщина (ж)	[gɔdɔfʃína]

| amante (m) | любовник (м) | [lʲubóvnik] |
| amante (f) | любовница (ж) | [lʲubóvniʦa] |

adultério (m)	измена (ж)	[izména]
cometer adultério	изменить (св, пх)	[izmenítʲ]
ciumento	ревнивый	[revnívij]
ser ciumento	ревновать (нсв, н/пх)	[revnɔvátʲ]
divórcio (m)	развод (м)	[razvód]
divorciar-se (vr)	развестись (св, возв)	[razvestísʲ]

brigar (discutir)	ссориться (нсв, возв)	[ssóriʦa]
fazer as pazes	мириться (нсв, возв)	[míriʦa]
juntos	вместе	[vméste]
sexo (m)	секс (м)	[sǽks]

felicidade (f)	счастье (с)	[ʃástje]
feliz	счастливый	[ʃislívij]
infelicidade (f)	несчастье (с)	[neʃástje]
infeliz	несчастный	[neʃásnij]

Caráter. Sentimentos. Emoções

61. Sentimentos. Emoções

sentimento (m)	чувство (c)	[t͡ɕústvɔ]
sentimentos (m pl)	чувства (c мн)	[t͡ɕústva]
sentir (vt)	чувствовать (нсв, пх)	[t͡ɕústvɔvatʲ]
fome (f)	голод (м)	[gólɔd]
ter fome	хотеть есть	[hɔtétʲ éstʲ]
sede (f)	жажда (ж)	[ʒáʒda]
ter sede	хотеть пить	[hɔtétʲ pítʲ]
sonolência (f)	сонливость (ж)	[sɔnlívɔstʲ]
estar sonolento	хотеть спать	[hɔtétʲ spátʲ]
cansaço (m)	усталость (ж)	[ustálɔstʲ]
cansado	усталый	[ustálij]
ficar cansado	устать (св, нпх)	[ustátʲ]
humor (m)	настроение (c)	[nastrɔénie]
tédio (m)	скука (ж)	[skúka]
aborrecer-se (vr)	скучать (нсв, нпх)	[skut͡ɕátʲ]
isolamento (m)	уединение (c)	[uedinénie]
isolar-se	уединиться (св, возв)	[uedinítsa]
preocupar (vt)	беспокоить (нсв, пх)	[bespɔkóitʲ]
preocupar-se (vr)	беспокоиться (нсв, возв)	[bespɔkóitsa]
preocupação (f)	беспокойство (c)	[bespɔkójstvɔ]
ansiedade (f)	тревога (ж)	[trevóga]
preocupado	озабоченный	[ɔzabót͡ɕenij]
estar nervoso	нервничать (нсв, нпх)	[nérvnit͡ɕatʲ]
entrar em pânico	паниковать (нсв, нпх)	[panikɔvátʲ]
esperança (f)	надежда (ж)	[nadéʒda]
esperar (vt)	надеяться (нсв, возв)	[nadéɪtsa]
certeza (f)	уверенность (ж)	[uvérenɔstʲ]
certo	уверенный	[uvérenij]
indecisão (f)	неуверенность (ж)	[neuvérenɔstʲ]
indeciso	неуверенный	[neuvérennij]
ébrio, bêbado	пьяный	[pjánij]
sóbrio	трезвый	[trézvij]
fraco	слабый	[slábij]
assustar (vt)	испугать (св, пх)	[ispugátʲ]
fúria (f)	бешенство (c)	[béʃɛnstvɔ]
ira, raiva (f)	ярость (ж)	[járɔstʲ]
depressão (f)	депрессия (ж)	[deprésija]
desconforto (m)	дискомфорт (м)	[diskɔmfórt]

conforto (m)	комфорт (м)	[kɔmfórt]
arrepender-se (vr)	сожалеть (нсв, нпх)	[sɔʒilét']
arrependimento (m)	сожаление (c)	[sɔʒilénie]
azar (m), má sorte (f)	невезение (c)	[nevezénie]
tristeza (f)	огорчение (c)	[ɔgortʃénie]

vergonha (f)	стыд (м)	[stĩd]
alegria (f)	веселье (c)	[vesélje]
entusiasmo (m)	энтузиазм (м)	[ɛntuziázm]
entusiasta (m)	энтузиаст (м)	[ɛntuziást]
mostrar entusiasmo	проявить энтузиазм	[prɔjivít' ɛntuziázm]

62. Caráter. Personalidade

caráter (m)	характер (м)	[harákter]
falha (f) de caráter	недостаток (м)	[nedɔstátɔk]
mente (f)	ум (м)	[úm]
razão (f)	разум (м)	[rázum]

consciência (f)	совесть (ж)	[sóvest']
hábito (m)	привычка (ж)	[privĩtʃka]
habilidade (f)	способность (ж)	[spɔsóbnɔst']
saber (~ nadar, etc.)	уметь	[umét']

paciente	терпеливый	[terpelívij]
impaciente	нетерпеливый	[neterpelívij]
curioso	любопытный	[lʲubɔpĩtnij]
curiosidade (f)	любопытство (c)	[lʲubɔpĩtstvɔ]

modéstia (f)	скромность (ж)	[skrómnɔst']
modesto	скромный	[skrómnij]
imodesto	нескромный	[neskrómnij]

preguiça (f)	лень (ж)	[lénʲ]
preguiçoso	ленивый	[lenívij]
preguiçoso (m)	лентяй (м)	[lentʲáj]

astúcia (f)	хитрость (ж)	[hítrɔst']
astuto	хитрый	[hítrij]
desconfiança (f)	недоверие (c)	[nedɔvérie]
desconfiado	недоверчивый	[nedɔvértʃivij]

generosidade (f)	щедрость (ж)	[ʃʲédrɔst']
generoso	щедрый	[ʃʲédrij]
talentoso	талантливый	[talántlivij]
talento (m)	талант (м)	[talánt]

corajoso	смелый	[smélij]
coragem (f)	смелость (ж)	[smélɔst']
honesto	честный	[tʃésnij]
honestidade (f)	честность (ж)	[tʃésnɔst']

prudente	осторожный	[ɔstɔróʒnij]
valente	отважный	[ɔtváʒnij]

| sério | серьёзный | [serjǿznij] |
| severo | строгий | [strógij] |

decidido	решительный	[reʃtelʲnij]
indeciso	нерешительный	[nereʃtelʲnij]
tímido	робкий	[rópkij]
timidez (f)	робость (ж)	[róbostʲ]

confiança (f)	доверие (с)	[dɔvérie]
confiar (vt)	верить (нсв, пх)	[véritʲ]
crédulo	доверчивый	[dɔvértʃivij]

sinceramente	искренне	[ískrene]
sincero	искренний	[ískrenij]
sinceridade (f)	искренность (ж)	[ískrenɔstʲ]
aberto	открытый	[ɔtkrĩtij]

calmo	тихий	[tíhij]
franco	откровенный	[ɔtkrɔvénnij]
ingénuo	наивный	[naívnij]
distraído	рассеянный	[rasséɪnij]
engraçado	смешной	[smeʃnój]

ganância (f)	жадность (ж)	[ʒádnɔstʲ]
ganancioso	жадный	[ʒádnij]
avarento	скупой	[skupój]
mau	злой	[zlój]
teimoso	упрямый	[uprʲámij]
desagradável	неприятный	[neprijátnij]

egoísta (m)	эгоист (м)	[ɛgɔíst]
egoísta	эгоистичный	[ɛgɔistítʃnij]
cobarde (m)	трус (м)	[trús]
cobarde	трусливый	[truslívij]

63. O sono. Sonhos

dormir (vi)	спать (нсв, нпх)	[spátʲ]
sono (m)	сон (м)	[són]
sonho (m)	сон (м)	[són]
sonhar (vi)	видеть сны	[vídetʲ snĩ]
sonolento	сонный	[sónnij]

cama (f)	кровать (ж)	[krɔvátʲ]
colchão (m)	матрас (м)	[matrás]
cobertor (m)	одеяло (с)	[ɔdejálɔ]
almofada (f)	подушка (ж)	[pɔdúʃka]
lençol (m)	простыня (ж)	[prɔstinʲá]

insónia (f)	бессонница (ж)	[bessónitsa]
insone	бессонный	[bessónij]
sonífero (m)	снотворное (с)	[snɔtvórnɔe]
tomar um sonífero	принять снотворное	[prinʲátʲ snɔtvórnɔe]
estar sonolento	хотеть спать	[hɔtétʲ spátʲ]

bocejar (vi)	зевать (нсв, нпх)	[zevátʲ]
ir para a cama	идти спать	[itʲtí spátʲ]
fazer a cama	стелить постель	[stelítʲ postélʲ]
adormecer (vi)	заснуть (св, нпх)	[zasnútʲ]

pesadelo (m)	кошмар (м)	[koʃmár]
ronco (m)	храп (м)	[hráp]
roncar (vi)	храпеть (нсв, нпх)	[hrapétʲ]

despertador (m)	будильник (м)	[budílʲnik]
acordar, despertar (vt)	разбудить (св, пх)	[razbudítʲ]
acordar (vi)	просыпаться (св, возв)	[prosîpatsa]
levantar-se (vr)	вставать (нсв, нпх)	[fstavátʲ]
lavar-se (vr)	умываться (нсв, возв)	[umivátsa]

64. Humor. Riso. Alegria

humor (m)	юмор (м)	[júmor]
sentido (m) de humor	чувство юмора (с)	[ʧústvo júmora]
divertir-se (vr)	веселиться (нсв, возв)	[veselítsa]
alegre	весёлый	[vesǿlij]
alegria (f)	веселье (с)	[vesélje]

sorriso (m)	улыбка (ж)	[ulîpka]
sorrir (vi)	улыбаться (нсв, возв)	[ulibátsa]
começar a rir	засмеяться (св, возв)	[zasmejátsa]
rir (vi)	смеяться (нсв, возв)	[smejátsa]
riso (m)	смех (м)	[sméh]

anedota (f)	анекдот (м)	[anekdót]
engraçado	смешной	[smeʃnój]
ridículo	смешной	[smeʃnój]

brincar, fazer piadas	шутить (нсв, нпх)	[ʃutítʲ]
piada (f)	шутка (ж)	[ʃútka]
alegria (f)	радость (ж)	[rádostʲ]
regozijar-se (vr)	радоваться (нсв, возв)	[rádovatsa]
alegre	радостный	[rádosnij]

65. Discussão, conversação. Parte 1

| comunicação (f) | общение (с) | [opʃénie] |
| comunicar-se (vr) | общаться (нсв, возв) | [opʃátsa] |

conversa (f)	разговор (м)	[razgovór]
diálogo (m)	диалог (м)	[dialóg]
discussão (f)	дискуссия (ж)	[diskúsija]
debate (m)	спор (м)	[spór]
debater (vt)	спорить (нсв, нпх)	[spóritʲ]

| interlocutor (m) | собеседник (м) | [sobesédnik] |
| tema (m) | тема (ж) | [téma] |

ponto (m) de vista	точка (ж) зрения	[tótʃka zrénija]
opinião (f)	мнение (c)	[mnénie]
discurso (m)	речь (ж)	[rétʃʲ]

discussão (f)	обсуждение (c)	[ɔpsuʒdénie]
discutir (vt)	обсуждать (нсв, пх)	[ɔpsuʒdátʲ]
conversa (f)	беседа (ж)	[beséda]
conversar (vi)	беседовать (нсв, нпх)	[besédɔvatʲ]
encontro (m)	встреча (ж)	[fstrétʃa]
encontrar-se (vr)	встречаться (нсв, возв)	[fstretʃátsa]

provérbio (m)	пословица (ж)	[pɔslóvitsa]
ditado (m)	поговорка (ж)	[pɔgɔvórka]
adivinha (f)	загадка (ж)	[zagátka]
dizer uma adivinha	загадывать загадку	[zagádivatʲ zagátku]
senha (f)	пароль (м)	[parólʲ]
segredo (m)	секрет (м)	[sekrét]

juramento (m)	клятва (ж)	[klʲátva]
jurar (vi)	клясться (нсв, возв)	[klʲástsa]
promessa (f)	обещание (c)	[ɔbeʃʲánie]
prometer (vt)	обещать (н/св, пх)	[ɔbeʃʲátʲ]

conselho (m)	совет (м)	[sɔvét]
aconselhar (vt)	советовать (нсв, пх)	[sɔvétɔvatʲ]
seguir o conselho	следовать совету	[slédɔvatʲ sɔvétu]
escutar (~ os conselhos)	слушаться (нсв, возв)	[slúʃatsa]

novidade, notícia (f)	новость (ж)	[nóvɔstʲ]
sensação (f)	сенсация (ж)	[sensátsija]
informação (f)	сведения (мн)	[svédenja]
conclusão (f)	вывод (м)	[vīvɔd]
voz (f)	голос (ж)	[gólɔs]
elogio (m)	комплимент (м)	[kɔmplimént]
amável	любезный	[lʲubéznij]

palavra (f)	слово (c)	[slóvɔ]
frase (f)	фраза (ж)	[fráza]
resposta (f)	ответ (м)	[ɔtvét]

| verdade (f) | правда (ж) | [právda] |
| mentira (f) | ложь (ж) | [lóʃ] |

| pensamento (m) | мысль (ж) | [mīslʲ] |
| fantasia (f) | фантазия (ж) | [fantázija] |

66. Discussão, conversação. Parte 2

estimado	уважаемый	[uvaʒáemij]
respeitar (vt)	уважать (нсв, пх)	[uvaʒátʲ]
respeito (m)	уважение (c)	[uvaʒǽnie]
Estimado ..., Caro ...	Уважаемый ...	[uvaʒáemij ...]
apresentar (vt)	познакомить (св, пх)	[pɔznakómitʲ]
travar conhecimento	познакомиться (св, возв)	[pɔznakómitsa]

intenção (f)	намерение (c)	[namérenie]
tencionar (vt)	намереваться (нсв, возв)	[namerevátsa]
desejo (m)	пожелание (c)	[pɔʒelánie]
desejar (ex. ~ boa sorte)	пожелать (св, пх)	[pɔʒelátʲ]

surpresa (f)	удивление (c)	[udivlénie]
surpreender (vt)	удивлять (нсв, пх)	[udivlʲátʲ]
surpreender-se (vr)	удивляться (нсв, возв)	[udivlʲátsa]

dar (vt)	дать (св, пх)	[dátʲ]
pegar (tomar)	взять (св, пх)	[vzʲátʲ]
devolver (vt)	вернуть (св, пх)	[vernútʲ]
retornar (vt)	отдать (св, пх)	[ɔtdátʲ]

desculpar-se (vr)	извиняться (нсв, возв)	[izvinʲátsa]
desculpa (f)	извинение (c)	[izvinénie]
perdoar (vt)	прощать (нсв, пх)	[prɔʃátʲ]

falar (vi)	разговаривать (нсв, нпх)	[razgɔvárivatʲ]
escutar (vt)	слушать (нсв, пх)	[slúʃatʲ]
ouvir até o fim	выслушать (св, пх)	[vīsluʃatʲ]
compreender (vt)	понять (св, пх)	[pɔnʲátʲ]

mostrar (vt)	показать (св, пх)	[pɔkazátʲ]
olhar para ...	глядеть на ... (нсв)	[glʲadétʲ na ...]
chamar (dizer em voz alta o nome)	позвать (св, пх)	[pɔzvátʲ]
distrair (vt)	беспокоить (нсв, пх)	[bespɔkóitʲ]
perturbar (vt)	мешать (нсв, пх)	[meʃátʲ]
entregar (~ em mãos)	передать (св, пх)	[peredátʲ]

pedido (m)	просьба (ж)	[prósʲba]
pedir (ex. ~ ajuda)	просить (нсв, пх)	[prɔsítʲ]
exigência (f)	требование (c)	[trébɔvanie]
exigir (vt)	требовать (нсв, пх)	[trébɔvatʲ]

chamar nomes (vt)	дразнить (нсв, пх)	[draznítʲ]
zombar (vt)	насмехаться (нсв, возв)	[nasmehátsa]
zombaria (f)	насмешка (ж)	[nasméʃka]
alcunha (f)	прозвище (c)	[prózviʃʲe]

insinuação (f)	намёк (м)	[namɵk]
insinuar (vt)	намекать (нсв, н/пх)	[namekátʲ]
subentender (vt)	подразумевать (нсв, пх)	[pɔdrazumevátʲ]

descrição (f)	описание (c)	[ɔpisánie]
descrever (vt)	описать (нсв, пх)	[ɔpisátʲ]
elogio (m)	похвала (ж)	[pɔhvalá]
elogiar (vt)	похвалить (св, пх)	[pɔhvalítʲ]

desapontamento (m)	разочарование (c)	[razɔtʃarɔvánie]
desapontar (vt)	разочаровать (св, пх)	[razɔtʃarɔvátʲ]
desapontar-se (vr)	разочароваться (св, возв)	[razɔtʃarɔvátsa]

| suposição (f) | предположение (c) | [pretpɔlɔʒǽnie] |
| supor (vt) | предполагать (нсв, пх) | [pretpɔlagátʲ] |

| advertência (f) | предостережение (c) | [predɔsterezǽnie] |
| advertir (vt) | предостеречь (св, пх) | [predɔsterétʃʲ] |

67. Discussão, conversação. Parte 3

| convencer (vt) | уговорить (св, пх) | [ugɔvɔrítʲ] |
| acalmar (vt) | успокаивать (нсв, пх) | [uspɔkáivatʲ] |

silêncio (o ~ é de ouro)	молчание (c)	[mɔltʃánie]
ficar em silêncio	молчать (нсв, нпх)	[mɔltʃátʲ]
sussurrar (vt)	шепнуть (св, пх)	[ʃɛpnútʲ]
sussurro (m)	шёпот (м)	[ʃópɔt]

| francamente | откровенно | [ɔtkrɔvénnɔ] |
| a meu ver ... | по моему мнению ... | [pɔ mɔemú mnéniju ...] |

detalhe (~ da história)	подробность (ж)	[pɔdróbnɔstʲ]
detalhado	подробный	[pɔdróbnij]
detalhadamente	подробно	[pɔdróbnɔ]

| dica (f) | подсказка (ж) | [pɔtskáska] |
| dar uma dica | подсказать (св, пх) | [pɔtskazátʲ] |

olhar (m)	взгляд (м)	[vzglʲád]
dar uma vista de olhos	взглянуть (св, нпх)	[vzglɪnútʲ]
fixo (olhar ~)	неподвижный	[nepɔdvíznij]
piscar (vi)	моргать (нсв, нпх)	[mɔrgátʲ]
pestanejar (vt)	мигнуть (св, нпх)	[mignútʲ]
acenar (com a cabeça)	кивнуть (св, н/пх)	[kivnútʲ]

suspiro (m)	вздох (м)	[vzdóh]
suspirar (vi)	вздохнуть (св, нпх)	[vzdɔhnútʲ]
estremecer (vi)	вздрагивать (нсв, нпх)	[vzdrágivatʲ]
gesto (m)	жест (м)	[ʒǽst]
tocar (com as mãos)	прикоснуться (св, возв)	[prikɔsnútsa]
agarrar (~ pelo braço)	хватать (нсв, пх)	[hvatátʲ]
bater de leve	хлопать (нсв, нпх)	[hlópatʲ]

Cuidado!	Осторожно!	[ɔstɔróznɔ]
A sério?	Неужели?	[neuzǽli?]
Tem certeza?	Ты уверен?	[tĩ uvéren?]
Boa sorte!	Удачи!	[udátʃĩ]
Compreendi!	Ясно!	[jásnɔ]
Que pena!	Жаль!	[zálʲ]

68. Acordo. Recusa

consentimento (~ mútuo)	согласие (c)	[sɔglásie]
consentir (vi)	соглашаться (нсв, возв)	[sɔglaʃátsa]
aprovação (f)	одобрение (c)	[ɔdɔbrénie]
aprovar (vt)	одобрить (св, пх)	[ɔdóbritʲ]
recusa (f)	отказ (м)	[ɔtkás]

negar-se (vt)	отказываться (нсв, возв)	[ɔtkázivatsa]
Está ótimo!	Отлично!	[ɔtlíʧnɔ]
Muito bem!	Хорошо!	[hɔrɔʃó]
Está bem! De acordo!	Ладно!	[ládnɔ]

proibido	запрещённый	[zapreʃǿnij]
é proibido	нельзя	[nelʲzʲá]
é impossível	невозможно	[nevɔzmóʒnɔ]
incorreto	неправильный	[neprávilʲnij]

rejeitar (~ um pedido)	отклонить (св, пх)	[ɔtklɔnítʲ]
apoiar (vt)	поддержать (св, пх)	[pɔdderʒátʲ]
aceitar (desculpas, etc.)	принять (св, пх)	[prinʲátʲ]

confirmar (vt)	подтвердить (св, пх)	[pɔttverdítʲ]
confirmação (f)	подтверждение (c)	[pɔttverʒdénie]
permissão (f)	разрешение (c)	[razreʃǽnie]
permitir (vt)	разрешить (св, пх)	[razreʃítʲ]
decisão (f)	решение (c)	[reʃǽnie]
não dizer nada	промолчать (св, нпх)	[prɔmɔlʧátʲ]

condição (com uma ~)	условие (c)	[uslóvie]
pretexto (m)	отговорка (ж)	[ɔdgɔvórka]
elogio (m)	похвала (ж)	[pɔhvalá]
elogiar (vt)	похвалить (св, пх)	[pɔhvalítʲ]

69. Sucesso. Boa sorte. Insucesso

êxito, sucesso (m)	успех (м)	[uspéh]
com êxito	успешно	[uspéʃnɔ]
bem sucedido	успешный	[uspéʃnij]

sorte (fortuna)	удача (ж)	[udáʧa]
Boa sorte!	Удачи!	[udáʧi]
de sorte	удачный	[udáʧnij]
sortudo, felizardo	удачливый	[udáʧlivij]

fracasso (m)	неудача (ж)	[neudáʧa]
pouca sorte (f)	неудача (ж)	[neudáʧa]
azar (m), má sorte (f)	невезение (c)	[nevezénie]

mal sucedido	неудачный	[neudáʧnij]
catástrofe (f)	катастрофа (ж)	[katastrófa]

orgulho (m)	гордость (ж)	[górdɔstʲ]
orgulhoso	гордый	[górdij]
estar orgulhoso	гордиться (нсв, возв)	[gɔrdítsa]

vencedor (m)	победитель (м)	[pɔbedítelʲ]
vencer (vi)	победить (св, нпх)	[pɔbedítʲ]
perder (vt)	проиграть (св, нпх)	[prɔigrátʲ]
tentativa (f)	попытка (ж)	[pɔpĭtka]
tentar (vt)	пытаться (нсв, возв)	[pitátsa]
chance (m)	шанс (м)	[ʃáns]

70. Conflitos. Emoções negativas

grito (m)	крик (м)	[krík]
gritar (vi)	кричать (нсв, нпх)	[kritʃátʲ]
começar a gritar	закричать (св, нпх)	[zakritʃátʲ]

discussão (f)	ссора (ж)	[ssóra]
discutir (vt)	ссориться (нсв, возв)	[ssóritsa]
escândalo (m)	скандал (м)	[skandál]
criar escândalo	скандалить (нсв, нпх)	[skandálitʲ]
conflito (m)	конфликт (м)	[kɔnflíkt]
mal-entendido (m)	недоразумение (с)	[nedɔrazuménie]

insulto (m)	оскорбление (с)	[ɔskɔrblénie]
insultar (vt)	оскорблять (нсв, пх)	[ɔskɔrblʲátʲ]
insultado	оскорблённый	[ɔskɔrblǿnnij]
ofensa (f)	обида (ж)	[ɔbída]
ofender (vt)	обидеть (св, пх)	[ɔbídetʲ]
ofender-se (vr)	обидеться (св, возв)	[ɔbídetsa]

indignação (f)	возмущение (с)	[vɔzmuʃénie]
indignar-se (vr)	возмущаться (нсв, возв)	[vɔzmuʃátsa]
queixa (f)	жалоба (ж)	[ʒálɔba]
queixar-se (vr)	жаловаться (нсв, возв)	[ʒálɔvatsa]

desculpa (f)	извинение (с)	[izvinénie]
desculpar-se (vr)	извиняться (нсв, возв)	[izvinʲátsa]
pedir perdão	просить прощения	[prɔsítʲ prɔʃénija]

crítica (f)	критика (ж)	[krítika]
criticar (vt)	критиковать (нсв, пх)	[kritikɔvátʲ]
acusação (f)	обвинение (с)	[ɔbvinénie]
acusar (vt)	обвинять (нсв, пх)	[ɔbvinʲátʲ]

vingança (f)	месть (ж)	[méstʲ]
vingar (vt)	мстить (нсв, пх)	[mstítʲ]
vingar-se (vr)	отплатить (св, пх)	[ɔtplatítʲ]

desprezo (m)	презрение (с)	[prezrénie]
desprezar (vt)	презирать (нсв, пх)	[prezirátʲ]
ódio (m)	ненависть (ж)	[nénavistʲ]
odiar (vt)	ненавидеть (нсв, пх)	[nenavídetʲ]

nervoso	нервный	[nérvnij]
estar nervoso	нервничать (нсв, нпх)	[nérvnitʃatʲ]
zangado	сердитый	[serdítij]
zangar (vt)	рассердить (св, пх)	[rasserdítʲ]

humilhação (f)	унижение (с)	[uniʒǽnie]
humilhar (vt)	унижать (нсв, пх)	[uniʒátʲ]
humilhar-se (vr)	унижаться (нсв, возв)	[uniʒátsa]

choque (m)	шок (м)	[ʃók]
chocar (vt)	шокировать (н/св, пх)	[ʃɔkírɔvatʲ]
aborrecimento (m)	неприятность (ж)	[neprijátnɔstʲ]

desagradável	неприятный	[neprijátnij]
medo (m)	страх (м)	[stráh]
terrível (tempestade, etc.)	страшный	[stráʃnij]
assustador (ex. história ~a)	страшный	[stráʃnij]
horror (m)	ужас (м)	[úʒas]
horrível (crime, etc.)	ужасный	[uʒásnij]

começar a tremer	задрожать (нсв, нпх)	[zadrɔʒátʲ]
chorar (vi)	плакать (нсв, нпх)	[plákatʲ]
começar a chorar	заплакать (св, нпх)	[zaplákatʲ]
lágrima (f)	слеза (мн)	[slezá]

falta (f)	вина (ж)	[viná]
culpa (f)	вина (ж)	[viná]
desonra (f)	позор (м)	[pɔzór]
protesto (m)	протест (м)	[prɔtést]
stresse (m)	стресс (м)	[strés]

perturbar (vt)	беспокоить (нсв, пх)	[bespɔkóitʲ]
zangar-se com ...	злиться (нсв, возв)	[zlítsa]
zangado	злой	[zlój]
terminar (vt)	прекращать (нсв, пх)	[prekraʃátʲ]
praguejar	ругаться (нсв, возв)	[rugátsa]

assustar-se	пугаться (нсв, возв)	[pugátsa]
golpear (vt)	ударить (св, пх)	[udáritʲ]
brigar (na rua, etc.)	драться (нсв, возв)	[drátsa]

resolver (o conflito)	урегулировать (св, пх)	[uregulírɔvatʲ]
descontente	недовольный	[nedɔvólʲnij]
furioso	яростный	[járɔsnij]

Não está bem!	Это нехорошо!	[ǽtɔ nehɔrɔʃó]
É mau!	Это плохо!	[ǽtɔ plóhɔ]

Medicina

71. Doenças

doença (f)	болезнь (ж)	[bɔléznʲ]
estar doente	болеть (нсв, нпх)	[bɔlétʲ]
saúde (f)	здоровье (c)	[zdɔróvje]

nariz (m) a escorrer	насморк (м)	[násmɔrk]
amigdalite (f)	ангина (ж)	[angína]
constipação (f)	простуда (ж)	[prɔstúda]
constipar-se (vr)	простудиться (св, возв)	[prɔstudítsa]

bronquite (f)	бронхит (м)	[brɔnhít]
pneumonia (f)	воспаление (c) лёгких	[vɔspalénie lǿhkih]
gripe (f)	грипп (м)	[gríp]

míope	близорукий	[blizɔrúkij]
presbita	дальнозоркий	[dalʲnɔzórkij]
estrabismo (m)	косоглазие (c)	[kɔsɔglázie]
estrábico	косоглазый	[kɔsɔglázij]
catarata (f)	катаракта (ж)	[katarákta]
glaucoma (m)	глаукома (ж)	[glaukóma]

AVC (m), apoplexia (f)	инсульт (м)	[insúlʲt]
ataque (m) cardíaco	инфаркт (м)	[infárkt]
enfarte (m) do miocárdio	инфаркт (м) миокарда	[infárkt miɔkárda]
paralisia (f)	паралич (м)	[paralítʃ]
paralisar (vt)	парализовать (нсв, пх)	[paralizɔvátʲ]

alergia (f)	аллергия (ж)	[alergíja]
asma (f)	астма (ж)	[ástma]
diabetes (f)	диабет (м)	[diabét]

dor (f) de dentes	зубная боль (ж)	[zubnája bólʲ]
cárie (f)	кариес (м)	[káries]

diarreia (f)	диарея (ж)	[diaréja]
prisão (f) de ventre	запор (м)	[zapór]
desarranjo (m) intestinal	расстройство (c) желудка	[rastrójstvɔ ʒelútka]
intoxicação (f) alimentar	отравление (c)	[ɔtravlénie]
intoxicar-se	отравиться (св, возв)	[ɔtravítsa]

artrite (f)	артрит (м)	[artrít]
raquitismo (m)	рахит (м)	[rahít]
reumatismo (m)	ревматизм (м)	[revmatízm]
arteriosclerose (f)	атеросклероз (м)	[atɛrɔsklerós]

gastrite (f)	гастрит (м)	[gastrít]
apendicite (f)	аппендицит (м)	[apenditsīt]

| colecistite (f) | холецистит (м) | [holetsistít] |
| úlcera (f) | язва (ж) | [jázva] |

sarampo (m)	корь (ж)	[kórʲ]
rubéola (f)	краснуха (ж)	[krasnúha]
iterícia (f)	желтуха (ж)	[ʒeltúha]
hepatite (f)	гепатит (м)	[gepatít]

esquizofrenia (f)	шизофрения (ж)	[ʃizofreníja]
raiva (f)	бешенство (с)	[béʃɛnstvɔ]
neurose (f)	невроз (м)	[nevrós]
comoção (f) cerebral	сотрясение (с) мозга	[sotrisénie mózga]

cancro (m)	рак (м)	[rák]
esclerose (f)	склероз (м)	[sklerós]
esclerose (f) múltipla	рассеянный склероз (м)	[rasséinnij sklerós]

alcoolismo (m)	алкоголизм (м)	[alkɔgɔlízm]
alcoólico (m)	алкоголик (м)	[alkɔgólik]
sífilis (f)	сифилис (м)	[sífilis]
SIDA (f)	СПИД (м)	[spíd]

tumor (m)	опухоль (ж)	[ópuhɔlʲ]
maligno	злокачественная	[zlɔkátʃestvenaja]
benigno	доброкачественная	[dɔbrɔkátʃestvenaja]

febre (f)	лихорадка (ж)	[lihɔrátka]
malária (f)	малярия (ж)	[malîríja]
gangrena (f)	гангрена (ж)	[gangréna]
enjoo (m)	морская болезнь (ж)	[mɔrskája bɔléznʲ]
epilepsia (f)	эпилепсия (ж)	[ɛpilépsija]

epidemia (f)	эпидемия (ж)	[ɛpidémija]
tifo (m)	тиф (м)	[tíf]
tuberculose (f)	туберкулёз (м)	[tuberkulǿs]
cólera (f)	холера (ж)	[hɔléra]
peste (f)	чума (ж)	[ʧʲumá]

72. Sintomas. Tratamentos. Parte 1

sintoma (m)	симптом (м)	[simptóm]
temperatura (f)	температура (ж)	[temperatúra]
febre (f)	высокая температура (ж)	[visókaja temperatúra]
pulso (m)	пульс (м)	[púlʲs]

vertigem (f)	головокружение (с)	[gólɔvɔ·kruʒǽnie]
quente (testa, etc.)	горячий	[gɔrʲátʃij]
calafrio (m)	озноб (м)	[ɔznób]
pálido	бледный	[blédnij]

tosse (f)	кашель (м)	[káʃɛlʲ]
tossir (vi)	кашлять (нсв, нпх)	[káʃlitʲ]
espirrar (vi)	чихать (нсв, нпх)	[ʧʲihátʲ]
desmaio (m)	обморок (м)	[óbmɔrɔk]

desmaiar (vi)	упасть в обморок	[upástⁱ v óbmɔrɔk]
nódoa (f) negra	синяк (м)	[sinⁱák]
galo (m)	шишка (ж)	[ʃíʃka]
magoar-se (vr)	удариться (св, возв)	[udáritsa]
pisadura (f)	ушиб (м)	[uʃɪb]
aleijar-se (vr)	ударить ... (св, пх)	[udáritⁱ ...]

coxear (vi)	хромать (нсв, нпх)	[hrɔmátⁱ]
deslocação (f)	вывих (м)	[vívih]
deslocar (vt)	вывихнуть (св, пх)	[vívihnutⁱ]
fratura (f)	перелом (м)	[perelóm]
fraturar (vt)	получить перелом	[pɔluʧítⁱ perelóm]

corte (m)	порез (м)	[pɔrés]
cortar-se (vr)	порезаться (св, возв)	[pɔrézatsa]
hemorragia (f)	кровотечение (с)	[krɔvɔ·teʧénie]

| queimadura (f) | ожог (м) | [ɔʒóg] |
| queimar-se (vr) | обжечься (св, возв) | [ɔbʒǽʧsⁱa] |

picar (vt)	уколоть (св, пх)	[ukɔlótⁱ]
picar-se (vr)	уколоться (св, возв)	[ukɔlótsa]
lesionar (vt)	повредить (св, пх)	[pɔvredítⁱ]
lesão (m)	повреждение (с)	[pɔvreʒdénie]
ferida (f), ferimento (m)	рана (ж)	[rána]
trauma (m)	травма (ж)	[trávma]

delirar (vi)	бредить (нсв, нпх)	[bréditⁱ]
gaguejar (vi)	заикаться (нсв, возв)	[zaikátsa]
insolação (f)	солнечный удар (м)	[sólneʧnⁱj udár]

73. Sintomas. Tratamentos. Parte 2

| dor (f) | боль (ж) | [bólⁱ] |
| farpa (no dedo) | заноза (ж) | [zanóza] |

suor (m)	пот (м)	[pót]
suar (vi)	потеть (нсв, нпх)	[pɔtétⁱ]
vómito (m)	рвота (ж)	[rvóta]
convulsões (f pl)	судороги (ж мн)	[súdɔrɔgi]

grávida	беременная	[berémennaja]
nascer (vi)	родиться (св, возв)	[rɔdítsa]
parto (m)	роды (мн)	[ródi]
dar à luz	рожать (нсв, пх)	[rɔʒátⁱ]
aborto (m)	аборт (м)	[abórt]

respiração (f)	дыхание (с)	[dihánie]
inspiração (f)	вдох (м)	[vdóh]
expiração (f)	выдох (м)	[vídɔh]
expirar (vi)	выдохнуть (св, пх)	[vídɔhnutⁱ]
inspirar (vi)	вдыхать (нсв, нпх)	[vdihátⁱ]
inválido (m)	инвалид (м)	[invalíd]
aleijado (m)	калека (с)	[kaléka]

toxicodependente (m)	наркоман (м)	[narkomán]
surdo	глухой	[gluhój]
mudo	немой	[nemój]
surdo-mudo	глухонемой	[gluhɔ·nemój]

louco (adj.)	сумасшедший	[sumaʃǽdʃɛj]
louco (m)	сумасшедший (м)	[sumaʃǽdʃɛj]
louca (f)	сумасшедшая (ж)	[sumaʃǽdʃaja]
ficar louco	сойти с ума	[sɔjtí s umá]

gene (m)	ген (м)	[gén]
imunidade (f)	иммунитет (м)	[imunitét]
hereditário	наследственный	[naslétstvenij]
congénito	врождённый	[vrɔʒdǿnij]

vírus (m)	вирус (м)	[vírus]
micróbio (m)	микроб (м)	[mikrób]
bactéria (f)	бактерия (ж)	[baktǽrija]
infeção (f)	инфекция (ж)	[inféktsija]

74. Sintomas. Tratamentos. Parte 3

| hospital (m) | больница (ж) | [bolʲnítsa] |
| paciente (m) | пациент (м) | [patsiǽnt] |

diagnóstico (m)	диагноз (м)	[diágnɔs]
cura (f)	лечение (с)	[letʃénie]
tratamento (m) médico	лечение (с)	[letʃénie]
curar-se (vr)	лечиться (нсв, возв)	[letʃítsa]
tratar (vt)	лечить (нсв, пх)	[letʃitʲ]
cuidar (pessoa)	ухаживать (нсв, нпх)	[uháʒivatʲ]
cuidados (m pl)	уход (м)	[uhód]

operação (f)	операция (ж)	[ɔperátsija]
enfaixar (vt)	перевязать (св, пх)	[perevɪzátʲ]
enfaixamento (m)	перевязка (ж)	[perevʲázka]

vacinação (f)	прививка (ж)	[privífka]
vacinar (vt)	делать прививку	[délatʲ privífku]
injeção (f)	укол (м)	[ukól]
dar uma injeção	делать укол	[délatʲ ukól]

amputação (f)	ампутация (ж)	[amputátsija]
amputar (vt)	ампутировать (н/св, пх)	[amputírovatʲ]
coma (f)	кома (ж)	[kóma]
estar em coma	быть в коме	[bɪtʲ f kóme]
reanimação (f)	реанимация (ж)	[reanimátsija]

recuperar-se (vr)	выздоравливать (нсв, нпх)	[vizdɔrávlivatʲ]
estado (~ de saúde)	состояние (с)	[sɔstɔjánie]
consciência (f)	сознание (с)	[sɔznánie]
memória (f)	память (ж)	[pámɪtʲ]
tirar (vt)	удалять (нсв, пх)	[udalʲátʲ]
chumbo (m), obturação (f)	пломба (ж)	[plómba]

chumbar, obturar (vt)	пломбировать (нсв, пх)	[plɔmbirɔvátʲ]
hipnose (f)	гипноз (м)	[gipnós]
hipnotizar (vt)	гипнотизировать (нсв, пх)	[gipnɔtizírɔvatʲ]

75. Médicos

médico (m)	врач (м)	[vrátʃ]
enfermeira (f)	медсестра (ж)	[metsestrá]
médico (m) pessoal	личный врач (м)	[lítʃnij vrátʃ]

dentista (m)	стоматолог (м)	[stɔmatólɔg]
oculista (m)	окулист (м)	[ɔkulíst]
terapeuta (m)	терапевт (м)	[terapévt]
cirurgião (m)	хирург (м)	[hirúrg]

psiquiatra (m)	психиатр (м)	[psihiátr]
pediatra (m)	педиатр (м)	[pediátr]
psicólogo (m)	психолог (м)	[psihólɔg]
ginecologista (m)	гинеколог (м)	[ginekólɔg]
cardiologista (m)	кардиолог (м)	[kardiólɔg]

76. Medicina. Drogas. Acessórios

medicamento (m)	лекарство (с)	[lekárstvɔ]
remédio (m)	средство (с)	[srétstvɔ]
receitar (vt)	прописать (нсв, пх)	[prɔpisátʲ]
receita (f)	рецепт (м)	[retsǽpt]

comprimido (m)	таблетка (ж)	[tablétka]
pomada (f)	мазь (ж)	[másʲ]
ampola (f)	ампула (ж)	[ámpula]
preparado (m)	микстура (ж)	[mikstúra]
xarope (m)	сироп (м)	[siróp]
cápsula (f)	пилюля (ж)	[pilʲúlʲa]
remédio (m) em pó	๋ порошок (м)	[pɔrɔʃók]

ligadura (f)	бинт (м)	[bínt]
algodão (m)	вата (ж)	[váta]
iodo (m)	йод (м)	[jód]
penso (m) rápido	лейкопластырь (м)	[lejkɔplástirʲ]
conta-gotas (m)	пипетка (ж)	[pipétka]
termómetro (m)	градусник (м)	[grádusnik]
seringa (f)	шприц (м)	[ʃpríts]

| cadeira (f) de rodas | коляска (ж) | [kɔlʲáska] |
| muletas (f pl) | костыли (м мн) | [kɔstɨlí] |

analgésico (m)	обезболивающее (с)	[ɔbezbólivajuʃee]
laxante (m)	слабительное (с)	[slabítelʲnɔe]
álcool (m) etílico	спирт (м)	[spírt]
ervas (f pl) medicinais	трава (ж)	[travá]
de ervas (chá ~)	травяной	[travɪnój]

77. Fumar. Produtos tabágicos

tabaco (m)	табак (м)	[tabák]
cigarro (m)	сигарета (ж)	[sigaréta]
charuto (m)	сигара (ж)	[sigára]
cachimbo (m)	трубка (ж)	[trúpka]
maço (~ de cigarros)	пачка (ж)	[pátʃka]
fósforos (m pl)	спички (ж мн)	[spítʃki]
caixa (f) de fósforos	спичечный коробок (м)	[spítʃetʃnij kɔrɔbók]
isqueiro (m)	зажигалка (ж)	[zaʒigálka]
cinzeiro (m)	пепельница (ж)	[pépelʲnitsa]
cigarreira (f)	портсигар (м)	[pɔrtsigár]
boquilha (f)	мундштук (м)	[munʃtúk]
filtro (m)	фильтр (м)	[fílʲtr]
fumar (vi, vt)	курить (нсв, н/пх)	[kurítʲ]
acender um cigarro	прикурить (св, н/пх)	[prikurítʲ]
tabagismo (m)	курение (с)	[kurénie]
fumador (m)	курильщик (м)	[kurílʲʃik]
beata (f)	окурок (м)	[ɔkúrɔk]
fumo (m)	дым (м)	[dĩm]
cinza (f)	пепел (м)	[pépel]

HABITAT HUMANO

Cidade

cidade (f)	город (м)	[górɔd]
capital (f)	столица (ж)	[stɔlítsa]
aldeia (f)	деревня (ж)	[derévnʲa]
mapa (m) da cidade	план (м) города	[plán górɔda]
centro (m) da cidade	центр (м) города	[tsǽntr górɔda]
subúrbio (m)	пригород (м)	[prígɔrɔd]
suburbano	пригородный	[prígɔrɔdnij]
periferia (f)	окраина (ж)	[ɔkráina]
arredores (m pl)	окрестности (ж мн)	[ɔkrésnɔsti]
quarteirão (m)	квартал (м)	[kvartál]
quarteirão (m) residencial	жилой квартал (м)	[ʒiłój kvartál]
tráfego (m)	движение (с)	[dviʒǽnie]
semáforo (m)	светофор (м)	[svetɔfór]
transporte (m) público	городской транспорт (м)	[gɔrɔtskój tránspɔrt]
cruzamento (m)	перекрёсток (м)	[perekrǿstɔk]
passadeira (f)	переход (м)	[perehód]
passagem (f) subterrânea	подземный переход (м)	[pɔdzémnij perehód]
cruzar, atravessar (vt)	переходить (нсв, н/пх)	[perehɔdítʲ]
peão (m)	пешеход (м)	[peʃɛhód]
passeio (m)	тротуар (м)	[trɔtuár]
ponte (f)	мост (м)	[móst]
margem (f) do rio	набережная (ж)	[nábereʒnaja]
fonte (f)	фонтан (м)	[fɔntán]
alameda (f)	аллея (ж)	[aléja]
parque (m)	парк (м)	[párk]
bulevar (m)	бульвар (м)	[bulʲvár]
praça (f)	площадь (ж)	[plóʃatʲ]
avenida (f)	проспект (м)	[prɔspékt]
rua (f)	улица (ж)	[úlitsa]
travessa (f)	переулок (м)	[pereúlɔk]
beco (m) sem saída	тупик (м)	[tupík]
casa (f)	дом (м)	[dóm]
edifício, prédio (m)	здание (с)	[zdánie]
arranha-céus (m)	небоскрёб (м)	[nebɔskrǿb]
fachada (f)	фасад (м)	[fasád]
telhado (m)	крыша (ж)	[krῖʃa]

janela (f)	окно (c)	[ɔknó]
arco (m)	арка (ж)	[árka]
coluna (f)	колонна (ж)	[kɔlóna]
esquina (f)	угол (м)	[úgɔl]

montra (f)	витрина (ж)	[vitrína]
letreiro (m)	вывеска (ж)	[vīveska]
cartaz (m)	афиша (ж)	[afíʃa]
cartaz (m) publicitário	рекламный плакат (м)	[reklámnɨj plakát]
painel (m) publicitário	рекламный щит (м)	[reklámnɨj ʃít]

lixo (m)	мусор (м)	[músɔr]
cesta (f) do lixo	урна (ж)	[úrna]
jogar lixo na rua	сорить (нсв, нпх)	[sɔrítʲ]
aterro (m) sanitário	свалка (ж)	[sválka]

cabine (f) telefónica	телефонная будка (ж)	[telefónnaja bútka]
candeeiro (m) de rua	фонарный столб (м)	[fɔnárnɨj stólb]
banco (m)	скамейка (ж)	[skaméjka]

polícia (m)	полицейский (м)	[pɔlitsǽjskij]
polícia (instituição)	полиция (ж)	[pɔlítsɨja]
mendigo (m)	нищий (м)	[níʃʲij]
sem-abrigo (m)	бездомный (м)	[bezdómnɨj]

79. Instituições urbanas

loja (f)	магазин (м)	[magazín]
farmácia (f)	аптека (ж)	[aptéka]
ótica (f)	оптика (ж)	[óptika]
centro (m) comercial	торговый центр (м)	[tɔrgóvɨj tsǽntr]
supermercado (m)	супермаркет (м)	[supermárket]

padaria (f)	булочная (ж)	[búlɔtʃnaja]
padeiro (m)	пекарь (м)	[pékarʲ]
pastelaria (f)	кондитерская (ж)	[kɔndíterskaja]
mercearia (f)	продуктовый магазин (м)	[prɔduktóvɨj magazín]
talho (m)	мясная лавка (ж)	[mɨsnája láfka]

| loja (f) de legumes | овощная лавка (ж) | [ɔvɔʃnája láfka] |
| mercado (m) | рынок (м) | [rīnɔk] |

café (m)	кафе (c)	[kafǽ]
restaurante (m)	ресторан (м)	[restɔrán]
bar (m), cervejaria (f)	пивная (ж)	[pivnája]
pizzaria (f)	пиццерия (ж)	[pitsǽrija], [pitsɛríja]

salão (m) de cabeleireiro	парикмахерская (ж)	[parihmáherskaja]
correios (m pl)	почта (ж)	[pótʃta]
lavandaria (f)	химчистка (ж)	[himtʃístka]
estúdio (m) fotográfico	фотоателье (c)	[fotɔ·atɛljé]

| sapataria (f) | обувной магазин (м) | [ɔbuvnój magazín] |
| livraria (f) | книжный магазин (м) | [kníʒnɨj magazín] |

loja (f) de artigos de desporto	спортивный магазин (m)	[sportívnij magazín]
reparação (f) de roupa	ремонт (m) одежды	[remónt odéʒdi]
aluguer (m) de roupa	прокат (m) одежды	[prokát odéʒdi]
aluguer (m) de filmes	прокат (m) фильмов	[prokát fílʲmɔf]

circo (m)	цирк (m)	[tsɪ̄rk]
jardim (m) zoológico	зоопарк (m)	[zɔɔpárk]
cinema (m)	кинотеатр (m)	[kinɔteátr]
museu (m)	музей (m)	[muzéj]
biblioteca (f)	библиотека (ж)	[bibliɔtéka]

teatro (m)	театр (m)	[teátr]
ópera (f)	опера (ж)	[ópera]
clube (m) noturno	ночной клуб (m)	[nɔtʃnój klúb]
casino (m)	казино (c)	[kazinó]

mesquita (f)	мечеть (ж)	[metʃétʲ]
sinagoga (f)	синагога (ж)	[sinagóga]
catedral (f)	собор (m)	[sɔbór]
templo (m)	храм (m)	[hrám]
igreja (f)	церковь (ж)	[tsǽrkɔfʲ]

instituto (m)	институт (m)	[institút]
universidade (f)	университет (m)	[universitét]
escola (f)	школа (ж)	[ʃkóla]

prefeitura (f)	префектура (ж)	[prefektúra]
câmara (f) municipal	мэрия (ж)	[mǽrija]
hotel (m)	гостиница (ж)	[gɔstínitsa]
banco (m)	банк (m)	[bánk]

embaixada (f)	посольство (c)	[pɔsólʲstvɔ]
agência (f) de viagens	турагентство (c)	[tur·agénstvɔ]
agência (f) de informações	справочное бюро (c)	[správɔtʃnɔe bʲuró]
casa (f) de câmbio	обменный пункт (m)	[ɔbménnij púnkt]

| metro (m) | метро (c) | [metró] |
| hospital (m) | больница (ж) | [bɔlʲnítsa] |

| posto (m) de gasolina | автозаправка (ж) | [aftɔ·zapráfka] |
| parque (m) de estacionamento | стоянка (ж) | [stɔjánka] |

80. Sinais

letreiro (m)	вывеска (ж)	[vɪ̄veska]
inscrição (f)	надпись (ж)	[nátpisʲ]
cartaz, póster (m)	плакат, постер (m)	[plakát], [póstɛr]
sinal (m) informativo	указатель (m)	[ukazátelʲ]
seta (f)	стрелка (ж)	[strélka]

aviso (advertência)	предостережение (c)	[predɔstereʒǽnie]
sinal (m) de aviso	предупреждение (c)	[predupreʒdénie]
avisar, advertir (vt)	предупредить (cв, пх)	[predupredítʲ]
dia (m) de folga	выходной день (m)	[vihɔdnój dénʲ]

| horário (m) | расписание (c) | [raspisánie] |
| horário (m) de funcionamento | часы (мн) работы | [tʃasí rabóti] |

BEM-VINDOS!	ДОБРО ПОЖАЛОВАТЬ!	[dobró poʒálovatʲ]
ENTRADA	ВХОД	[fhód]
SAÍDA	ВЫХОД	[vīhod]

EMPURRE	ОТ СЕБЯ	[ot sebʲá]
PUXE	НА СЕБЯ	[na sebʲá]
ABERTO	ОТКРЫТО	[otkrīto]
FECHADO	ЗАКРЫТО	[zakrīto]

| MULHER | ДЛЯ ЖЕНЩИН | [dlʲa ʒǽnʃin] |
| HOMEM | ДЛЯ МУЖЧИН | [dlʲa muʃín] |

DESCONTOS	СКИДКИ	[skítki]
SALDOS	РАСПРОДАЖА	[rasprodáʒa]
NOVIDADE!	НОВИНКА!	[novínka]
GRÁTIS	БЕСПЛАТНО	[besplátno]

ATENÇÃO!	ВНИМАНИЕ!	[vnimánie]
NÃO HÁ VAGAS	МЕСТ НЕТ	[mést nét]
RESERVADO	ЗАРЕЗЕРВИРОВАНО	[zarezervírovano]

ADMINISTRAÇÃO	АДМИНИСТРАЦИЯ	[administrátsija]
SOMENTE PESSOAL	ТОЛЬКО	[tólʲko
AUTORIZADO	ДЛЯ ПЕРСОНАЛА	dlʲa personála]

CUIDADO CÃO FEROZ	ЗЛАЯ СОБАКА	[zlája sobáka]
PROIBIDO FUMAR!	НЕ КУРИТЬ!	[ne kurítʲ]
NÃO TOCAR	РУКАМИ НЕ ТРОГАТЬ!	[rukámi ne trógatʲ]

PERIGOSO	ОПАСНО	[opásno]
PERIGO	ОПАСНОСТЬ	[opásnostʲ]
ALTA TENSÃO	ВЫСОКОЕ НАПРЯЖЕНИЕ	[visókoe naprɪʒǽnie]
PROIBIDO NADAR	КУПАТЬСЯ ЗАПРЕЩЕНО	[kupátsa zapreʃenó]
AVARIADO	НЕ РАБОТАЕТ	[ne rabótaet]

INFLAMÁVEL	ОГНЕОПАСНО	[ogneopásno]
PROIBIDO	ЗАПРЕЩЕНО	[zapreʃenó]
ENTRADA PROIBIDA	ПРОХОД ЗАПРЕЩЁН	[prohót zapreʃón]
CUIDADO TINTA FRESCA	ОКРАШЕНО	[okráʃeno]

81. Transportes urbanos

autocarro (m)	автобус (м)	[aftóbus]
elétrico (m)	трамвай (м)	[tramváj]
troleicarro (m)	троллейбус (м)	[troléjbus]
itinerário (m)	маршрут (м)	[marʃrút]
número (m)	номер (м)	[nómer]

ir de … (carro, etc.)	ехать на … (нсв)	[éhatʲ na …]
entrar (~ no autocarro)	сесть на … (св)	[séstʲ na …]
descer de …	сойти с … (св)	[sojtí s …]

paragem (f)	остановка (ж)	[ɔstanófka]
próxima paragem (f)	следующая остановка (ж)	[sléduʃaja ɔstanófka]
ponto (m) final	конечная остановка (ж)	[kɔnétʃnaja ɔstanófka]
horário (m)	расписание (c)	[raspisánie]
esperar (vt)	ждать (нсв, пх)	[ʒdátʲ]

bilhete (m)	билет (м)	[bilét]
custo (m) do bilhete	стоимость (ж) билета	[stóimɔstʲ biléta]

bilheteiro (m)	кассир (м)	[kassír]
controlo (m) dos bilhetes	контроль (м)	[kɔntrólʲ]
revisor (m)	контролёр (м)	[kɔntrɔlǿr]

atrasar-se (vr)	опаздывать на ... (нсв, нпх)	[ɔpázdivatʲ na ...]
perder (o autocarro, etc.)	опоздать на ... (св, нпх)	[ɔpozdátʲ na ...]
estar com pressa	спешить (нсв, нпх)	[speʃítʲ]

táxi (m)	такси (c)	[taksí]
taxista (m)	таксист (м)	[taksíst]
de táxi (ir ~)	на такси	[na taksí]
praça (f) de táxis	стоянка (ж) такси	[stɔjánka taksí]
chamar um táxi	вызвать такси	[vízvatʲ taksí]
apanhar um táxi	взять такси	[vzʲátʲ taksí]

tráfego (m)	уличное движение (c)	[úlitʃnɔe dviʒǽnie]
engarrafamento (m)	пробка (ж)	[própka]
horas (f pl) de ponta	часы пик (м)	[tʃasī pík]
estacionar (vi)	парковаться (нсв, возв)	[parkovátsa]
estacionar (vt)	парковать (нсв, пх)	[parkovátʲ]
parque (m) de estacionamento	стоянка (ж)	[stɔjánka]

metro (m)	метро (c)	[metró]
estação (f)	станция (ж)	[stántsija]
ir de metro	ехать на метро	[éhatʲ na metró]
comboio (m)	поезд (м)	[póezd]
estação (f)	вокзал (м)	[vɔkzál]

82. Turismo

monumento (m)	памятник (м)	[pámıtnik]
fortaleza (f)	крепость (ж)	[krépostʲ]
palácio (m)	дворец (м)	[dvɔréts]
castelo (m)	замок (м)	[zámɔk]
torre (f)	башня (ж)	[báʃnʲa]
mausoléu (m)	мавзолей (м)	[mavzɔléj]

arquitetura (f)	архитектура (ж)	[arhitektúra]
medieval	средневековый	[srednevekóvij]
antigo	старинный	[starínnij]
nacional	национальный	[natsionálʲnij]
conhecido	известный	[izvésnij]

turista (m)	турист (м)	[turíst]
guia (pessoa)	гид (м)	[gíd]

excursão (f)	экскурсия (ж)	[ɛkskúrsija]
mostrar (vt)	показывать (нсв, пх)	[pɔkázivatʲ]
contar (vt)	рассказывать (нсв, пх)	[raskázivatʲ]

encontrar (vt)	найти (св, пх)	[najtí]
perder-se (vr)	потеряться (св, возв)	[pɔterʲátsa]
mapa (~ do metrô)	схема (ж)	[sxéma]
mapa (~ da cidade)	план (м)	[plán]

lembrança (f), presente (m)	сувенир (м)	[suvenír]
loja (f) de presentes	магазин (м) сувениров	[magazín suvenírɔf]
fotografar (vt)	фотографировать (нсв, пх)	[fɔtɔgrafírɔvatʲ]
fotografar-se	фотографироваться (нсв, возв)	[fɔtɔgrafírɔvatsa]

83. Compras

comprar (vt)	покупать (нсв, пх)	[pɔkupátʲ]
compra (f)	покупка (ж)	[pɔkúpka]
fazer compras	делать покупки	[délatʲ pɔkúpki]
compras (f pl)	шоппинг (м)	[ʃóping]

| estar aberta (loja, etc.) | работать (нсв, нпх) | [rabótatʲ] |
| estar fechada | закрыться (св, возв) | [zakrítsa] |

calçado (m)	обувь (ж)	[óbufʲ]
roupa (f)	одежда (ж)	[ɔdéʒda]
cosméticos (m pl)	косметика (ж)	[kɔsmétika]
alimentos (m pl)	продукты (мн)	[prɔdúkti]
presente (m)	подарок (м)	[pɔdárɔk]

| vendedor (m) | продавец (м) | [prɔdavéts] |
| vendedora (f) | продавщица (ж) | [prɔdafʃʲítsa] |

caixa (f)	касса (ж)	[kássa]
espelho (m)	зеркало (с)	[zérkalɔ]
balcão (m)	прилавок (м)	[prilávɔk]
cabine (f) de provas	примерочная (ж)	[primérɔtʃʲnaja]

provar (vt)	примерить (св, пх)	[priméritʲ]
servir (vi)	подходить (нсв, нпх)	[pɔtxɔdítʲ]
gostar (apreciar)	нравиться (нсв, возв)	[nrávitsa]

preço (m)	цена (ж)	[tsɛná]
etiqueta (f) de preço	ценник (м)	[tsǽnnik]
custar (vt)	стоить (нсв, пх)	[stóitʲ]
Quanto?	Сколько?	[skólʲkɔ?]
desconto (m)	скидка (ж)	[skítka]

não caro	недорогой	[nedɔrɔgój]
barato	дешёвый	[deʃóvʲij]
caro	дорогой	[dɔrɔgój]
É caro	Это дорого.	[ǽtɔ dórɔgɔ]
aluguer (m)	прокат (м)	[prɔkát]

alugar (vestidos, etc.)	взять напрокат	[vzʲátʲ naprɔkát]
crédito (m)	кредит (м)	[kredít]
a crédito	в кредит	[f kredít]

84. Dinheiro

dinheiro (m)	деньги (мн)	[dénʲgi]
câmbio (m)	обмен (м)	[ɔbmén]
taxa (f) de câmbio	курс (м)	[kúrs]
Caixa Multibanco (m)	банкомат (м)	[bankɔmát]
moeda (f)	монета (ж)	[mɔnéta]

| dólar (m) | доллар (м) | [dólar] |
| euro (m) | евро (с) | [évrɔ] |

lira (f)	лира (ж)	[líra]
marco (m)	марка (ж)	[márka]
franco (m)	франк (м)	[fránk]
libra (f) esterlina	фунт стерлингов (м)	[fúnt stérlingɔf]
iene (m)	йена (ж)	[jéna]

dívida (f)	долг (м)	[dólg]
devedor (m)	должник (м)	[dɔlʒník]
emprestar (vt)	дать в долг	[dátʲ v dólg]
pedir emprestado	взять в долг	[vzʲátʲ v dólg]

banco (m)	банк (м)	[bánk]
conta (f)	счёт (м)	[ʃǿt]
depositar (vt)	положить (св, пх)	[pɔlɔʒítʲ]
depositar na conta	положить на счёт	[pɔlɔʒítʲ na ʃǿt]
levantar (vt)	снять со счёта	[snʲátʲ sɔ ʃǿta]

cartão (m) de crédito	кредитная карта (ж)	[kredítnaja kárta]
dinheiro (m) vivo	наличные деньги (мн)	[nalítʃnie dénʲgi]
cheque (m)	чек (м)	[ʧék]
passar um cheque	выписать чек	[vɨ́pisatʲ ʧék]
livro (m) de cheques	чековая книжка (ж)	[ʧékɔvaja kníʃka]

carteira (f)	бумажник (м)	[bumáʒnik]
porta-moedas (m)	кошелёк (м)	[kɔʃɛlǿk]
cofre (m)	сейф (м)	[séjf]

herdeiro (m)	наследник (м)	[naslédnik]
herança (f)	наследство (с)	[naslétstvɔ]
fortuna (riqueza)	состояние (с)	[sɔstɔjánie]

arrendamento (m)	аренда (ж)	[arénda]
renda (f) de casa	квартирная плата (ж)	[kvartírnaja pláta]
alugar (vt)	снимать (нсв, пх)	[snimátʲ]

preço (m)	цена (ж)	[ʦɛná]
custo (m)	стоимость (ж)	[stóimɔstʲ]
soma (f)	сумма (ж)	[súmma]
gastar (vt)	тратить (нсв, пх)	[trátitʲ]

gastos (m pl)	расходы (мн)	[rasxódi]
economizar (vi)	экономить (нсв, н/пх)	[ɛkɔnómitʲ]
económico	экономный	[ɛkɔnómnij]

pagar (vt)	платить (нсв, н/пх)	[platítʲ]
pagamento (m)	оплата (ж)	[ɔpláta]
troco (m)	сдача (ж)	[zdátʃa]

imposto (m)	налог (м)	[nalóg]
multa (f)	штраф (м)	[ʃtráf]
multar (vt)	штрафовать (нсв, пх)	[ʃtrafɔvátʲ]

85. Correios. Serviço postal

correios (m pl)	почта (ж)	[pótʃta]
correio (m)	почта (ж)	[pótʃta]
carteiro (m)	почтальон (м)	[pɔtʃtaljón]
horário (m)	часы (мн) работы	[tʃasī rabóti]

carta (f)	письмо (c)	[pisʲmó]
carta (f) registada	заказное письмо (c)	[zakaznóe pisʲmó]
postal (m)	открытка (ж)	[ɔtkrītka]
telegrama (m)	телеграмма (ж)	[telegráma]
encomenda (f) postal	посылка (ж)	[pɔsīlka]
remessa (f) de dinheiro	денежный перевод (м)	[déneʒnij perevód]

receber (vt)	получить (св, пх)	[pɔlutʃítʲ]
enviar (vt)	отправить (св, пх)	[ɔtprávitʲ]
envio (m)	отправка (ж)	[ɔtpráfka]

endereço (m)	адрес (м)	[ádres]
código (m) postal	индекс (м)	[índɛks]
remetente (m)	отправитель (м)	[ɔtpravítelʲ]
destinatário (m)	получатель (м)	[pɔlutʃátelʲ]

| nome (m) | имя (c) | [ímʲa] |
| apelido (m) | фамилия (ж) | [famílija] |

tarifa (f)	тариф (м)	[taríf]
ordinário	обычный	[ɔbītʃnij]
económico	экономичный	[ɛkɔnɔmítʃnij]

peso (m)	вес (м)	[vés]
pesar (estabelecer o peso)	взвешивать (нсв, пх)	[vzvéʃivatʲ]
envelope (m)	конверт (м)	[kɔnvért]
selo (m)	марка (ж)	[márka]
colar o selo	наклеивать марку	[nakléivatʲ márku]

Moradia. Casa. Lar

86. Casa. Habitação

casa (f)	дом (м)	[dóm]
em casa	дома	[dóma]
pátio (m)	двор (м)	[dvór]
cerca (f)	ограда (ж)	[ɔgráda]
tijolo (m)	кирпич (м)	[kirpíʧ]
de tijolos	кирпичный	[kirpíʧnij]
pedra (f)	камень (м)	[kámenʲ]
de pedra	каменный	[kámennij]
betão (m)	бетон (м)	[betón]
de betão	бетонный	[betónnij]
novo	новый	[nóvij]
velho	старый	[stárij]
decrépito	ветхий	[vétxij]
moderno	современный	[sɔvreménnij]
de muitos andares	многоэтажный	[mnɔgɔ·ɛtáʒnij]
alto	высокий	[visókij]
andar (m)	этаж (м)	[ɛtáʃ]
de um andar	одноэтажный	[ɔdnɔ·ɛtáʒnij]
andar (m) de baixo	нижний этаж (м)	[níʒnij ɛtáʃ]
andar (m) de cima	верхний этаж (м)	[vérhnij ɛtáʃ]
telhado (m)	крыша (ж)	[kríʃa]
chaminé (f)	труба (ж)	[trubá]
telha (f)	черепица (ж)	[ʧerepítsa]
de telha	черепичный	[ʧerepíʧnij]
sótão (m)	чердак (м)	[ʧerdák]
janela (f)	окно (с)	[ɔknó]
vidro (m)	стекло (с)	[steklo]
parapeito (m)	подоконник (м)	[pɔdɔkónik]
portadas (f pl)	ставни (ж мн)	[stávni]
parede (f)	стена (ж)	[stená]
varanda (f)	балкон (м)	[balkón]
tubo (m) de queda	водосточная труба (ж)	[vɔdɔstóʧnaja trubá]
em cima	наверху	[naverhú]
subir (~ as escadas)	подниматься (нсв, возв)	[pɔdnimátsa]
descer (vi)	спускаться (нсв, возв)	[spuskátsa]
mudar-se (vr)	переезжать (нсв, нпх)	[pereeʒʒátʲ]

87. Casa. Entrada. Elevador

entrada (f)	подъезд (м)	[pɔdjézd]
escada (f)	лестница (ж)	[lésnitsa]
degraus (m pl)	ступени (ж мн)	[stupéni]
corrimão (m)	перила (мн)	[períla]
hall (m) de entrada	холл (м)	[hól]

caixa (f) de correio	почтовый ящик (м)	[pɔʧtóvij jáʃik]
caixote (m) do lixo	мусорный бак (м)	[músɔrnij bák]
conduta (f) do lixo	мусоропровод (м)	[musɔrɔ·prɔvód]

elevador (m)	лифт (м)	[líft]
elevador (m) de carga	грузовой лифт (м)	[gruzɔvój líft]
cabine (f)	кабина (ж)	[kabína]
pegar o elevador	ехать на лифте	[éhatʲ na lífte]

apartamento (m)	квартира (ж)	[kvartíra]
moradores (m pl)	жильцы (мн)	[ʒilʲʦî]
vizinho (m)	сосед (м)	[sɔséd]
vizinha (f)	соседка (ж)	[sɔsétka]
vizinhos (pl)	соседи (мн)	[sɔsédi]

88. Casa. Eletricidade

eletricidade (f)	электричество (с)	[ɛlektríʧestvɔ]
lâmpada (f)	лампочка (ж)	[lámpɔʧka]
interruptor (m)	выключатель (м)	[vikʲlʲuʧátelʲ]
fusível (m)	пробка (ж)	[própka]

fio, cabo (m)	провод (м)	[próvɔd]
instalação (f) elétrica	проводка (ж)	[prɔvótka]
contador (m) de eletricidade	счётчик (м)	[ʃɵtʧik]
indicação (f), registo (m)	показание (с)	[pɔkazánie]

89. Casa. Portas. Fechaduras

porta (f)	дверь (ж)	[dvérʲ]
portão (m)	ворота (мн)	[vɔróta]
maçaneta (f)	ручка (ж)	[rúʧka]
destrancar (vt)	отпереть (св, н/пх)	[ɔtperétʲ]
abrir (vt)	открывать (нсв, пх)	[ɔtkrivátʲ]
fechar (vt)	закрывать (нсв, пх)	[zakrivátʲ]

chave (f)	ключ (м)	[klʲúʧ]
molho (m)	связка (ж)	[svʲáska]
ranger (vi)	скрипеть (нсв, нпх)	[skripétʲ]
rangido (m)	скрип (м)	[skríp]
dobradiça (f)	петля (ж)	[petlʲá]
tapete (m) de entrada	коврик (м)	[kóvrik]
fechadura (f)	замок (м)	[zámɔk]

buraco (m) da fechadura	замочная скважина (ж)	[zamótʃnaja skváʒina]
ferrolho (m)	засов (м)	[zasóf]
fecho (ferrolho pequeno)	задвижка (ж)	[zadvíʃka]
cadeado (m)	навесной замок (м)	[navesnój zamók]

tocar (vt)	звонить (нсв, нпх)	[zvɔnítⁱ]
toque (m)	звонок (м)	[zvɔnók]
campainha (f)	звонок (м)	[zvɔnók]
botão (m)	кнопка (ж)	[knópka]
batida (f)	стук (м)	[stúk]
bater (vi)	стучать (нсв, нпх)	[stutʃátⁱ]

código (m)	код (м)	[kód]
fechadura (f) de código	кодовый замок (м)	[kódɔvij zamók]
telefone (m) de porta	домофон (м)	[dɔmɔfón]
número (m)	номер (м)	[nómer]
placa (f) de porta	табличка (ж)	[tablítʃka]
vigia (f), olho (m) mágico	глазок (м)	[glazók]

90. Casa de campo

aldeia (f)	деревня (ж)	[derévnⁱa]
horta (f)	огород (м)	[ɔgɔród]
cerca (f)	забор (м)	[zabór]
paliçada (f)	изгородь (ж)	[ízgɔrɔtⁱ]
cancela (f) do jardim	калитка (ж)	[kalítka]

celeiro (m)	амбар (м)	[ambár]
adega (f)	погреб (м)	[pógreb]
galpão, barracão (m)	сарай (м)	[saráj]
poço (m)	колодец (м)	[kɔlódets]

fogão (m)	печь (ж)	[pétʃⁱ]
atiçar o fogo	топить печь (нсв)	[tɔpítⁱ pétʃⁱ]
lenha (carvão ou ~)	дрова (ж)	[drɔvá]
acha (lenha)	полено (с)	[pɔlénɔ]

varanda (f)	веранда (ж)	[veránda]
alpendre (m)	терраса (ж)	[terása]
degraus (m pl) de entrada	крыльцо (с)	[krilⁱtsó]
balouço (m)	качели (мн)	[katʃéli]

91. Moradia. Mansão

casa (f) de campo	загородный дом (м)	[zágɔrɔdnⁱj dɔm]
vila (f)	вилла (ж)	[vílla]
ala (~ do edifício)	крыло (с)	[kriłó]

jardim (m)	сад (м)	[sád]
parque (m)	парк (м)	[párk]
estufa (f)	оранжерея (ж)	[ɔranʒeréja]
cuidar de ...	ухаживать (нсв, нпх)	[uháʒivatⁱ]

piscina (f)	бассейн (м)	[basǽjn]
ginásio (m)	тренажёрный зал (м)	[trenaʒórnij zál]
campo (m) de ténis	теннисный корт (м)	[tǽnisnij kórt]
cinema (m)	кинотеатр (м)	[kinɔteátr]
garagem (f)	гараж (м)	[garáʃ]

| propriedade (f) privada | частная собственность (ж) | [tʃásnaja sópstvenɔstʲ] |
| terreno (m) privado | частные владения (с мн) | [tʃásnie vladénija] |

| advertência (f) | предупреждение (с) | [predupreʒdénie] |
| sinal (m) de aviso | предупреждающая надпись (ж) | [predupreʒdájuʃaja nátpisʲ] |

guarda (f)	охрана (ж)	[ɔhrána]
guarda (m)	охранник (м)	[ɔhránnik]
alarme (m)	сигнализация (ж)	[signalizátsija]

92. Castelo. Palácio

castelo (m)	замок (м)	[zámɔk]
palácio (m)	дворец (м)	[dvɔréts]
fortaleza (f)	крепость (ж)	[krépɔstʲ]
muralha (f)	стена (ж)	[stená]
torre (f)	башня (ж)	[báʃnʲa]
calabouço (m)	главная башня (ж)	[glávnaja báʃnʲa]

grade (f) levadiça	подъёмные ворота (мн)	[pɔdjómnie vɔróta]
passagem (f) subterrânea	подземный ход (м)	[pɔdzémnij hód]
fosso (m)	ров (м)	[róf]
corrente, cadeia (f)	цепь (ж)	[tsǽpʲ]
seteira (f)	бойница (ж)	[bɔjnítsa]

magnífico	великолепный	[velikɔlépnij]
majestoso	величественный	[velítʃestvenij]
inexpugnável	неприступный	[nepristúpnij]
medieval	средневековый	[srednevekóvij]

93. Apartamento

apartamento (m)	квартира (ж)	[kvartíra]
quarto (m)	комната (ж)	[kómnata]
quarto (m) de dormir	спальня (ж)	[spálʲnʲa]
sala (f) de jantar	столовая (ж)	[stɔlóvaja]
sala (f) de estar	гостиная (ж)	[gɔstínaja]
escritório (m)	кабинет (м)	[kabinét]

antessala (f)	прихожая (ж)	[prihóʒaja]
quarto (m) de banho	ванная комната (ж)	[vánnaja kómnata]
toilette (lavabo)	туалет (м)	[tualét]
teto (m)	потолок (м)	[pɔtɔlók]
chão, soalho (m)	пол (м)	[pól]
canto (m)	угол (м)	[úgɔl]

94. Apartamento. Limpeza

arrumar, limpar (vt)	убирать (нсв, пх)	[ubirátʲ]
guardar (no armário, etc.)	уносить (нсв, пх)	[unosítʲ]
pó (m)	пыль (ж)	[pɨlʲ]
empoeirado	пыльный	[pɨlʲnij]
limpar o pó	вытирать пыль	[vitirátʲ pɨlʲ]
aspirador (m)	пылесос (м)	[pɨlesós]
aspirar (vt)	пылесосить (нсв, н/пх)	[pɨlesósitʲ]

varrer (vt)	подметать (нсв, н/пх)	[podmetátʲ]
sujeira (f)	мусор (м)	[músor]
arrumação (f), ordem (f)	порядок (м)	[porʲádok]
desordem (f)	беспорядок (м)	[besporʲádok]

esfregão (m)	швабра (ж)	[ʃvábra]
pano (m), trapo (m)	тряпка (ж)	[trʲápka]
vassoura (f)	веник (м)	[vénik]
pá (f) de lixo	совок (м) для мусора	[sovók dlʲa músora]

95. Mobiliário. Interior

mobiliário (m)	мебель (ж)	[mébelʲ]
mesa (f)	стол (м)	[stól]
cadeira (f)	стул (м)	[stúl]
cama (f)	кровать (ж)	[krovátʲ]
divã (m)	диван (м)	[diván]
cadeirão (m)	кресло (с)	[kréslo]

estante (f)	книжный шкаф (м)	[kníʒnij ʃkáf]
prateleira (f)	полка (ж)	[pólka]

guarda-vestidos (m)	гардероб (м)	[garderób]
cabide (m) de parede	вешалка (ж)	[véʃəlka]
cabide (m) de pé	вешалка (ж)	[véʃəlka]

cómoda (f)	комод (м)	[komód]
mesinha (f) de centro	журнальный столик (м)	[ʒurnálʲnij stólik]

espelho (m)	зеркало (с)	[zérkalo]
tapete (m)	ковёр (м)	[kovǿr]
tapete (m) pequeno	коврик (м)	[kóvrik]

lareira (f)	камин (м)	[kamín]
vela (f)	свеча (ж)	[svetʃá]
castiçal (m)	подсвечник (м)	[potsvétʃnik]

cortinas (f pl)	шторы (ж мн)	[ʃtóri]
papel (m) de parede	обои (мн)	[obói]
estores (f pl)	жалюзи (мн)	[ʒalʲuzí]

candeeiro (m) de mesa	настольная лампа (ж)	[nastólʲnaja lámpa]
candeeiro (m) de parede	светильник (м)	[svetílʲnik]

| candeeiro (m) de pé | торшер (м) | [tɔrʃǽr] |
| lustre (m) | люстра (ж) | [lʲústra] |

pé (de mesa, etc.)	ножка (ж)	[nóʃka]
braço (m)	подлокотник (м)	[pɔdlɔkótnik]
costas (f pl)	спинка (ж)	[spínka]
gaveta (f)	ящик (м)	[jáʃʲik]

96. Quarto de dormir

roupa (f) de cama	постельное бельё (c)	[pɔstélʲnɔe beljǿ]
almofada (f)	подушка (ж)	[pɔdúʃka]
fronha (f)	наволочка (ж)	[návɔlɔʧka]
cobertor (m)	одеяло (c)	[ɔdejálɔ]
lençol (m)	простыня (ж)	[prɔstinʲá]
colcha (f)	покрывало (c)	[pɔkriválɔ]

97. Cozinha

cozinha (f)	кухня (ж)	[kúhnʲa]
gás (m)	газ (м)	[gás]
fogão (m) a gás	газовая плита (ж)	[gázɔvaja plitá]
fogão (m) elétrico	электроплита (ж)	[ɛléktrɔ·plitá]
forno (m)	духовка (ж)	[duhófka]
forno (m) de micro-ondas	микроволновая печь (ж)	[mikrɔ·vɔlnóvaja péʧʲ]

frigorífico (m)	холодильник (м)	[hɔlɔdílʲnik]
congelador (m)	морозильник (м)	[mɔrɔzílʲnik]
máquina (f) de lavar louça	посудомоечная машина (ж)	[pɔsúdɔ·móeʧnaja maʃina]

moedor (m) de carne	мясорубка (ж)	[mʲisɔrúpka]
espremedor (m)	соковыжималка (ж)	[sɔkɔ·viʒimálka]
torradeira (f)	тостер (м)	[tóstɛr]
batedeira (f)	миксер (м)	[míkser]

máquina (f) de café	кофеварка (ж)	[kɔfevárka]
cafeteira (f)	кофейник (м)	[kɔféjnik]
moinho (m) de café	кофемолка (ж)	[kɔfemólka]

chaleira (f)	чайник (м)	[ʧájnik]
bule (m)	чайник (м)	[ʧájnik]
tampa (f)	крышка (ж)	[kríʃka]
coador (m) de chá	ситечко (c)	[sítetʃkɔ]

colher (f)	ложка (ж)	[lóʃka]
colher (f) de chá	чайная ложка (ж)	[ʧájnaja lóʃka]
colher (f) de sopa	столовая ложка (ж)	[stɔlóvaja lóʃka]
garfo (m)	вилка (ж)	[vílka]
faca (f)	нож (м)	[nóʃ]

| louça (f) | посуда (ж) | [pɔsúda] |
| prato (m) | тарелка (ж) | [tarélka] |

pires (m)	блюдце (c)	[blʲútse]
cálice (m)	рюмка (ж)	[rʲúmka]
copo (m)	стакан (м)	[stakán]
chávena (f)	чашка (ж)	[ʧáʃka]

açucareiro (m)	сахарница (ж)	[sáharniʦa]
saleiro (m)	солонка (ж)	[sɔlónka]
pimenteiro (m)	перечница (ж)	[péreʧniʦa]
manteigueira (f)	маслёнка (ж)	[maslɵnka]

panela, caçarola (f)	кастрюля (ж)	[kastrʲúlʲa]
frigideira (f)	сковородка (ж)	[skɔvɔrótka]
concha (f)	половник (м)	[pɔlóvnik]
passador (m)	дуршлаг (м)	[durʃlág]
bandeja (f)	поднос (м)	[pɔdnós]

garrafa (f)	бутылка (ж)	[butɨ́lka]
boião (m) de vidro	банка (ж)	[bánka]
lata (f)	банка (ж)	[bánka]

abre-garrafas (m)	открывалка (ж)	[ɔtkriválka]
abre-latas (m)	открывалка (ж)	[ɔtkriválka]
saca-rolhas (m)	штопор (м)	[ʃtópɔr]
filtro (m)	фильтр (м)	[fílʲtr]
filtrar (vt)	фильтровать (нсв, пх)	[filʲtrɔvátʲ]

lixo (m)	мусор (м)	[músɔr]
balde (m) do lixo	мусорное ведро (c)	[músɔrnɔe vedró]

98. Casa de banho

quarto (m) de banho	ванная комната (ж)	[vánnaja kómnata]
água (f)	вода (ж)	[vɔdá]
torneira (f)	кран (м)	[krán]
água (f) quente	горячая вода (ж)	[gɔrʲáʧaja vɔdá]
água (f) fria	холодная вода (ж)	[hɔlódnaja vɔdá]

pasta (f) de dentes	зубная паста (ж)	[zubnája pásta]
escovar os dentes	чистить зубы	[ʧístitʲ zúbɨ]
escova (f) de dentes	зубная щётка (ж)	[zubnája ʃɵtka]

barbear-se (vr)	бриться (нсв, возв)	[brítsa]
espuma (f) de barbear	пена (ж) для бритья	[péna dlʲa britjá]
máquina (f) de barbear	бритва (ж)	[brítva]

lavar (vt)	мыть (нсв, пх)	[mɨtʲ]
lavar-se (vr)	мыться (нсв, возв)	[mɨ́tsa]
duche (m)	душ (м)	[dúʃ]
tomar um duche	принимать душ	[prinimátʲ dúʃ]

banheira (f)	ванна (ж)	[vánna]
sanita (f)	унитаз (м)	[unitás]
lavatório (m)	раковина (ж)	[rákɔvina]
sabonete (m)	мыло (c)	[mɨ́lɔ]

saboneteira (f)	мыльница (ж)	[miɫˈnitsa]
esponja (f)	губка (ж)	[gúpka]
champô (m)	шампунь (м)	[ʃampúnʲ]
toalha (f)	полотенце (c)	[pɔlɔténtse]
roupão (m) de banho	халат (м)	[halát]

lavagem (f)	стирка (ж)	[stírka]
máquina (f) de lavar	стиральная машина (ж)	[stirálʲnaja maʃína]
lavar a roupa	стирать бельё	[stirátʲ beljǿ]
detergente (m)	стиральный порошок (м)	[stirálʲnij pɔrɔʃók]

99. Eletrodomésticos

televisor (m)	телевизор (м)	[televízɔr]
gravador (m)	магнитофон (м)	[magnitɔfón]
videogravador (m)	видеомагнитофон (м)	[vídeɔ·magnitɔfón]
rádio (m)	приёмник (м)	[prijómnik]
leitor (m)	плеер (м)	[plǽjer]

projetor (m)	видеопроектор (м)	[vídeɔ·prɔǽktɔr]
cinema (m) em casa	домашний кинотеатр (м)	[dɔmáʃnij kinɔteátr]
leitor (m) de DVD	DVD проигрыватель (м)	[di·vi·dí prɔígrivatelʲ]
amplificador (m)	усилитель (м)	[usilítelʲ]
console (f) de jogos	игровая приставка (ж)	[igrɔvája pristáfka]

câmara (f) de vídeo	видеокамера (ж)	[vídeɔ·kámera]
máquina (f) fotográfica	фотоаппарат (м)	[fotɔ·aparát]
câmara (f) digital	цифровой фотоаппарат (м)	[tsifrɔvój fotɔaparát]

aspirador (m)	пылесос (м)	[pilesós]
ferro (m) de engomar	утюг (м)	[utʲúg]
tábua (f) de engomar	гладильная доска (ж)	[gladílʲnaja dɔská]

telefone (m)	телефон (м)	[telefón]
telemóvel (m)	мобильный телефон (м)	[mɔbílʲnij telefón]
máquina (f) de costura	швейная машинка (ж)	[ʃvejnaja maʃínka]

microfone (m)	микрофон (м)	[mikrɔfón]
auscultadores (m pl)	наушники (м мн)	[naúʃniki]
controlo remoto (m)	пульт (м)	[púlʲt]

CD (m)	компакт-диск (м)	[kɔmpákt-dísk]
cassete (f)	кассета (ж)	[kaséta]
disco (m) de vinil	пластинка (ж)	[plastínka]

100. Reparações. Renovação

renovação (f)	ремонт (м)	[remónt]
renovar (vt), fazer obras	делать ремонт	[délatʲ remónt]
reparar (vt)	ремонтировать (нсв, пх)	[remɔntírɔvatʲ]
consertar (vt)	приводить в порядок	[privɔdítʲ f pɔrʲádɔk]

refazer (vt)	переделывать (нсв, пх)	[peredélivat']
tinta (f)	краска (ж)	[kráska]
pintar (vt)	красить (нсв, пх)	[krásit']
pintor (m)	маляр (м)	[malʲár]
pincel (m)	кисть (ж)	[kístʲ]

| cal (f) | побелка (ж) | [pɔbélka] |
| caiar (vt) | белить (нсв, пх) | [belítʲ] |

papel (m) de parede	обои (мн)	[ɔbói]
colocar papel de parede	оклеить обоями	[ɔkléitʲ ɔbójɪmi]
verniz (m)	лак (м)	[lák]
envernizar (vt)	покрывать лаком	[pɔkrivátʲ lákɔm]

101. Canalizações

água (f)	вода (ж)	[vɔdá]
água (f) quente	горячая вода (ж)	[gorʲátʃaja vɔdá]
água (f) fria	холодная вода (ж)	[hɔlódnaja vɔdá]
torneira (f)	кран (м)	[krán]

gota (f)	капля (ж)	[káplʲa]
gotejar (vi)	капать (нсв, нпх)	[kápatʲ]
vazar (vt)	течь (нсв, нпх)	[tétʃ]
vazamento (m)	течь (ж)	[tétʃ]
poça (f)	лужа (ж)	[lúʒa]

tubo (m)	труба (ж)	[trubá]
válvula (f)	вентиль (м)	[véntilʲ]
entupir-se (vr)	засориться (св, возв)	[zasorítsa]

ferramentas (f pl)	инструменты (м мн)	[instruménti]
chave (f) inglesa	разводной ключ (м)	[razvɔdnój klʲútʃ]
desenroscar (vt)	открутить (св, пх)	[ɔtkrutítʲ]
enroscar (vt)	закрутить (св, пх)	[zakrutítʲ]

desentupir (vt)	прочищать (нсв, пх)	[protʃiʃʲátʲ]
canalizador (m)	сантехник (м)	[santéhnik]
cave (f)	подвал (м)	[pɔdvál]
sistema (m) de esgotos	канализация (ж)	[kanalizátsija]

102. Fogo. Deflagração

incêndio (m)	пожар (м)	[pɔʒár]
chama (f)	пламя (ж)	[plámʲa]
faísca (f)	искра (ж)	[ískra]
fumo (m)	дым (м)	[dĭm]
tocha (f)	факел (м)	[fákel]
fogueira (f)	костёр (м)	[kɔstɵr]

| gasolina (f) | бензин (м) | [benzín] |
| querosene (m) | керосин (м) | [kerɔsín] |

inflamável	горючий	[gorʲútʃij]
explosivo	взрывоопасный	[vzrivɔ·ɔpásnij]
PROIBIDO FUMAR!	НЕ КУРИТЬ!	[ne kurítʲ]

segurança (f)	безопасность (ж)	[bezɔpásnɔstʲ]
perigo (m)	опасность (ж)	[ɔpásnɔstʲ]
perigoso	опасный	[ɔpásnij]

incendiar-se (vr)	загореться (св, возв)	[zagɔrétsa]
explosão (f)	взрыв (м)	[vzrīf]
incendiar (vt)	поджечь (св, пх)	[pɔdʒǽtʃʲ]
incendiário (m)	поджигатель (м)	[pɔdʒigátelʲ]
incêndio (m) criminoso	поджог (м)	[pɔdʒóg]

arder (vi)	пылать (нсв, нпх)	[pɨlátʲ]
queimar (vi)	гореть (нсв, нпх)	[gɔrétʲ]
queimar tudo (vi)	сгореть (св, нпх)	[sgɔrétʲ]

chamar os bombeiros	вызвать пожарных	[vīzvatʲ pɔʒárnih]
bombeiro (m)	пожарный (м)	[pɔʒárnij]
carro (m) de bombeiros	пожарная машина (ж)	[pɔʒárnaja maʃína]
corpo (m) de bombeiros	пожарная команда (ж)	[pɔʒárnaja kɔmánda]
escada (f) extensível	пожарная лестница (ж)	[pɔʒárnaja lésnitsa]

mangueira (f)	шланг (м)	[ʃláng]
extintor (m)	огнетушитель (м)	[ɔgnetuʃítelʲ]
capacete (m)	каска (ж)	[káska]
sirene (f)	сирена (ж)	[siréna]

gritar (vi)	кричать (нсв, нпх)	[kritʃátʲ]
chamar por socorro	звать на помощь	[zvátʲ na pómɔʃʲ]
salvador (m)	спасатель (м)	[spasátelʲ]
salvar, resgatar (vt)	спасать (нсв, пх)	[spasátʲ]

chegar (vi)	приехать (св, нпх)	[priéhatʲ]
apagar (vt)	тушить (нсв, пх)	[tuʃítʲ]
água (f)	вода (ж)	[vɔdá]
areia (f)	песок (м)	[pesók]

ruínas (f pl)	руины (мн)	[ruíni]
ruir (vi)	рухнуть (св, нпх)	[rúhnutʲ]
desmoronar (vi)	обвалиться (св, возв)	[ɔbvalítsa]
desabar (vi)	обрушиться (св, возв)	[ɔbrúʃitsa]

fragmento (m)	обломок (м)	[ɔblómɔk]
cinza (f)	пепел (м)	[pépel]

sufocar (vi)	задохнуться (св, возв)	[zadɔhnútsa]
perecer (vi)	погибнуть (св, нпх)	[pɔgíbnutʲ]

ATIVIDADES HUMANAS

Emprego. Negócios. Parte 1

103. Escritório. O trabalho no escritório

escritório (~ de advogados)	офис (м)	[ófis]
escritório (do diretor, etc.)	кабинет (м)	[kabinét]
receção (f)	ресепшн (м)	[resépʃn]
secretário (m)	секретарь (м, ж)	[sekretárʲ]
secretária (f)	секретарша (ж)	[sekretárʃa]
diretor (m)	директор (м)	[diréktɔr]
gerente (m)	менеджер (м)	[ménɛdʒɛr]
contabilista (m)	бухгалтер (м)	[buhgálter]
empregado (m)	сотрудник (м)	[sɔtrúdnik]
mobiliário (m)	мебель (ж)	[mébelʲ]
mesa (f)	стол (м)	[stól]
cadeira (f)	кресло (c)	[kréslɔ]
bloco (m) de gavetas	тумбочка (ж)	[túmbɔtʃka]
cabide (m) de pé	вешалка (ж)	[véʃɛlka]
computador (m)	компьютер (м)	[kɔmpjútɛr]
impressora (f)	принтер (м)	[príntɛr]
fax (m)	факс (м)	[fáks]
fotocopiadora (f)	копировальный аппарат (м)	[kɔpirɔválʲnɨj aparát]
papel (m)	бумага (ж)	[bumága]
artigos (m pl) de escritório	канцтовары (ж мн)	[kants·tɔvári]
tapete (m) de rato	коврик (м) для мыши	[kóvrik dlʲa mɨʃi]
folha (f) de papel	лист (м)	[líst]
pasta (f)	папка (ж)	[pápka]
catálogo (m)	каталог (м)	[katalóg]
diretório (f) telefónico	справочник (м)	[správɔtʃnik]
documentação (f)	документация (ж)	[dɔkumentátsija]
brochura (f)	брошюра (ж)	[brɔʃúra]
flyer (m)	листовка (ж)	[listófka]
amostra (f)	образец (м)	[ɔbrazéts]
formação (f)	тренинг (м)	[tréning]
reunião (f)	совещание (c)	[sɔveʃánie]
hora (f) de almoço	перерыв (м) на обед	[pererɨ́f na ɔbéd]
fazer uma cópia	делать копию	[délatʲ kópiju]
tirar cópias	размножить (св, пх)	[razmnóʒitʲ]
receber um fax	получать факс	[pɔlutʃátʲ fáks]

enviar um fax	отправлять факс	[otpravl'át' fáks]
fazer uma chamada	позвонить (св, н/пх)	[pozvonít']
responder (vt)	ответить (св, пх)	[otvétit']
passar (vt)	соединить (св, пх)	[soedinít']

marcar (vt)	назначать (нсв, пх)	[naznatʃát']
demonstrar (vt)	демонстрировать (нсв, пх)	[demonstrírovat']
estar ausente	отсутствовать (нсв, нпх)	[otsútstvovat']
ausência (f)	пропуск (м)	[própusk]

104. Processos negociais. Parte 1

negócio (m)	бизнес (м)	[bíznɛs]
ocupação (f)	дело (с)	[délɔ]

firma, empresa (f)	фирма (ж)	[fírma]
companhia (f)	компания (ж)	[kompánija]
corporação (f)	корпорация (ж)	[korporátsija]
empresa (f)	предприятие (с)	[pretprijátie]
agência (f)	агентство (с)	[agénstvɔ]

acordo (documento)	договор (м)	[dogovór]
contrato (m)	контракт (м)	[kontrákt]
acordo (transação)	сделка (ж)	[zdélka]
encomenda (f)	заказ (м)	[zakás]
cláusulas (f pl), termos (m pl)	условие (с)	[uslóvie]

por grosso (adv)	оптом	[óptɔm]
por grosso (adj)	оптовый	[optóvij]
venda (f) por grosso	продажа (ж) оптом	[prodáʒa óptɔm]
a retalho	розничный	[róznitʃnij]
venda (f) a retalho	продажа (ж) в розницу	[prodáʒa v róznitsu]

concorrente (m)	конкурент (м)	[konkurént]
concorrência (f)	конкуренция (ж)	[konkuréntsija]
competir (vi)	конкурировать (нсв, нпх)	[konkurírovat']

sócio (m)	партнёр (м)	[partnǿr]
parceria (f)	партнёрство (с)	[partnǿrstvɔ]

crise (f)	кризис (м)	[krízis]
bancarrota (f)	банкротство (с)	[bankrótstvɔ]
entrar em falência	обанкротиться (нсв, возв)	[obankrótitsa]
dificuldade (f)	трудность (ж)	[trúdnost']
problema (m)	проблема (ж)	[probléma]
catástrofe (f)	катастрофа (ж)	[katastrófa]

economia (f)	экономика (ж)	[ɛkonómika]
económico	экономический	[ɛkonomítʃeskij]
recessão (f) económica	экономический спад (м)	[ɛkonomítʃeskij spád]

objetivo (m)	цель (ж)	[tsǽl']
tarefa (f)	задача (ж)	[zadátʃa]
comerciar (vi, vt)	торговать (нсв, нпх)	[torgovát']

rede (de distribuição)	сеть (ж)	[sét']
estoque (m)	склад (м)	[sklád]
sortimento (m)	ассортимент (м)	[asɔrtimént]

líder (m)	лидер (м)	[líder]
grande (~ empresa)	крупный	[krúpnij]
monopólio (m)	монополия (ж)	[mɔnɔpólija]

teoria (f)	теория (ж)	[teórija]
prática (f)	практика (ж)	[práktika]
experiência (falar por ~)	опыт (м)	[ópit]
tendência (f)	тенденция (ж)	[tɛndǽntsija]
desenvolvimento (m)	развитие (с)	[razvítie]

105. Processos negociais. Parte 2

| rentabilidade (f) | выгода (ж) | [vīgɔda] |
| rentável | выгодный | [vīgɔdnij] |

delegação (f)	делегация (ж)	[delegátsija]
salário, ordenado (m)	заработная плата (ж)	[zárabɔtnaja pláta]
corrigir (um erro)	исправлять (нсв, пх)	[ispravl'át']
viagem (f) de negócios	командировка (ж)	[kɔmandirófka]
comissão (f)	комиссия (ж)	[kɔmísija]

controlar (vt)	контролировать (нсв, пх)	[kɔntrɔlírɔvat']
conferência (f)	конференция (ж)	[kɔnferéntsija]
licença (f)	лицензия (ж)	[liʦǽnzija]
confiável	надёжный	[nadǿʒnij]

empreendimento (m)	начинание (с)	[natʃinánie]
norma (f)	норма (ж)	[nórma]
circunstância (f)	обстоятельство (с)	[ɔpstɔjátel'stvɔ]
dever (m)	обязанность (ж)	[ɔb'ázanɔst']

empresa (f)	организация (ж)	[ɔrganizátsija]
organização (f)	организация (ж)	[ɔrganizátsija]
organizado	организованный	[ɔrganizóvanij]
anulação (f)	отмена (ж)	[ɔtména]
anular, cancelar (vt)	отменить (св, пх)	[ɔtmenít']
relatório (m)	отчёт (м)	[ɔtʧót]

patente (f)	патент (м)	[patént]
patentear (vt)	патентовать (н/св, пх)	[patentɔvát']
planear (vt)	планировать (нсв, пх)	[planírɔvat']

prémio (m)	премия (ж)	[prémija]
profissional	профессиональный	[prɔfesiɔnál'nij]
procedimento (m)	процедура (ж)	[prɔtsɛdúra]

examinar (a questão)	рассмотреть (св, пх)	[rasmɔtrét']
cálculo (m)	расчёт (м)	[raʃót]
reputação (f)	репутация (ж)	[reputátsija]
risco (m)	риск (м)	[rísk]

dirigir (~ uma empresa)	руководить (нсв, пх)	[rukɔvɔdítʲ]
informação (f)	сведения (мн)	[svédenja]
propriedade (f)	собственность (ж)	[sópstvenɔstʲ]
união (f)	союз (м)	[sɔjús]

seguro (m) de vida	страхование (с) жизни	[strahɔvánie ʒĩzni]
fazer um seguro	страховать (нсв, пх)	[strahɔvátʲ]
seguro (m)	страховка (ж)	[strahófka]

leilão (m)	торги (мн)	[tɔrgí]
notificar (vt)	уведомить (св, пх)	[uvédɔmitʲ]
gestão (f)	управление (с)	[upravlénie]
serviço (indústria de ~s)	услуга (ж)	[uslúga]

fórum (m)	форум (м)	[fórum]
funcionar (vi)	функционировать (нсв, нпх)	[funktsɨɔnírɔvatʲ]
estágio (m)	этап (м)	[ɛtáp]
jurídico	юридический	[juridítʃeskij]
jurista (m)	юрист (м)	[juríst]

106. Produção. Trabalhos

usina (f)	завод (м)	[zavód]
fábrica (f)	фабрика (ж)	[fábrika]
oficina (f)	цех (м)	[tsæh]
local (m) de produção	производство (с)	[prɔizvótstvɔ]

indústria (f)	промышленность (ж)	[prɔmɨ̃ʃlenɔstʲ]
industrial	промышленный	[prɔmɨ̃ʃlenij]
indústria (f) pesada	тяжёлая промышленность (ж)	[tiʒólaja prɔmɨ̃ʃlenɔstʲ]
indústria (f) ligeira	лёгкая промышленность (ж)	[lóhkaja prɔmɨ̃ʃlenɔstʲ]

produção (f)	продукция (ж)	[prɔdúktsija]
produzir (vt)	производить (нсв, пх)	[prɔizvɔdítʲ]
matérias-primas (f pl)	сырьё (с)	[sɨrjǿ]

chefe (m) de brigada	бригадир (м)	[brigadír]
brigada (f)	бригада (ж)	[brigáda]
operário (m)	рабочий (м)	[rabótʃij]

dia (m) de trabalho	рабочий день (м)	[rabótʃij dénʲ]
pausa (f)	остановка (ж)	[ɔstanófka]
reunião (f)	собрание (с)	[sɔbránie]
discutir (vt)	обсуждать (нсв, пх)	[ɔpsuʒdátʲ]

plano (m)	план (м)	[plán]
cumprir o plano	выполнять план	[vipɔlnʲátʲ plán]
taxa (f) de produção	норма (ж) выработки	[nórma vĩrabɔtki]
qualidade (f)	качество (с)	[kátʃestvɔ]
controlo (m)	контроль (м)	[kɔntrólʲ]
controlo (m) da qualidade	контроль (м) качества	[kɔntrólʲ kátʃestva]
segurança (f) no trabalho	безопасность (ж) труда	[bezɔpásnɔstʲ trudá]

97

disciplina (f)	дисциплина (ж)	[distsiplína]
infração (f)	нарушение (c)	[naruʃǽnie]
violar (as regras)	нарушать (нсв, пх)	[naruʃátʲ]

greve (f)	забастовка (ж)	[zabastófka]
grevista (m)	забастовщик (м)	[zabastófʃik]
estar em greve	бастовать (нсв, нпх)	[bastovátʲ]
sindicato (m)	профсоюз (м)	[profsojús]

inventar (vt)	изобретать (нсв, пх)	[izobretátʲ]
invenção (f)	изобретение (c)	[izobreténie]
pesquisa (f)	исследование (c)	[islédovanie]
melhorar (vt)	улучшать (нсв, пх)	[ulutʃʃátʲ]
tecnologia (f)	технология (ж)	[tehnológija]
desenho (m) técnico	чертёж (м)	[tʃertǿʃ]

carga (f)	груз (м)	[grús]
carregador (m)	грузчик (м)	[grúʃʲik]
carregar (vt)	грузить (нсв, пх)	[gruzítʲ]
carregamento (m)	погрузка (ж)	[pogrúzka]
descarregar (vt)	разгружать (нсв, пх)	[razgruʒátʲ]
descarga (f)	разгрузка (ж)	[razgrúska]

transporte (m)	транспорт (м)	[tránsport]
companhia (f) de transporte	транспортная компания (ж)	[tránsportnaja kompánija]
transportar (vt)	перевозить (нсв, пх)	[perevozítʲ]

vagão (m) de carga	вагон (м)	[vagón]
cisterna (f)	цистерна (ж)	[tsistǽrna]
camião (m)	грузовик (м)	[gruzovík]

máquina-ferramenta (f)	станок (м)	[stanók]
mecanismo (m)	механизм (м)	[mehanízm]

resíduos (m pl) industriais	отходы (мн)	[otxódi]
embalagem (f)	упаковка (ж)	[upakófka]
embalar (vt)	упаковать (св, пх)	[upakovátʲ]

107. Contrato. Acordo

contrato (m)	контракт (м)	[kontrákt]
acordo (m)	соглашение (c)	[soglaʃǽnie]
adenda (f), anexo (m)	приложение (c)	[priloʒǽnie]

assinar o contrato	заключить контракт	[zaklʲutʃítʲ kontrákt]
assinatura (f)	подпись (ж)	[pótpisʲ]
assinar (vt)	подписать (св, пх)	[potpisátʲ]
carimbo (m)	печать (ж)	[petʃátʲ]

objeto (m) do contrato	предмет (м) договора	[predmét dogovóra]
cláusula (f)	пункт (м)	[púnkt]
partes (f pl)	стороны (ж мн)	[stóroni]
morada (f) jurídica	юридический адрес (м)	[juridítʃeskij ádres]
violar o contrato	нарушить контракт	[narúʃitʲ kontrákt]

obrigação (f)	обязательство (c)	[ɔbɪzátelʲstvɔ]
responsabilidade (f)	ответственность (ж)	[ɔtvétstvenɔstʲ]
força (f) maior	форс-мажор (м)	[fórs-maʒór]
litígio (m), disputa (f)	спор (м)	[spór]
multas (f pl)	штрафные санкции (ж мн)	[ʃtrafnĭe sánktsii]

108. Importação & Exportação

importação (f)	импорт (м)	[ímpɔrt]
importador (m)	импортёр (м)	[impɔrtǿr]
importar (vt)	импортировать (нсв, пх)	[impɔrtírɔvatʲ]
de importação	импортный	[ímpɔrtnij]
exportação (f)	экспорт (м)	[ǽkspɔrt]
exportador (m)	экспортёр (м)	[ɛkspɔrtǿr]
exportar (vt)	экспортировать (н/св, пх)	[ɛkspɔrtírɔvatʲ]
de exportação	экспортный	[ǽkspɔrtnij]
mercadoria (f)	товар (м)	[tɔvár]
lote (de mercadorias)	партия (ж)	[pártija]
peso (m)	вес (м)	[vés]
volume (m)	объём (м)	[ɔbjóm]
metro (m) cúbico	кубический метр (м)	[kubítʃeskij métr]
produtor (m)	производитель (м)	[prɔizvɔdítelʲ]
companhia (f) de transporte	транспортная компания (ж)	[tránspɔrtnaja kɔmpánija]
contentor (m)	контейнер (м)	[kɔntǽjner]
fronteira (f)	граница (ж)	[granítsa]
alfândega (f)	таможня (ж)	[tamóʒnʲa]
taxa (f) alfandegária	таможенная пошлина (ж)	[tamóʒenaja póʃlina]
funcionário (m) da alfândega	таможенник (м)	[tamóʒenik]
contrabando (atividade)	контрабанда (ж)	[kɔntrabánda]
contrabando (produtos)	контрабанда (ж)	[kɔntrabánda]

109. Finanças

ação (f)	акция (ж)	[áktsija]
obrigação (f)	облигация (ж)	[ɔbligátsija]
nota (f) promissória	вексель (м)	[vékselʲ]
bolsa (f)	биржа (ж)	[bírʒa]
cotação (m) das ações	курс (м) акций	[kúrs áktsij]
tornar-se mais barato	подешеветь (св, нпх)	[pɔdeʃɛvétʲ]
tornar-se mais caro	подорожать (св, нпх)	[pɔdɔraʒátʲ]
parte (f)	доля (ж), пай	[dólʲa], [páj]
participação (f) maioritária	контрольный пакет (м)	[kɔntrólʲnij pakét]
investimento (m)	инвестиции (ж мн)	[investítsii]
investir (vt)	инвестировать (н/св, н/пх)	[investírɔvatʲ]

| percentagem (f) | процент (м) | [prɔˈtsǽnt] |
| juros (m pl) | проценты (м мн) | [prɔˈtsǽnti] |

lucro (m)	прибыль (ж)	[príbiɫʲ]
lucrativo	прибыльный	[príbiɫʲnij]
imposto (m)	налог (м)	[nalóg]

divisa (f)	валюта (ж)	[valʲúta]
nacional	национальный	[natsiɔnálʲnij]
câmbio (m)	обмен (м)	[ɔbmén]

| contabilista (m) | бухгалтер (м) | [buhgálter] |
| contabilidade (f) | бухгалтерия (ж) | [buhgaltérija] |

bancarrota (f)	банкротство (с)	[bankrɔ́tstvɔ]
falência (f)	крах (м)	[kráh]
ruína (f)	разорение (с)	[razɔrénie]
arruinar-se (vr)	разориться (св, возв)	[razɔrítsa]
inflação (f)	инфляция (ж)	[inflʲátsija]
desvalorização (f)	девальвация (ж)	[devalʲvátsija]

capital (m)	капитал (м)	[kapitál]
rendimento (m)	доход (м)	[dɔhód]
volume (m) de negócios	оборот (м)	[ɔbɔrót]
recursos (m pl)	ресурсы (м мн)	[resúrsi]
recursos (m pl) financeiros	денежные средства (с мн)	[déneʒnie srétstva]

| despesas (f pl) gerais | накладные расходы (мн) | [nakladnīe rasxódi] |
| reduzir (vt) | сократить (св, пх) | [sɔkratítʲ] |

110. Marketing

marketing (m)	маркетинг (м)	[markéting]
mercado (m)	рынок (м)	[rīnɔk]
segmento (m) do mercado	сегмент (м) рынка	[segmént rīnka]
produto (m)	продукт (м)	[prɔdúkt]
mercadoria (f)	товар (м)	[tɔvár]

marca (f) comercial	торговая марка (ж)	[tɔrgóvaja márka]
logotipo (m)	фирменный знак (м)	[fírmenij znák]
logo (m)	логотип (м)	[lɔgotíp]
demanda (f)	спрос (м)	[sprós]
oferta (f)	предложение (с)	[predlɔʒǽnie]
necessidade (f)	потребность (ж)	[pɔtrébnɔstʲ]
consumidor (m)	потребитель (м)	[pɔtrebítelʲ]

análise (f)	анализ (м)	[anális]
analisar (vt)	анализировать (нсв, пх)	[analizírɔvatʲ]
posicionamento (m)	позиционирование (с)	[pozitsiɔnírɔvanie]
posicionar (vt)	позиционировать (нсв, пх)	[pozitsiɔnírɔvatʲ]

preço (m)	цена (ж)	[tsɛná]
política (f) de preços	ценовая политика (ж)	[tsɛnɔvája pɔlítika]
formação (f) de preços	ценообразование (с)	[tsɛnɔ·ɔbrazɔvánie]

111. Publicidade

publicidade (f)	реклама (ж)	[rekláma]
publicitar (vt)	рекламировать (нсв, пх)	[reklamírovat^j]
orçamento (m)	бюджет (м)	[b^judʒǽt]

anúncio (m) publicitário	реклама (ж)	[rekláma]
publicidade (f) televisiva	телереклама (ж)	[tele·réklama]
publicidade (f) na rádio	реклама (ж) на радио	[rekláma na rádiɔ]
publicidade (f) exterior	наружная реклама (ж)	[narúʒnaja rekláma]

comunicação (f) de massa	масс медиа (мн)	[mas·média]
periódico (m)	периодическое издание (c)	[periɔdítʃeskɔe izdánie]
imagem (f)	имидж (м)	[ímidʒ]

slogan (m)	лозунг (м)	[lózung]
mote (m), divisa (f)	девиз (м)	[devís]

campanha (f)	кампания (ж)	[kampánija]
companha (f) publicitária	рекламная кампания (ж)	[reklámnaja kampánija]
grupo (m) alvo	целевая аудитория (ж)	[tsɛlevája auditórija]

cartão (m) de visita	визитная карточка (ж)	[vizítnaja kártɔtʃka]
flyer (m)	листовка (ж)	[listófka]
brochura (f)	брошюра (ж)	[brɔʃúra]
folheto (m)	буклет (м)	[buklét]
boletim (~ informativo)	бюллетень (м)	[b^juletén^j]

letreiro (m)	вывеска (ж)	[vǐveska]
cartaz, póster (m)	плакат, постер (м)	[plakát], [póstɛr]
painel (m) publicitário	рекламный щит (м)	[reklámnij ʃít]

112. Banca

banco (m)	банк (м)	[bánk]
sucursal, balcão (f)	отделение (c)	[ɔtdelénie]

consultor (m)	консультант (м)	[kɔnsul^jtánt]
gerente (m)	управляющий (м)	[upravl^jájuʃij]

conta (f)	счёт (м)	[ʃɵt]
número (m) da conta	номер (м) счёта	[nómer ʃɵta]
conta (f) corrente	текущий счёт (м)	[tekúʃij ʃɵt]
conta (f) poupança	накопительный счёт (м)	[nakɔpítel^jnij ʃɵt]

abrir uma conta	открыть счёт	[ɔtkrǐt^j ʃɵt]
fechar uma conta	закрыть счёт	[zakrǐt^j ʃɵt]
depositar na conta	положить на счёт	[pɔlɔʒít^j na ʃɵt]
levantar (vt)	снять со счёта	[sn^ját^j sɔ ʃɵta]

depósito (m)	вклад (м)	[fklád]
fazer um depósito	сделать вклад	[zdélat^j fklád]
transferência (f) bancária	перевод (м)	[perevód]

transferir (vt)	сделать перевод	[zdélatʲ perevód]
soma (f)	сумма (ж)	[súmma]
Quanto?	Сколько?	[skólʲkɔ?]

assinatura (f)	подпись (ж)	[pótpisʲ]
assinar (vt)	подписать (св, пх)	[pɔtpisátʲ]

cartão (m) de crédito	кредитная карта (ж)	[kredítnaja kárta]
código (m)	код (м)	[kód]
número (m)	номер (м)	[nómer
do cartão de crédito	кредитной карты	kredítnɔj kártiˈ]
Caixa Multibanco (m)	банкомат (м)	[bankɔmát]

cheque (m)	чек (м)	[tʃék]
passar um cheque	выписать чек	[vĩpisatʲ tʃék]
livro (m) de cheques	чековая книжка (ж)	[tʃékɔvaja kníʃka]

empréstimo (m)	кредит (м)	[kredít]
pedir um empréstimo	обращаться за кредитом	[ɔbraʃʲátsa za kredítɔm]
obter um empréstimo	брать кредит	[brátʲ kredít]
conceder um empréstimo	предоставлять кредит	[predɔstavlʲátʲ kredít]
garantia (f)	гарантия (ж)	[garántija]

113. Telefone. Conversação telefónica

telefone (m)	телефон (м)	[telefón]
telemóvel (m)	мобильный телефон (м)	[mɔbílʲnij telefón]
secretária (f) electrónica	автоответчик (м)	[áftɔɔtvéttʃik]

fazer uma chamada	звонить (нсв, н/пх)	[zvɔnítʲ]
chamada (f)	звонок (м)	[zvɔnók]

marcar um número	набрать номер	[nabrátʲ nómer]
Alô!	Алло!	[alǿ]
perguntar (vt)	спросить (св, пх)	[sprɔsítʲ]
responder (vt)	ответить (св, пх)	[ɔtvétitʲ]

ouvir (vt)	слышать (нсв, пх)	[slĩʃatʲ]
bem	хорошо	[hɔrɔʃó]
mal	плохо	[plóhɔ]
ruído (m)	помехи (ж мн)	[pɔméhi]

auscultador (m)	трубка (ж)	[trúpka]
pegar o telefone	снять трубку	[snʲátʲ trúpku]
desligar (vi)	положить трубку	[pɔlɔʒĩtʲ trúpku]

ocupado	занятый	[zánɪtij]
tocar (vi)	звонить (нсв, нпх)	[zvɔnítʲ]
lista (f) telefónica	телефонная книга (ж)	[telefónnaja kníga]
local	местный	[mésnij]
chamada (f) local	местный звонок (м)	[mésnij zvɔnók]
de longa distância	междугородний	[meʒdugɔródnij]
chamada (f) de longa distância	междугородний звонок (м)	[meʒdugɔródnij zvɔnók]

internacional	международный	[meʒdunaródnɨj]
chamada (f) internacional	международный звонок	[meʒdunaródnɨj zvɔnók]

114. Telefone móvel

telemóvel (m)	мобильный телефон (м)	[mɔbíljnɨj telefón]
ecrã (m)	дисплей (м)	[displǽj]
botão (m)	кнопка (ж)	[knópka]
cartão SIM (m)	SIM-карта (ж)	[sim-kárta]

bateria (f)	батарея (ж)	[bataréja]
descarregar-se	разрядиться (св, возв)	[razrɨdítsa]
carregador (m)	зарядное устройство (с)	[zarjádnɔe ustrójstvɔ]

menu (m)	меню (с)	[menjú]
definições (f pl)	настройки (ж мн)	[nastrójki]

melodia (f)	мелодия (ж)	[melódija]
escolher (vt)	выбрать (св, пх)	[vɨbratj]

calculadora (f)	калькулятор (м)	[kaljkuljátɔr]
correio (m) de voz	голосовая почта (ж)	[gɔlɔsɔvája pótʃta]
despertador (m)	будильник (м)	[budíljnik]
contatos (m pl)	телефонная книга (ж)	[telefónnaja kníga]

mensagem (f) de texto	SMS-сообщение (с)	[ɛs·ɛm·ǽs-sɔɔpʃénie]
assinante (m)	абонент (м)	[abɔnént]

115. Estacionário

caneta (f)	шариковая ручка (ж)	[ʃárikɔvaja rútʃka]
caneta (f) tinteiro	перьевая ручка (ж)	[perjevája rútʃka]

lápis (m)	карандаш (м)	[karandáʃ]
marcador (m)	маркер (м)	[márker]
caneta (f) de feltro	фломастер (м)	[flɔmáster]

bloco (m) de notas	блокнот (м)	[blɔknót]
agenda (f)	ежедневник (м)	[eʒednévnik]

régua (f)	линейка (ж)	[linéjka]
calculadora (f)	калькулятор (м)	[kaljkuljátɔr]
borracha (f)	ластик (м)	[lástik]

pionés (m)	кнопка (ж)	[knópka]
clipe (m)	скрепка (ж)	[skrépka]

cola (f)	клей (м)	[kléj]
agrafador (m)	степлер (м)	[stǽpler]

furador (m)	дырокол (м)	[dɨrɔkól]
afia-lápis (m)	точилка (ж)	[tɔtʃílka]

116. Vários tipos de documentos

relatório (m)	отчёт (м)	[ɔtʧót]
acordo (m)	соглашение (с)	[sɔglaʃǽnie]
ficha (f) de inscrição	заявка (ж)	[zajáfka]
autêntico	подлинный	[pódlinij]
crachá (m)	бэдж (м)	[bǽdʒ]
cartão (m) de visita	визитная карточка (ж)	[vizítnaja kártɔʧka]
certificado (m)	сертификат (м)	[sertifikát]
cheque (m)	чек (м)	[ʧék]
conta (f)	счёт (м)	[ʃǿt]
constituição (f)	конституция (ж)	[kɔnstitútsija]
contrato (m)	договор (м)	[dɔgɔvór]
cópia (f)	копия (ж)	[kópija]
exemplar (m)	экземпляр (м)	[ɛkzɛmplʲár]
declaração (f) alfandegária	декларация (ж)	[deklarátsija]
documento (m)	документ (м)	[dɔkumént]
carta (f) de condução	водительские права (мн)	[vɔdítelʲskie pravá]
adenda (ao contrato)	приложение (с)	[prilɔʒǽnie]
questionário (m)	анкета (ж)	[ankéta]
bilhete (m) de identidade	удостоверение (с)	[udɔstɔverénie]
inquérito (m)	запрос (м)	[zaprós]
convite (m)	приглашение (с)	[priglaʃǽnie]
fatura (f)	счёт (м)	[ʃǿt]
lei (f)	закон (м)	[zakón]
carta (correio)	письмо (с)	[pisʲmó]
papel (m) timbrado	бланк (м)	[blánk]
lista (f)	список (м)	[spísɔk]
manuscrito (m)	рукопись (ж)	[rúkɔpisʲ]
boletim (~ informativo)	бюллетень (м)	[bʲuleténʲ]
bilhete (mensagem breve)	записка (ж)	[zapíska]
passe (m)	пропуск (м)	[própusk]
passaporte (m)	паспорт (м)	[páspɔrt]
permissão (f)	разрешение (с)	[razreʃǽnie]
CV, currículo (m)	резюме (с)	[rezʲumé]
vale (nota promissória)	расписка (ж)	[raspíska]
recibo (m)	квитанция (ж)	[kvitántsija]
talão (f)	чек (м)	[ʧék]
relatório (m)	рапорт (м)	[rápɔrt]
mostrar (vt)	предъявлять (нсв, пх)	[predjɪvlʲátʲ]
assinar (vt)	подписать (св, пх)	[pɔtpisátʲ]
assinatura (f)	подпись (ж)	[pótpisʲ]
carimbo (m)	печать (ж)	[peʧátʲ]
texto (m)	текст (м)	[tékst]
bilhete (m)	билет (м)	[bilét]
riscar (vt)	зачеркнуть (св, пх)	[zaʧerknútʲ]
preencher (vt)	заполнить (св, пх)	[zapólnitʲ]

| guia (f) de remessa | накладная (ж) | [nakladnája] |
| testamento (m) | завещание (с) | [zaveʃánie] |

117. Tipos de negócios

serviços (m pl) de contabilidade	бухгалтерские услуги (ж мн)	[buhgálterskie uslúgi]
publicidade (f)	реклама (ж)	[rekláma]
agência (f) de publicidade	рекламное агентство (с)	[reklámnɔe agénstvɔ]
ar (m) condicionado	кондиционеры (м мн)	[kɔnditsiɔnéri]
companhia (f) aérea	авиакомпания (ж)	[avia·kɔmpánija]

bebidas (f pl) alcoólicas	спиртные напитки (м мн)	[spirtnĩe napítki]
comércio (m) de antiguidades	антиквариат (м)	[antikvariát]
galeria (f) de arte	арт-галерея (ж)	[art-galeréja]
serviços (m pl) de auditoria	аудиторские услуги (ж мн)	[audítɔrskie uslúgi]

negócios (m pl) bancários	банковский бизнес (м)	[bánkɔfskij bíznɛs]
bar (m)	бар (м)	[bár]
salão (m) de beleza	салон (м) красоты	[salón krasɔtĩ]
livraria (f)	книжный магазин (м)	[kníʒnij magazín]
cervejaria (f)	пивоварня (ж)	[pivɔvárnʲa]
centro (m) de escritórios	бизнес-центр (м)	[bíznɛs-tsæntr]
escola (f) de negócios	бизнес-школа (ж)	[bíznɛs-ʃkóla]

casino (m)	казино (с)	[kazinó]
construção (f)	строительство (с)	[strɔítelʲstvɔ]
serviços (m pl) de consultoria	консалтинг (м)	[kɔnsálting]

estomatologia (f)	стоматология (ж)	[stɔmatɔlóyija]
design (m)	дизайн (м)	[dizájn]
farmácia (f)	аптека (ж)	[aptéka]
lavandaria (f)	химчистка (ж)	[himtʃístka]
agência (f) de emprego	кадровое агентство (с)	[kádrɔvɔe agénstvɔ]

serviços (m pl) financeiros	финансовые услуги (ж мн)	[finánsɔvie uslúgi]
alimentos (m pl)	продукты (м мн) питания	[prɔdúkti pitánija]
agência (f) funerária	похоронное бюро (с)	[pɔhɔrónnɔe bʲuró]
mobiliário (m)	мебель (ж)	[mébelʲ]
roupa (f)	одежда (ж)	[ɔdéʒda]
hotel (m)	гостиница (ж)	[gɔstínitsa]

gelado (m)	мороженое (с)	[mɔróʒenɔe]
indústria (f)	промышленность (ж)	[prɔmĩʃlenɔstʲ]
seguro (m)	страхование (с)	[strahɔvánie]
internet (f)	интернет (м)	[intɛrnæt]
investimento (m)	инвестиции (ж мн)	[investítsii]

joalheiro (m)	ювелир (м)	[juvelír]
joias (f pl)	ювелирные изделия (с мн)	[juvelírnie izdélija]
lavandaria (f)	прачечная (ж)	[prátʃetʃnaja]
serviços (m pl) jurídicos	юридические услуги (ж мн)	[juridítʃeskie uslúgi]
indústria (f) ligeira	лёгкая промышленность (ж)	[lǿhkaja prɔmĩʃlenɔstʲ]

revista (f)	журнал (м)	[ʒurnál]
vendas (f pl) por catálogo	торговля (ж) по каталогу	[tɔrgóvlʲa pɔ katalógu]
medicina (f)	медицина (ж)	[meditsĭna]
cinema (m)	кинотеатр (м)	[kinɔteátr]
museu (m)	музей (м)	[muzéj]

agência (f) de notícias	информационное агентство (с)	[infɔrmatsiónnɔe agénstvɔ]
jornal (m)	газета (ж)	[gazéta]
clube (m) noturno	ночной клуб (м)	[nɔtʃnój klúb]

petróleo (m)	нефть (ж)	[néftʲ]
serviço (m) de encomendas	курьерская служба (ж)	[kurjérskaja slúʒba]
indústria (f) farmacêutica	фармацевтика (ж)	[farmatsǽftika]
poligrafia (f)	полиграфия (ж)	[pɔligrafíja]
editora (f)	издательство (с)	[izdátelʲstvɔ]

rádio (m)	радио (с)	[rádiɔ]
imobiliário (m)	недвижимость (ж)	[nedvíʒimɔstʲ]
restaurante (m)	ресторан (м)	[restɔrán]

empresa (f) de segurança	охранное агентство (с)	[ɔhránnɔe agénstvɔ]
desporto (m)	спорт (м)	[spórt]
bolsa (f)	биржа (ж)	[bírʒa]
loja (f)	магазин (м)	[magazín]
supermercado (m)	супермаркет (м)	[supermárket]
piscina (f)	бассейн (м)	[basǽjn]

alfaiataria (f)	ателье (с)	[atɛljé]
televisão (f)	телевидение (с)	[televídenje]
teatro (m)	театр (м)	[teátr]
comércio (atividade)	торговля (ж)	[tɔrgóvlʲa]
serviços (m pl) de transporte	перевозки (ж мн)	[perevóski]
viagens (f pl)	туризм (м)	[turízm]

veterinário (m)	ветеринар (м)	[veterinár]
armazém (m)	склад (м)	[sklád]
recolha (f) do lixo	вывоз (м) мусора	[vīvɔs músɔra]

Emprego. Negócios. Parte 2

118. Espetáculo. Feira

feira (f)	выставка (ж)	[vɪ̄stafka]
feira (f) comercial	торговая выставка (ж)	[tɔrgóvaja vɪ̄stafka]
participação (f)	участие (c)	[utʃástie]
participar (vi)	участвовать (нсв, нпх)	[utʃástvɔvatʲ]
participante (m)	участник (м)	[utʃásnik]
diretor (m)	директор (м)	[diréktɔr]
direção (f)	дирекция (ж)	[diréktsija]
organizador (m)	организатор (м)	[ɔrganizátɔr]
organizar (vt)	организовывать (нсв, пх)	[ɔrganizóvivatʲ]
ficha (f) de inscrição	заявка (ж) на участие	[zajáfka na utʃástie]
preencher (vt)	заполнить (св, пх)	[zapólnitʲ]
detalhes (m pl)	детали (ж мн)	[detáli]
informação (f)	информация (ж)	[infɔrmátsija]
preço (m)	цена (ж)	[tsɛná]
incluindo	включая	[fklʲutʃája]
incluir (vt)	включать (нсв, пх)	[fklʲutʃátʲ]
pagar (vt)	платить (нсв, н/пх)	[platítʲ]
taxa (f) do inscrição	регистрационный взнос (м)	[registratsiónij vznós]
entrada (f)	вход (м)	[fhód]
pavilhão (m)	павильон (м)	[paviljón]
inscrever (vt)	регистрировать (нсв, пх)	[registrírɔvatʲ]
crachá (m)	бэдж (м)	[bædʒ]
stand (m)	выставочный стенд (м)	[vɪ̄stavɔtʃnij stænd]
reservar (vt)	резервировать (н/св, пх)	[rezervírɔvatʲ]
vitrina (f)	витрина (ж)	[vitrína]
foco, spot (m)	светильник (м)	[svetílʲnik]
design (m)	дизайн (м)	[dizájn]
pôr, colocar (vt)	располагать (нсв, пх)	[raspɔlagátʲ]
ser colocado, -a	располагаться (нсв, возв)	[raspɔlagátsa]
distribuidor (m)	дистрибьютор (м)	[distribjútɔr]
fornecedor (m)	поставщик (м)	[pɔstafʃík]
fornecer (vt)	поставлять (нсв, пх)	[pɔstavlʲátʲ]
país (m)	страна (ж)	[straná]
estrangeiro	иностранный	[inɔstránnij]
produto (m)	продукт (м)	[prɔdúkt]
associação (f)	ассоциация (ж)	[asɔtsiátsija]

sala (f) de conferências	конференц-зал (м)	[kɔnferénts-zál]
congresso (m)	конгресс (м)	[kɔngrés]
concurso (m)	конкурс (м)	[kónkurs]

visitante (m)	посетитель (м)	[pɔsetítelʲ]
visitar (vt)	посещать (нсв, пх)	[pɔseʃátʲ]
cliente (m)	заказчик (м)	[zakáʃik]

119. Media

jornal (m)	газета (ж)	[gazéta]
revista (f)	журнал (м)	[ʒurnál]
imprensa (f)	пресса (ж)	[présa]
rádio (m)	радио (с)	[rádiɔ]
estação (f) de rádio	радиостанция (ж)	[radiɔ·stántsija]
televisão (f)	телевидение (с)	[televídenje]

apresentador (m)	ведущий (м)	[vedúʃij]
locutor (m)	диктор (м)	[díktɔr]
comentador (m)	комментатор (м)	[kɔmentátɔr]

jornalista (m)	журналист (м)	[ʒurnalíst]
correspondente (m)	корреспондент (м)	[kɔrespɔndént]
repórter (m) fotográfico	фотокорреспондент (м)	[fɔtɔ·kɔrespɔndént]
repórter (m)	репортёр (м)	[repɔrtǿr]

| redator (m) | редактор (м) | [redáktɔr] |
| redator-chefe (m) | главный редактор (м) | [glávnij redáktɔr] |

assinar a ...	подписаться (св, возв)	[pɔtpisátsa]
assinatura (f)	подписка (ж)	[pɔtpíska]
assinante (m)	подписчик (м)	[pɔtpíʃik]
ler (vt)	читать (нсв, н/пх)	[tʃitátʲ]
leitor (m)	читатель (м)	[tʃitátelʲ]

tiragem (f)	тираж (м)	[tiráʃ]
mensal	ежемесячный	[eʒemésɨtʃnij]
semanal	еженедельный	[eʒenedélʲnij]
número (jornal, revista)	номер (м)	[nómer]
recente	свежий	[svéʒij]

manchete (f)	заголовок (м)	[zagɔlóvɔk]
pequeno artigo (m)	заметка (ж)	[zamétka]
coluna (~ semanal)	рубрика (ж)	[rúbrika]
artigo (m)	статья (ж)	[statjá]
página (f)	страница (ж)	[stranítsa]

reportagem (f)	репортаж (м)	[repɔrtáʃ]
evento (m)	событие (с)	[sɔbɨ̈tie]
sensação (f)	сенсация (ж)	[sensátsija]
escândalo (m)	скандал (м)	[skandál]
escandaloso	скандальный	[skandálʲnij]
grande	громкий	[grómkij]
programa (m) de TV	передача (ж)	[peredátʃa]

entrevista (f)	интервью (c)	[intɛrvjú]
transmissão (f) em direto	прямая трансляция (ж)	[prɪmája translʲátsija]
canal (m)	канал (м)	[kanál]

120. Agricultura

agricultura (f)	сельское хозяйство (c)	[sélʲskɔe hɔzʲájstvɔ]
camponês (m)	крестьянин (м)	[krestjánin]
camponesa (f)	крестьянка (ж)	[krestjánka]
agricultor (m)	фермер (м)	[férmer]

| trator (m) | трактор (м) | [tráktɔr] |
| ceifeira-debulhadora (f) | комбайн (м) | [kɔmbájn] |

arado (m)	плуг (м)	[plúg]
arar (vt)	пахать (нсв, н/пх)	[pahátʲ]
campo (m) lavrado	пашня (ж)	[páʃnʲa]
rego (m)	борозда (ж)	[bɔrɔzdá]

semear (vt)	сеять (нсв, пх)	[séjatʲ]
semeadora (f)	сеялка (ж)	[séjalka]
semeadura (f)	посев (м)	[pɔséf]

| gadanha (f) | коса (ж) | [kɔsá] |
| gadanhar (vt) | косить (нсв, н/пх) | [kɔsítʲ] |

| pá (f) | лопата (ж) | [lɔpáta] |
| cavar (vt) | копать (нсв, пх) | [kɔpátʲ] |

enxada (f)	тяпка (ж)	[tʲápka]
carpir (vt)	полоть (нсв, пх)	[pɔlótʲ]
erva (f) daninha	сорняк (м)	[sɔrnʲák]

regador (m)	лейка (ж)	[léjka]
regar (vt)	поливать (нсв, пх)	[pɔlivátʲ]
rega (f)	полив (м)	[pɔlíf]

| forquilha (f) | вилы (мн) | [vílɨ] |
| ancinho (m) | грабли (мн) | [grábli] |

fertilizante (m)	удобрение (c)	[udɔbrénie]
fertilizar (vt)	удобрять (нсв, пх)	[udɔbrʲátʲ]
estrume (m)	навоз (м)	[navós]

campo (m)	поле (c)	[póle]
prado (m)	луг (м)	[lúg]
horta (f)	огород (м)	[ɔgɔród]
pomar (m)	сад (м)	[sád]

pastar (vt)	пасти (нсв, пх)	[pastí]
pastor (m)	пастух (м)	[pastúh]
pastagem (f)	пастбище (c)	[pázbiʃe]
pecuária (f)	животноводство (c)	[ʒivɔtnɔvótstvɔ]
criação (f) de ovelhas	овцеводство (c)	[ɔftsɛvótstvɔ]

plantação (f)	плантация (ж)	[plantátsija]
canteiro (m)	грядка (ж)	[grʲátka]
invernadouro (m)	парник (м)	[parník]

| seca (f) | засуха (ж) | [zásuha] |
| seco (verão ~) | засушливый | [zasúʃlivij] |

cereal (m)	зерно (c)	[zernó]
cereais (m pl)	зерновые (мн)	[zernovíje]
colher (vt)	убирать (нсв, пх)	[ubirátʲ]

moleiro (m)	мельник (м)	[mélʲnik]
moinho (m)	мельница (ж)	[mélʲnitsa]
moer (vt)	молоть (нсв, пх)	[molótʲ]
farinha (f)	мука (ж)	[muká]
palha (f)	солома (ж)	[solóma]

121. Construção. Processo de construção

canteiro (m) de obras	стройка (ж)	[strójka]
construir (vt)	строить (нсв, пх)	[stróitʲ]
construtor (m)	строитель (м)	[stroítelʲ]

projeto (m)	проект (м)	[proǽkt]
arquiteto (m)	архитектор (м)	[arhitéktor]
operário (m)	рабочий (м)	[rabótʃij]

fundação (f)	фундамент (м)	[fundáment]
telhado (m)	крыша (ж)	[kríʃa]
estaca (f)	свая (ж)	[svája]
parede (f)	стена (ж)	[stená]

| varões (m pl) para betão | арматура (ж) | [armatúra] |
| andaime (m) | строительные леса (мн) | [stroítelʲnie lesá] |

betão (m)	бетон (м)	[betón]
granito (m)	гранит (м)	[granít]
pedra (f)	камень (м)	[kámenʲ]
tijolo (m)	кирпич (м)	[kirpítʃ]

areia (f)	песок (м)	[pesók]
cimento (m)	цемент (м)	[tsɛmént]
emboço (m)	штукатурка (ж)	[ʃtukatúrka]
emboçar (vt)	штукатурить (нсв, пх)	[ʃtukatúritʲ]

tinta (f)	краска (ж)	[kráska]
pintar (vt)	красить (нсв, пх)	[krásitʲ]
barril (m)	бочка (ж)	[bótʃka]

grua (f), guindaste (m)	кран (м)	[krán]
erguer (vt)	поднимать (нсв, пх)	[podnimátʲ]
baixar (vt)	опускать (нсв, пх)	[opuskátʲ]
buldózer (m)	бульдозер (м)	[bulʲdózer]
escavadora (f)	экскаватор (м)	[ɛkskavátor]

caçamba (f)	ковш (м)	[kóvʃ]
escavar (vt)	копать (нсв, пх)	[kɔpátʲ]
capacete (m) de proteção	каска (ж)	[káska]

122. Ciência. Investigação. Cientistas

ciência (f)	наука (ж)	[naúka]
científico	научный	[naútʃnij]
cientista (m)	учёный (м)	[utʃónij]
teoria (f)	теория (ж)	[teórija]

axioma (m)	аксиома (ж)	[aksióma]
análise (f)	анализ (м)	[anális]
analisar (vt)	анализировать (нсв, пх)	[analizírɔvatʲ]
argumento (m)	аргумент (м)	[argumént]
substância (f)	вещество (с)	[veʃestvó]

hipótese (f)	гипотеза (ж)	[gipóteza]
dilema (m)	дилемма (ж)	[diléma]
tese (f)	диссертация (ж)	[disertátsija]
dogma (m)	догма (ж)	[dógma]

doutrina (f)	доктрина (ж)	[dɔktrína]
pesquisa (f)	исследование (с)	[islédɔvanie]
pesquisar (vt)	исследовать (н/св, пх)	[islédɔvatʲ]
teste (m)	контроль (м)	[kɔntrólʲ]
laboratório (m)	лаборатория (ж)	[labɔratórija]

método (m)	метод (м)	[métɔd]
molécula (f)	молекула (ж)	[mɔlékula]
monitoramento (m)	мониторинг (м)	[mɔnitóring]
descoberta (f)	открытие (с)	[ɔtkrītie]

postulado (m)	постулат (м)	[pɔstulát]
princípio (m)	принцип (м)	[príntsip]
prognóstico (previsão)	прогноз (м)	[prɔgnós]
prognosticar (vt)	прогнозировать (нсв, пх)	[prɔgnɔzírɔvatʲ]

síntese (f)	синтез (м)	[síntɛs]
tendência (f)	тенденция (ж)	[tɛndǽntsija]
teorema (m)	теорема (ж)	[teɔréma]

ensinamentos (m pl)	учение (с)	[utʃénie]
facto (m)	факт (м)	[fákt]

expedição (f)	экспедиция (ж)	[ɛkspedítsija]
experiência (f)	эксперимент (м)	[ɛksperimént]

académico (m)	академик (м)	[akadémik]
bacharel (m)	бакалавр (м)	[bakalávr]
doutor (m)	доктор (м)	[dóktɔr]
docente (m)	доцент (м)	[dɔtsǽnt]
mestre (m)	магистр (м)	[magístr]
professor (m) catedrático	профессор (м)	[prɔfésɔr]

Profissões e ocupações

trabalho (m)	работа (ж)	[rabóta]
equipa (f)	сотрудники (мн)	[sotrúdniki]
pessoal (m)	персонал (м)	[personál]

carreira (f)	карьера (ж)	[karjéra]
perspetivas (f pl)	перспектива (ж)	[perspektíva]
mestria (f)	мастерство (с)	[masterstvó]

seleção (f)	подбор (м)	[podbór]
agência (f) de emprego	кадровое агентство (с)	[kádrovoe agénstvo]
CV, currículo (m)	резюме (с)	[rezʲumé]
entrevista (f) de emprego	собеседование (с)	[sobesédovanie]
vaga (f)	вакансия (ж)	[vakánsija]

salário (m)	зарплата (ж)	[zarpláta]
salário (m) fixo	оклад (м)	[oklád]
pagamento (m)	оплата (ж)	[opláta]

posto (m)	должность (ж)	[dólʒnostʲ]
dever (do empregado)	обязанность (ж)	[obʲázanostʲ]
gama (f) de deveres	круг (м)	[krúg]
ocupado	занятой	[zanıtój]

| despedir, demitir (vt) | уволить (св, пх) | [uvólitʲ] |
| demissão (f) | увольнение (с) | [uvolʲnénie] |

desemprego (m)	безработица (ж)	[bezrabótiʦa]
desempregado (m)	безработный (м)	[bezrabótnij]
reforma (f)	пенсия (ж)	[pénsija]
reformar-se	уйти на пенсию	[ujtí na pénsiju]

diretor (m)	директор (м)	[diréktor]
gerente (m)	управляющий (м)	[upravlʲájuʃʲij]
patrão, chefe (m)	руководитель, шеф (м)	[rukovodítelʲ], [ʃéf]

superior (m)	начальник (м)	[natʃálʲnik]
superiores (m pl)	начальство (с)	[natʃálʲstvo]
presidente (m)	президент (м)	[prezidént]
presidente (m) de direção	председатель (м)	[pretsedátelʲ]

| substituto (m) | заместитель (м) | [zamestítelʲ] |
| assistente (m) | помощник (м) | [pomóʃnik] |

secretário (m)	секретарь (м)	[sekretárʲ]
secretário (m) pessoal	личный секретарь (м)	[líʧnij sekretárʲ]

homem (m) de negócios	бизнесмен (м)	[biznɛsmén]
empresário (m)	предприниматель (м)	[pretprinimátelʲ]
fundador (m)	основатель (м)	[ɔsnɔvátelʲ]
fundar (vt)	основать (св, пх)	[ɔsnɔvátʲ]

fundador, sócio (m)	учредитель (м)	[uʧredítelʲ]
parceiro, sócio (m)	партнёр (м)	[partnǿr]
acionista (m)	акционер (м)	[aktsiɔnér]

milionário (m)	миллионер (м)	[miliɔnér]
bilionário (m)	миллиардер (м)	[miliardér]
proprietário (m)	владелец (м)	[vladélets]
proprietário (m) de terras	землевладелец (м)	[zemle·vladélets]

cliente (m)	клиент (м)	[kliént]
cliente (m) habitual	постоянный клиент (м)	[pɔstɔjánnij kliént]
comprador (m)	покупатель (м)	[pɔkupátelʲ]
visitante (m)	посетитель (м)	[pɔsetítelʲ]

profissional (m)	профессионал (м)	[prɔfesiɔnál]
perito (m)	эксперт (м)	[ɛkspért]
especialista (m)	специалист (м)	[spetsialíst]

banqueiro (m)	банкир (м)	[bankír]
corretor (m)	брокер (м)	[bróker]

caixa (m, f)	кассир (м)	[kassír]
contabilista (m)	бухгалтер (м)	[buhgálter]
guarda (ııı)	охранник (м)	[ɔhránnik]

investidor (m)	инвестор (м)	[invéstɔr]
devedor (m)	должник (м)	[dɔlʒník]
credor (m)	кредитор (м)	[kreditór]
mutuário (m)	заёмщик (м)	[zajómʃik]

importador (m)	импортёр (м)	[impɔrtǿr]
exportador (m)	экспортёр (м)	[ɛkspɔrtǿr]

produtor (m)	производитель (м)	[prɔizvɔdítelʲ]
distribuidor (m)	дистрибьютор (м)	[distribjútɔr]
intermediário (m)	посредник (м)	[pɔsrédnik]

consultor (m)	консультант (м)	[kɔnsulʲtánt]
representante (m)	представитель (м)	[pretstavítelʲ]
agente (m)	агент (м)	[agént]
agente (m) de seguros	страховой агент (м)	[strahɔvój agént]

125. Profissões de serviços

cozinheiro (m)	повар (м)	[póvar]
cozinheiro chefe (m)	шеф-повар (м)	[ʃǽf-póvar]

padeiro (m)	пекарь (м)	[pékar']
barman (m)	бармен (м)	[bármen]
empregado (m) de mesa	официант (м)	[ɔfitsiánt]
empregada (f) de mesa	официантка (ж)	[ɔfitsiántka]

advogado (m)	адвокат (м)	[advɔkát]
jurista (m)	юрист (м)	[juríst]
notário (m)	нотариус (м)	[nɔtárius]

eletricista (m)	электрик (м)	[ɛléktrik]
canalizador (m)	сантехник (м)	[santéhnik]
carpinteiro (m)	плотник (м)	[plótnik]

massagista (m)	массажист (м)	[masaʒĩst]
massagista (f)	массажистка (ж)	[masaʒĩstka]
médico (m)	врач (м)	[vrátʃ]

taxista (m)	таксист (м)	[taksíst]
condutor (automobilista)	шофёр (м)	[ʃɔfǿr]
entregador (m)	курьер (м)	[kurjér]

camareira (f)	горничная (ж)	[górnitʃnaja]
guarda (m)	охранник (м)	[ɔhránnik]
hospedeira (f) de bordo	стюардесса (ж)	[st'uardǽsa]

professor (m)	учитель (м)	[utʃítel']
bibliotecário (m)	библиотекарь (м)	[bibliɔtékar']
tradutor (m)	переводчик (м)	[perevóttʃik]
intérprete (m)	переводчик (м)	[perevóttʃik]
guia (pessoa)	гид (м)	[gíd]

cabeleireiro (m)	парикмахер (м)	[parikmáher]
carteiro (m)	почтальон (м)	[pɔtʃtaljón]
vendedor (m)	продавец (м)	[prɔdavéts]

jardineiro (m)	садовник (м)	[sadóvnik]
criado (m)	слуга (ж)	[slugá]
criada (f)	служанка (ж)	[sluʒánka]
empregada (f) de limpeza	уборщица (ж)	[ubórʃʲitsa]

126. Profissões militares e postos

soldado (m) raso	рядовой (м)	[rɪdɔvój]
sargento (m)	сержант (м)	[serʒánt]
tenente (m)	лейтенант (м)	[lejtenánt]
capitão (m)	капитан (м)	[kapitán]

major (m)	майор (м)	[majór]
coronel (m)	полковник (м)	[pɔlkóvnik]
general (m)	генерал (м)	[generál]
marechal (m)	маршал (м)	[márʃal]
almirante (m)	адмирал (м)	[admirál]
militar (m)	военный (м)	[vɔénnij]
soldado (m)	солдат (м)	[sɔldát]

| oficial (m) | офицер (м) | [ɔfitsǽr] |
| comandante (m) | командир (м) | [kɔmandír] |

guarda (m) fronteiriço	пограничник (м)	[pɔɡranítʃnik]
operador (m) de rádio	радист (м)	[radíst]
explorador (m)	разведчик (м)	[razvéttʃik]
sapador (m)	сапёр (м)	[sapǿr]
atirador (m)	стрелок (м)	[strelók]
navegador (m)	штурман (м)	[ʃtúrman]

127. Oficiais. Padres

| rei (m) | король (м) | [kɔrólʲ] |
| rainha (f) | королева (ж) | [kɔrɔléva] |

| príncipe (m) | принц (м) | [prínts] |
| princesa (f) | принцесса (ж) | [printsǽsa] |

| czar (m) | царь (м) | [tsárʲ] |
| czarina (f) | царица (ж) | [tsarítsa] |

presidente (m)	президент (м)	[prezidént]
ministro (m)	министр (м)	[minístr]
primeiro-ministro (m)	премьер-министр (м)	[premjér-minístr]
senador (m)	сенатор (м)	[senátɔr]

diplomata (m)	дипломат (м)	[diplɔmát]
cônsul (m)	консул (м)	[kónsul]
embaixador (m)	посол (м)	[pɔsól]
conselheiro (m)	советник (м)	[sɔvétnik]

funcionário (m)	чиновник (м)	[tʃinóvnik]
prefeito (m)	префект (м)	[prefékt]
Presidente (m) da Câmara	мэр (м)	[mǽr]

| juiz (m) | судья (ж) | [sudjá] |
| procurador (m) | прокурор (м) | [prɔkurór] |

missionário (m)	миссионер (м)	[misiɔnér]
monge (m)	монах (м)	[mɔnáh]
abade (m)	аббат (м)	[abát]
rabino (m)	раввин (м)	[ravín]

vizir (m)	визирь (м)	[vizírʲ]
xá (m)	шах (м)	[ʃáh]
xeque (m)	шейх (м)	[ʃǽjh]

128. Profissões agrícolas

apicultor (m)	пчеловод (м)	[ptʃelɔvód]
pastor (m)	пастух (м)	[pastúh]
agrónomo (m)	агроном (м)	[agrɔnóm]

| criador (m) de gado | животновод (м) | [ʒivotnovód] |
| veterinário (m) | ветеринар (м) | [veterinár] |

agricultor (m)	фермер (м)	[férmer]
vinicultor (m)	винодел (м)	[vinɔdél]
zoólogo (m)	зоолог (м)	[zɔólɔg]
cowboy (m)	ковбой (м)	[kɔvbój]

129. Profissões artísticas

| ator (m) | актёр (м) | [aktǿr] |
| atriz (f) | актриса (ж) | [aktrísa] |

| cantor (m) | певец (м) | [pevéʦ] |
| cantora (f) | певица (ж) | [pevíʦa] |

| bailarino (m) | танцор (м) | [tanʦór] |
| bailarina (f) | танцовщица (ж) | [tanʦófʃiʦa] |

| artista (m) | артист (м) | [artíst] |
| artista (f) | артистка (ж) | [artístka] |

músico (m)	музыкант (м)	[muzikánt]
pianista (m)	пианист (м)	[pianíst]
guitarrista (m)	гитарист (м)	[gitaríst]

maestro (m)	дирижёр (м)	[diriʒór]
compositor (m)	композитор (м)	[kɔmpɔzítɔr]
empresário (m)	импресарио (м)	[impresáriɔ]

realizador (m)	режиссёр (м)	[reʒisǿr]
produtor (m)	продюсер (м)	[prɔdʲúsɛr]
argumentista (m)	сценарист (м)	[sʦɛnaríst]
crítico (m)	критик (м)	[krítik]

escritor (m)	писатель (м)	[pisátelʲ]
poeta (m)	поэт (м)	[pɔǽt]
escultor (m)	скульптор (м)	[skúlʲptɔr]
pintor (m)	художник (м)	[hudóʒnik]

malabarista (m)	жонглёр (м)	[ʒɔnglǿr]
palhaço (m)	клоун (м)	[klóun]
acrobata (m)	акробат (м)	[akrɔbát]
mágico (m)	фокусник (м)	[fókusnik]

130. Várias profissões

médico (m)	врач (м)	[vrátʃ]
enfermeira (f)	медсестра (ж)	[metsestrá]
psiquiatra (m)	психиатр (м)	[psihiátr]
estomatologista (m)	стоматолог (м)	[stɔmatólɔg]
cirurgião (m)	хирург (м)	[hirúrg]

astronauta (m)	астронавт (м)	[astrɔnávt]
astrónomo (m)	астроном (м)	[astrɔnóm]

motorista (m)	водитель (м)	[vɔdítelʲ]
maquinista (m)	машинист (м)	[maʃiníst]
mecânico (m)	механик (м)	[mehánik]

mineiro (m)	шахтёр (м)	[ʃahtǿr]
operário (m)	рабочий (м)	[rabótʃij]
serralheiro (m)	слесарь (м)	[slésarʲ]
marceneiro (m)	столяр (м)	[stɔlʲár]
torneiro (m)	токарь (м)	[tókarʲ]
construtor (m)	строитель (м)	[strɔítelʲ]
soldador (m)	сварщик (м)	[svárʃik]

professor (m) catedrático	профессор (м)	[prɔfésɔr]
arquiteto (m)	архитектор (м)	[arhiték tɔr]
historiador (m)	историк (м)	[istórik]
cientista (m)	учёный (м)	[utʃónij]
físico (m)	физик (м)	[fízik]
químico (m)	химик (м)	[hímik]

arqueólogo (m)	археолог (м)	[arheólog]
geólogo (m)	геолог (м)	[geólog]
pesquisador (cientista)	исследователь (м)	[islédɔvatelʲ]

babysitter (f)	няня (ж)	[nʲánʲa]
professor (m)	учитель (м)	[utʃítelʲ]

redator (m)	редактор (м)	[redáktɔr]
redator-chefe (m)	главный редактор (м)	[glávnij redáktɔr]
correspondente (m)	корреспондент (м)	[kɔrespɔndént]
datilógrafa (f)	машинистка (ж)	[maʃinístka]

designer (m)	дизайнер (м)	[dizájner]
especialista (m) em informática	компьютерщик (м)	[kɔmpjúterʃik]
programador (m)	программист (м)	[prɔgramíst]
engenheiro (m)	инженер (м)	[inʒenér]

marujo (m)	моряк (м)	[mɔrʲák]
marinheiro (m)	матрос (м)	[matrós]
salvador (m)	спасатель (м)	[spasátelʲ]

bombeiro (m)	пожарный (м)	[pɔʒárnij]
polícia (m)	полицейский (м)	[pɔliʦǽjskij]
guarda-noturno (m)	сторож (м)	[stórɔʃ]
detetive (m)	сыщик (м)	[sɨʃʲik]

funcionário (m) da alfândega	таможенник (м)	[tamóʒenik]
guarda-costas (m)	телохранитель (м)	[telɔhranítelʲ]
guarda (m) prisional	охранник (м)	[ɔhránnik]
inspetor (m)	инспектор (м)	[inspéktɔr]

desportista (m)	спортсмен (м)	[sporʦmén]
treinador (m)	тренер (м)	[tréner]

talhante (m)	мясник (м)	[mɪsník]
sapateiro (m)	сапожник (м)	[sapóʒnik]
comerciante (m)	коммерсант (м)	[kɔmersánt]
carregador (m)	грузчик (м)	[grúʃik]

| estilista (m) | модельер (м) | [mɔdɛljér] |
| modelo (f) | модель (ж) | [mɔdǽlʲ] |

131. Ocupações. Estatuto social

| aluno, escolar (m) | школьник (м) | [ʃkólʲnik] |
| estudante (~ universitária) | студент (м) | [studént] |

filósofo (m)	философ (м)	[filósɔf]
economista (m)	экономист (м)	[ɛkɔnɔmíst]
inventor (m)	изобретатель (м)	[izɔbretátelʲ]

desempregado (m)	безработный (м)	[bezrabótnɪj]
reformado (m)	пенсионер (м)	[pensiɔnér]
espião (m)	шпион (м)	[ʃpión]

preso (m)	заключённый (м)	[zaklʲutʃónnɪj]
grevista (m)	забастовщик (м)	[zabastófʃik]
burocrata (m)	бюрократ (м)	[bʲurɔkrát]
viajante (m)	путешественник (м)	[puteʃǽstvenik]

homossexual (m)	гомосексуалист (м)	[gɔmɔ·sɛksualíst]
hacker (m)	хакер (м)	[háker]
hippie	хиппи (м)	[híppi]

bandido (m)	бандит (м)	[bandít]
assassino (m) a soldo	наёмный убийца (м)	[najómnɪj ubíjtsa]
toxicodependente (m)	наркоман (м)	[narkɔmán]
traficante (m)	торговец (м) наркотиками	[tɔrgóvets narkótikami]
prostituta (f)	проститутка (ж)	[prɔstitútka]
chulo (m)	сутенёр (м)	[sutenǿr]

bruxo (m)	колдун (м)	[kɔldún]
bruxa (f)	колдунья (ж)	[kɔldúnja]
pirata (m)	пират (м)	[pirát]
escravo (m)	раб (м)	[ráb]
samurai (m)	самурай (м)	[samuráj]
selvagem (m)	дикарь (м)	[dikárʲ]

Desportos

132. Tipos de desportos. Desportistas

desportista (m)	спортсмен (м)	[sportsmén]
tipo (m) de desporto	вид (м) спорта	[víd spórta]
basquetebol (m)	баскетбол (м)	[basketból]
jogador (m) de basquetebol	баскетболист (м)	[basketbolíst]
beisebol (m)	бейсбол (м)	[bejzból]
jogador (m) de beisebol	бейсболист (м)	[bejzbolíst]
futebol (m)	футбол (м)	[futból]
futebolista (m)	футболист (м)	[futbolíst]
guarda-redes (m)	вратарь (м)	[vratárʲ]
hóquei (m)	хоккей (м)	[hɔkéj]
jogador (m) de hóquei	хоккеист (м)	[hɔkeíst]
voleibol (m)	волейбол (м)	[vɔlejból]
jogador (m) de voleibol	волейболист (м)	[vɔlejbolíst]
boxe (m)	бокс (м)	[bóks]
boxeador, pugilista (m)	боксёр (м)	[boksør]
luta (f)	борьба (ж)	[borʲbá]
lutador (m)	борец (м)	[boréts]
karaté (m)	карате (с)	[karatǽ]
karateca (m)	каратист (м)	[karatíst]
judo (m)	дзюдо (с)	[dzʲudó]
judoca (m)	дзюдоист (м)	[dzʲudoíst]
ténis (m)	теннис (м)	[tǽnis]
tenista (m)	теннисист (м)	[tɛnisíst]
natação (f)	плавание (с)	[plávanie]
nadador (m)	пловец (м)	[plovéts]
esgrima (f)	фехтование (с)	[fehtovánie]
esgrimista (m)	фехтовальщик (м)	[fehtoválʲʃik]
xadrez (m)	шахматы (мн)	[ʃáhmatɨ]
xadrezista (m)	шахматист (м)	[ʃahmatíst]
alpinismo (m)	альпинизм (м)	[alʲpinízm]
alpinista (m)	альпинист (м)	[alʲpiníst]
corrida (f)	бег (м)	[bég]

corredor (m)	бегун (м)	[begún]
atletismo (m)	лёгкая атлетика (ж)	[lǿhkaja atlétika]
atleta (m)	атлет (м)	[atlét]

hipismo (m)	конный спорт (м)	[kónnij spórt]
cavaleiro (m)	наездник (м)	[naéznik]

patinagem (f) artística	фигурное катание (с)	[figúrnɔe katánie]
patinador (m)	фигурист (м)	[figuríst]
patinadora (f)	фигуристка (ж)	[figurístka]

halterofilismo (m)	тяжёлая атлетика (ж)	[tiʒólaja atlétika]
halterofilista (m)	штангист (м)	[ʃtangíst]

corrida (f) de carros	автогонки (ж мн)	[aftɔ·gónki]
piloto (m)	гонщик (м)	[gónʃik]

ciclismo (m)	велоспорт (м)	[velɔspórt]
ciclista (m)	велосипедист (м)	[velɔsipedíst]

salto (m) em comprimento	прыжки (м мн) в длину	[priʃkí v dlinú]
salto (m) à vara	прыжки (м мн) с шестом	[priʃkí s ʃεstóm]
atleta (m) de saltos	прыгун (м)	[prigún]

133. Tipos de desportos. Diversos

futebol (m) americano	американский футбол (м)	[amerikánskij futból]
badminton (m)	бадминтон (м)	[badmintón]
biatlo (m)	биатлон (м)	[biatlón]
bilhar (m)	бильярд (м)	[biljárd]

bobsled (m)	бобслей (м)	[bɔbsléj]
musculação (f)	бодибилдинг (м)	[bɔdibílding]
polo (m) aquático	водное поло (с)	[vódnɔe pólɔ]
andebol (m)	гандбол (м)	[ganból]
golfe (m)	гольф (м)	[gólʲf]

remo (m)	гребля (ж)	[gréblʲa]
mergulho (m)	дайвинг (м)	[dájving]
corrida (f) de esqui	лыжные гонки (ж мн)	[líʒnie gónki]
ténis (m) de mesa	настольный теннис (м)	[nastólʲnij tǽnis]

vela (f)	парусный спорт (м)	[párusnij spórt]
rali (m)	ралли (с)	[ráli]
râguebi (m)	регби (с)	[rǽgbi]
snowboard (m)	сноуборд (м)	[snɔubórd]
tiro (m) com arco	стрельба (ж) из лука	[strelʲbá iz lúka]

134. Ginásio

barra (f)	штанга (ж)	[ʃtánga]
halteres (m pl)	гантели (ж мн)	[gantéli]

aparelho (m) de musculaçao	тренажёр (м)	[trenaʒór]
bicicleta (f) ergométrica	велотренажёр (м)	[velɔ·trenaʒór]
passadeira (f) de corrida	беговая дорожка (ж)	[begɔvája dɔrójʃka]

barra (f) fixa	перекладина (ж)	[perekládina]
barras (f) paralelas	брусья (мн)	[brúsja]
cavalo (m)	конь (м)	[kónʲ]
tapete (m) de ginástica	мат (м)	[mát]

corda (f) de saltar	скакалка (ж)	[skakálka]
aeróbica (f)	аэробика (ж)	[aɛróbika]
ioga (f)	йога (ж)	[jóga]

135. Hóquei

hóquei (m)	хоккей (м)	[hɔkéj]
jogador (m) de hóquei	хоккеист (м)	[hɔkeíst]
jogar hóquei	играть в хоккей	[igrátʲ f hɔkéj]
gelo (m)	лёд (м)	[lʲód]

disco (m)	шайба (ж)	[ʃájba]
taco (m) de hóquei	клюшка (ж)	[klʲúʃka]
patins (m pl) de gelo	коньки (м мн)	[kɔnʲkí]

muro (m)	борт (м)	[bórt]
tiro (m)	бросок (м)	[brɔsók]

guarda-redes (m)	вратарь (м)	[vratárʲ]
golo (m)	гол (м)	[gól]
marcar um golo	забить гол	[zabítʲ gól]

tempo (m)	период (м)	[períud]
segundo tempo (m)	2-й период	[ftɔrój períud]
banco (m) de reservas	скамейка (ж) запасных	[skaméjka zapasnīh]

136. Futebol

futebol (m)	футбол (м)	[futból]
futebolista (m)	футболист (м)	[futbolíst]
jogar futebol	играть в футбол	[igrátʲ f futból]

Liga Principal (f)	высшая лига (ж)	[vīsʃaja líga]
clube (m) de futebol	футбольный клуб (м)	[futbólʲnij klúb]
treinador (m)	тренер (м)	[tréner]
proprietário (m)	владелец (м)	[vladélets]
equipa (f)	команда (ж)	[kɔmánda]
capitão (m) da equipa	капитан (м) команды	[kapitán kɔmándi]
jogador (m)	игрок (м)	[igrók]
jogador (m) de reserva	запасной игрок (м)	[zapasnój igrók]
atacante (m)	нападающий (м)	[napadájuʲij]
avançado (m) centro	центральный нападающий (м)	[tsɛntrálʲnij napadájuʃij]

marcador (m)	бомбардир (м)	[bɔmbardír]
defesa (m)	защитник (м)	[zaʃítnik]
médio (m)	полузащитник (м)	[pɔluzaʃítnik]
jogo (desafio)	матч (м)	[mátʧ]
encontrar-se (vr)	встречаться (нсв, возв)	[fstretʃátsa]
final (m)	финал (м)	[finál]
meia-final (f)	полуфинал (м)	[pɔlu·finál]
campeonato (m)	чемпионат (м)	[ʧempiɔnát]
tempo (m)	тайм (м)	[tájm]
primeiro tempo (m)	1-й тайм (м)	[pérvij tájm]
intervalo (m)	перерыв (м)	[pereríf]
baliza (f)	ворота (мн)	[vɔróta]
guarda-redes (m)	вратарь (м)	[vratárʲ]
trave (f)	штанга (ж)	[ʃtánga]
barra (f) transversal	перекладина (ж)	[perekládina]
rede (f)	сетка (ж)	[sétka]
sofrer um golo	пропустить гол	[prɔpustítʲ gól]
bola (f)	мяч (м)	[mʲátʃ]
passe (m)	пас, передача (ж)	[pás], [peredátʃa]
chute (m)	удар (м)	[udár]
chutar (vt)	нанести удар	[nanestí udár]
tiro (m) livre	штрафной удар (м)	[ʃtrafnój udár]
canto (m)	угловой удар (м)	[uglɔvój udár]
ataque (m)	атака (ж)	[atáka]
contra-ataque (m)	контратака (ж)	[kɔntratáka]
combinação (f)	комбинация (ж)	[kɔmbinátsija]
árbitro (m)	арбитр (м)	[arbítr]
apitar (vi)	свистеть (нсв, нпх)	[svistétʲ]
apito (m)	свисток (м)	[svistók]
falta (f)	нарушение (с)	[naruʃǽnie]
cometer a falta	нарушить (св, пх)	[narúʃitʲ]
expulsar (vt)	удалить с поля	[udalítʲ s pólʲa]
cartão (m) amarelo	жёлтая карточка (ж)	[ʒóltaja kártɔtʃka]
cartão (m) vermelho	красная карточка (ж)	[krásnaja kártɔtʃka]
desqualificação (f)	дисквалификация (ж)	[diskvalifikátsija]
desqualificar (vt)	дисквалифицировать (нсв, пх)	[diskvalifitsīrovatʲ]
penálti (m)	пенальти (м)	[penálʲti]
barreira (f)	стенка (ж)	[sténka]
marcar (vt)	забить (св, н/пх)	[zabítʲ]
golo (m)	гол (м)	[gól]
marcar um golo	забить гол	[zabítʲ gól]
substituição (f)	замена (ж)	[zaména]
substituir (vt)	заменить (св, пх)	[zamenítʲ]
regras (f pl)	правила (с мн)	[právila]
tática (f)	тактика (ж)	[táktika]
estádio (m)	стадион (м)	[stadión]

bancadas (f pl)	трибуна (ж)	[tribúna]
fã, adepto (m)	болельщик (м)	[bolélʲʃik]
gritar (vi)	кричать (нсв, нпх)	[kritʃátʲ]

| marcador (m) | табло (с) | [tabló] |
| resultado (m) | счёт (м) | [ʃót] |

derrota (f)	поражение (с)	[porazǽnie]
perder (vt)	проиграть (св, нпх)	[proigrátʲ]
empate (m)	ничья (ж)	[nitʃjá]
empatar (vi)	сыграть вничью	[sɨgrátʲ vnitʃjú]

vitória (f)	победа (ж)	[pobéda]
ganhar, vencer (vi, vt)	победить (св, н/пх)	[pobedítʲ]
campeão (m)	чемпион (м)	[tʃempión]
melhor	лучший	[lútʃʃij]
felicitar (vt)	поздравлять (нсв, пх)	[pozdravlʲátʲ]

comentador (m)	комментатор (м)	[komentátor]
comentar (vt)	комментировать (нсв, пх)	[komentírovatʲ]
transmissão (f)	трансляция (ж)	[translʲátsija]

137. Esqui alpino

esqui (m)	лыжи (ж мн)	[lɨʒi]
esquiar (vi)	кататься на лыжах	[katátsa na lɨʒah]
estância (f) de esqui	горнолыжный курорт (м)	[gornolɨʒnij kurórt]
teleférico (m)	подъёмник (м)	[podjómnik]

bastões (m pl) de esqui	палки (ж мн)	[pálki]
declive (m)	склон (м)	[sklón]
slalom (m)	слалом (м)	[slálom]

138. Ténis. Golfe

golfe (m)	гольф (м)	[gólʲf]
clube (m) de golfe	гольф-клуб (м)	[gólʲf-klúb]
jogador (m) de golfe	игрок в гольф (м)	[igrók v gólʲf]

buraco (m)	лунка (ж)	[lúnka]
taco (m)	клюшка (ж)	[klʲúʃka]
trolley (m)	тележка (ж) для клюшек	[teléʃka dlʲa klʲúʃɛk]

| ténis (m) | теннис (м) | [tǽnis] |
| quadra (f) de ténis | корт (м) | [kórt] |

| saque (m) | подача (ж) | [podátʃa] |
| sacar (vi) | подавать (нсв, пх) | [podavátʲ] |

raquete (f)	ракетка (ж)	[rakétka]
rede (f)	сетка (ж)	[sétka]
bola (f)	мяч (м)	[mʲátʃ]

139. Xadrez

xadrez (m)	шахматы (мн)	[ʃáhmati]
peças (f pl) de xadrez	шахматы (мн)	[ʃáhmati]
xadrezista (m)	шахматист (м)	[ʃahmatíst]
tabuleiro (m) de xadrez	шахматная доска (ж)	[ʃáhmatnaja dɔská]
peça (f) de xadrez	фигура (ж)	[figúra]
brancas (f pl)	белые (мн)	[bélie]
pretas (f pl)	чёрные (мн)	[tʃórnie]
peão (m)	пешка (ж)	[péʃka]
bispo (m)	слон (м)	[slón]
cavalo (m)	конь (м)	[kónʲ]
torre (f)	ладья (ж)	[ladjá]
dama (f)	ферзь (м)	[fʲérsʲ]
rei (m)	король (м)	[kɔrólʲ]
vez (m)	ход (м)	[hód]
mover (vt)	ходить (нсв, нпх)	[hɔdítʲ]
sacrificar (vt)	пожертвовать (св, пх)	[pɔʒǽrtvɔvatʲ]
roque (m)	рокировка (ж)	[rɔkirófka]
xeque (m)	шах (м)	[ʃáh]
xeque-mate (m)	мат (м)	[mát]
torneio (m) de xadrez	шахматный турнир (м)	[ʃáhmatnij turnír]
grão-mestre (m)	гроссмейстер (м)	[grɔsméjster]
combinação (f)	комбинация (ж)	[kɔmbinátsija]
partida (f)	партия (ж)	[pártija]
jogo (m) de damas	шашки (ж мн)	[ʃáʃki]

140. Boxe

boxe (m)	бокс (м)	[bóks]
combate (m)	бой (м)	[bój]
duelo (m)	поединок (м)	[pɔedínɔk]
round (m)	раунд (м)	[ráund]
ringue (m)	ринг (м)	[ríng]
gongo (m)	гонг (м)	[góng]
murro, soco (m)	удар (м)	[udár]
knockdown (m)	нокдаун (м)	[nɔkdáun]
nocaute (m)	нокаут (м)	[nɔkáut]
nocautear (vt)	нокаутировать (св, пх)	[nɔkautírovatʲ]
luva (f) de boxe	боксёрская перчатка (ж)	[bɔksǿrskaja pertʃátka]
árbitro (m)	рефери (м)	[réferi]
peso-leve (m)	лёгкий вес (м)	[lǿhkij vés]
peso-médio (m)	средний вес (м)	[srédnij vés]
peso-pesado (m)	тяжёлый вес (м)	[tıʒólij vés]

141. Desportos. Diversos

Jogos (m pl) Olímpicos	Олимпийские игры (ж мн)	[ɔlimpíjskie ígri]
vencedor (m)	победитель (м)	[pɔbedítelʲ]
vencer (vi)	побеждать (нсв, нпх)	[pɔbeʒdátʲ]
vencer, ganhar (vi)	выиграть (св, нпх)	[vĩigratʲ]

| líder (m) | лидер (м) | [líder] |
| liderar (vt) | лидировать (нсв, нпх) | [lidírovatʲ] |

primeiro lugar (m)	первое место (с)	[pérvɔe méstɔ]
segundo lugar (m)	второе место (с)	[ftɔróe méstɔ]
terceiro lugar (m)	третье место (с)	[trétje méstɔ]

medalha (f)	медаль (ж)	[medálʲ]
troféu (m)	трофей (м)	[trɔféj]
taça (f)	кубок (м)	[kúbɔk]
prémio (m)	приз (м)	[prís]
prémio (m) principal	главный приз (м)	[glávnɨj prís]

| recorde (m) | рекорд (м) | [rekórd] |
| estabelecer um recorde | ставить рекорд | [stávitʲ rekórd] |

| final (m) | финал (м) | [finál] |
| final | финальный | [finálʲnɨj] |

| campeão (m) | чемпион (м) | [ʧempión] |
| campeonato (m) | чемпионат (м) | [ʧempiɔnát] |

estádio (m)	стадион (м)	[stadión]
bancadas (f pl)	трибуна (ж)	[tribúna]
fã, adepto (m)	болельщик (м)	[bɔlélʲʃik]
adversário (m)	противник (м)	[prɔtívnik]

| partida (f) | старт (м) | [stárt] |
| chegada, meta (f) | финиш (м) | [fíniʃ] |

| derrota (f) | поражение (с) | [pɔraʒǽnie] |
| perder (vt) | проиграть (св, нпх) | [prɔigrátʲ] |

árbitro (m)	судья (ж)	[sudjá]
júri (m)	жюри (с)	[ʒurí]
resultado (m)	счёт (м)	[ʃǿt]
empate (m)	ничья (ж)	[niʧjá]
empatar (vi)	сыграть вничью	[sɨgrátʲ vniʧjú]
ponto (m)	очко (с)	[ɔʧkó]
resultado (m) final	результат (м)	[rezulʲtát]

intervalo (m)	перерыв (м)	[pererĩf]
doping (m)	допинг (м)	[dóping]
penalizar (vt)	штрафовать (нсв, пх)	[ʃtrafovátʲ]
desqualificar (vt)	дисквалифицировать (нсв, пх)	[diskvalifitsīrovatʲ]

| aparelho (m) | снаряд (м) | [snarʲád] |
| dardo (m) | копьё (с) | [kɔpjǿ] |

peso (m)	ядро (c)	[jɪdró]
bola (f)	шар (м)	[ʃár]
alvo, objetivo (m)	цель (ж)	[tsǽlʲ]
alvo (~ de papel)	мишень (ж)	[miʃǽnʲ]
atirar, disparar (vi)	стрелять (нсв, нпх)	[strelʲátʲ]
preciso (tiro ~)	точный	[tótʃnij]
treinador (m)	тренер (м)	[tréner]
treinar (vt)	тренировать (нсв, пх)	[trenirovátʲ]
treinar-se (vr)	тренироваться (нсв, возв)	[trenirovátsa]
treino (m)	тренировка (ж)	[trenirófka]
ginásio (m)	спортзал (м)	[spɔrtzál]
exercício (m)	упражнение (c)	[upraʒnénie]
aquecimento (m)	разминка (ж)	[razmínka]

Educação

escola (f)	школа (ж)	[ʃkóla]
diretor (m) de escola	директор (м) школы	[diréktɔr ʃkóli]
aluno (m)	ученик (м)	[utʃeník]
aluna (f)	ученица (ж)	[utʃenítsa]
escolar (m)	школьник (м)	[ʃkólʲnik]
escolar (f)	школьница (ж)	[ʃkólʲnitsa]
ensinar (vt)	учить (нсв, пх)	[utʃítʲ]
aprender (vt)	учить (нсв, пх)	[utʃítʲ]
aprender de cor	учить наизусть	[utʃítʲ naizústʲ]
estudar (vi)	учиться (нсв, возв)	[utʃítsa]
andar na escola	учиться (нсв, возв)	[utʃítsa]
ir à escola	идти в школу	[itʲtí f ʃkólu]
alfabeto (m)	алфавит (м)	[alfavít]
disciplina (f)	предмет (м)	[predmét]
sala (f) de aula	класс (м)	[klás]
lição (f)	урок (м)	[urók]
recreio (m)	перемена (ж)	[poroménа]
toque (m)	звонок (м)	[zvɔnók]
carteira (f)	парта (ж)	[párta]
quadro (m) negro	доска (ж)	[dɔská]
nota (f)	отметка (ж)	[ɔtmétka]
boa nota (f)	хорошая отметка (ж)	[hɔróʃaja ɔtmétka]
nota (f) baixa	плохая отметка (ж)	[plɔhája ɔtmétka]
dar uma nota	ставить отметку	[stávitʲ ɔtmétku]
erro (m)	ошибка (ж)	[ɔʃípka]
fazer erros	делать ошибки	[délatʲ ɔʃípki]
corrigir (vt)	исправлять (нсв, пх)	[ispravlʲátʲ]
cábula (f)	шпаргалка (ж)	[ʃpargálka]
dever (m) de casa	домашнее задание (с)	[dɔmáʃnee zadánie]
exercício (m)	упражнение (с)	[upraʒnénie]
estar presente	присутствовать (нсв, нпх)	[prisútstvɔvatʲ]
estar ausente	отсутствовать (нсв, нпх)	[ɔtsútstvɔvatʲ]
faltar às aulas	пропускать уроки	[prɔpuskátʲ uróki]
punir (vt)	наказывать (нсв, пх)	[nakázivatʲ]
punição (f)	наказание (с)	[nakazánie]
comportamento (m)	поведение (с)	[pɔvedénie]

127

boletim (m) escolar	дневник (м)	[dnevník]
lápis (m)	карандаш (м)	[karandáʃ]
borracha (f)	ластик (м)	[lástik]
giz (m)	мел (м)	[mél]
estojo (m)	пенал (м)	[penál]

pasta (f) escolar	портфель (м)	[pɔrtfélʲ]
caneta (f)	ручка (ж)	[rútʃka]
caderno (m)	тетрадь (ж)	[tetrátʲ]
manual (m) escolar	учебник (м)	[utʃébnik]
compasso (m)	циркуль (м)	[tsírkulʲ]

traçar (vt)	чертить (нсв, пх)	[tʃertítʲ]
desenho (m) técnico	чертёж (м)	[tʃertǿʃ]

poesia (f)	стихотворение (с)	[stihɔtvɔrénie]
de cor	наизусть	[naizústʲ]
aprender de cor	учить наизусть	[utʃítʲ naizústʲ]

férias (f pl)	каникулы (мн)	[kaníkulʲi]
estar de férias	быть на каникулах	[bítʲ na kaníkulah]
passar as férias	провести каникулы	[prɔvestí kaníkulʲi]

teste (m)	контрольная работа (ж)	[kɔntrólʲnaja rabóta]
composição, redação (f)	сочинение (с)	[sɔtʃinénie]
ditado (m)	диктант (м)	[diktánt]
exame (m)	экзамен (м)	[ɛkzámen]
fazer exame	сдавать экзамены	[zdavátʲ ɛkzámenʲi]
experiência (~ química)	опыт (м)	[ópʲit]

143. Colégio. Universidade

academia (f)	академия (ж)	[akadémija]
universidade (f)	университет (м)	[universitét]
faculdade (f)	факультет (м)	[fakulʲtét]

estudante (m)	студент (м)	[studént]
estudante (f)	студентка (ж)	[studéntka]
professor (m)	преподаватель (м)	[prepɔdavátelʲ]

sala (f) de palestras	аудитория (ж)	[auditórija]
graduado (m)	выпускник (м)	[vípuskník]

diploma (m)	диплом (м)	[diplóm]
tese (f)	диссертация (ж)	[disertátsija]

estudo (obra)	исследование (с)	[islédɔvanie]
laboratório (m)	лаборатория (ж)	[labɔratórija]

palestra (f)	лекция (ж)	[léktsija]
colega (m) de curso	однокурсник (м)	[ɔdnɔkúrsnik]

bolsa (f) de estudos	стипендия (ж)	[stipéndija]
grau (m) académico	учёная степень (ж)	[utʃónaja stépenʲ]

144. Ciências. Disciplinas

matemática (f)	математика (ж)	[matemátika]
álgebra (f)	алгебра (ж)	[álgebra]
geometria (f)	геометрия (ж)	[geométrija]
astronomia (f)	астрономия (ж)	[astronómija]
biologia (f)	биология (ж)	[biológija]
geografia (f)	география (ж)	[geográfija]
geologia (f)	геология (ж)	[geológija]
história (f)	история (ж)	[istórija]
medicina (f)	медицина (ж)	[meditsína]
pedagogia (f)	педагогика (ж)	[pedagógika]
direito (m)	право (с)	[právo]
física (f)	физика (ж)	[fízika]
química (f)	химия (ж)	[hímija]
filosofia (f)	философия (ж)	[filosófija]
psicologia (f)	психология (ж)	[psihológija]

145. Sistema de escrita. Ortografia

gramática (f)	грамматика (ж)	[gramátika]
vocabulário (m)	лексика (ж)	[léksika]
fonética (f)	фонетика (ж)	[fonǽtika]
substantivo (m)	существительное (с)	[suʃestvítelʲnoe]
adjetivo (m)	прилагательное (с)	[prilagátelʲnoe]
verbo (m)	глагол (м)	[glagól]
advérbio (m)	наречие (с)	[narétʃie]
pronome (m)	местоимение (с)	[mestoiménie]
interjeição (f)	междометие (с)	[meʒdométie]
preposição (f)	предлог (м)	[predlóg]
raiz (f) da palavra	корень (м) слова	[korenʲ slóva]
terminação (f)	окончание (с)	[okontʃánie]
prefixo (m)	приставка (ж)	[pristáfka]
sílaba (f)	слог (м)	[slóg]
sufixo (m)	суффикс (м)	[súfiks]
acento (m)	ударение (с)	[udarénie]
apóstrofo (m)	апостроф (м)	[apóstrof]
ponto (m)	точка (ж)	[tótʃka]
vírgula (f)	запятая (ж)	[zapɪtája]
ponto e vírgula (m)	точка (ж) с запятой	[tótʃka s zapɪtój]
dois pontos (m pl)	двоеточие (с)	[dvoetótʃie]
reticências (f pl)	многоточие (с)	[mnogotótʃie]
ponto (m) de interrogação	вопросительный знак (м)	[voprosítelʲnij znák]
ponto (m) de exclamação	восклицательный знак (м)	[vosklitsátelʲnij znák]

aspas (f pl)	кавычки (ж мн)	[kavītʃki]
entre aspas	в кавычках	[f kavītʃkah]
parênteses (m pl)	скобки (ж мн)	[skópki]
entre parênteses	в скобках	[f skópkah]

hífen (m)	дефис (м)	[defís]
travessão (m)	тире (c)	[tiræ]
espaço (m)	пробел (м)	[probél]

letra (f)	буква (ж)	[búkva]
letra (f) maiúscula	большая буква (ж)	[bolʲʃája búkva]

vogal (f)	гласный звук (м)	[glásnɨj zvúk]
consoante (f)	согласный звук (м)	[soglásnɨj zvúk]

frase (f)	предложение (c)	[predloʒǽnie]
sujeito (m)	подлежащее (c)	[podleʒáʃee]
predicado (m)	сказуемое (c)	[skazúemoe]

linha (f)	строка (ж)	[stroká]
em uma nova linha	с новой строки	[s nóvoj strokí]
parágrafo (m)	абзац (м)	[abzáts]

palavra (f)	слово (c)	[slóvo]
grupo (m) de palavras	словосочетание (c)	[slovo·sotʃetánie]
expressão (f)	выражение (c)	[viraʒǽnie]
sinónimo (m)	синоним (м)	[sinónim]
antónimo (m)	антоним (м)	[antónim]

regra (f)	правило (c)	[právilo]
exceção (f)	исключение (c)	[isklʲutʃénie]
correto	верный	[vérnij]

conjugação (f)	спряжение (c)	[sprɨʒǽnie]
declinação (f)	склонение (c)	[sklonénie]
caso (m)	падеж (м)	[padéʃ]
pergunta (f)	вопрос (м)	[voprós]
sublinhar (vt)	подчеркнуть (cв, пх)	[pottʃerknútʲ]
linha (f) pontilhada	пунктир (м)	[punktír]

146. Línguas estrangeiras

língua (f)	язык (м)	[jɨzīk]
estrangeiro	иностранный	[inostránnij]
língua (f) estrangeira	иностранный язык (м)	[inostránnij jɨzīk]
estudar (vt)	изучать (нcв, пх)	[izutʃátʲ]
aprender (vt)	учить (нcв, пх)	[utʃítʲ]

ler (vt)	читать (нcв, н/пх)	[tʃitátʲ]
falar (vi)	говорить (нcв, н/пх)	[govorítʲ]
compreender (vt)	понимать (нcв, пх)	[ponimátʲ]
escrever (vt)	писать (нcв, пх)	[pisátʲ]
rapidamente	быстро	[bīstro]
devagar	медленно	[médleno]

fluentemente	свободно	[svɔbódnɔ]
regras (f pl)	правила (с мн)	[právila]
gramática (f)	грамматика (ж)	[gramátika]
vocabulário (m)	лексика (ж)	[léksika]
fonética (f)	фонетика (ж)	[fɔnǽtika]

manual (m) escolar	учебник (м)	[utʃébnik]
dicionário (m)	словарь (м)	[slɔvárʲ]
manual (m) de autoaprendizagem	самоучитель (м)	[samɔutʃítelʲ]
guia (m) de conversação	разговорник (м)	[razgɔvórnik]

cassete (f)	кассета (ж)	[kaséta]
vídeo cassete (m)	видеокассета (ж)	[vídeɔ·kaséta]
CD (m)	компакт-диск (м)	[kɔmpákt-dísk]
DVD (m)	DVD-диск (м)	[di·vi·dí dísk]

alfabeto (m)	алфавит (м)	[alfavít]
soletrar (vt)	говорить по буквам	[gɔvɔrítʲ pɔ búkvam]
pronúncia (f)	произношение (с)	[prɔiznɔʃǽnie]

sotaque (m)	акцент (м)	[aktsǽnt]
com sotaque	с акцентом	[s aktsǽntɔm]
sem sotaque	без акцента	[bez aktsǽnta]

| palavra (f) | слово (с) | [slóvɔ] |
| sentido (m) | смысл (м) | [smĩsl] |

cursos (m pl)	курсы (мн)	[kúrsɨ]
inscrever-se (vr)	записаться (св, возв)	[zapisátsa]
professor (m)	преподаватель (м)	[prepɔdavátelʲ]

tradução (processo)	перевод (м)	[perevód]
tradução (texto)	перевод (м)	[perevód]
tradutor (m)	переводчик (м)	[perevóttʃik]
intérprete (m)	переводчик (м)	[perevóttʃik]

| poliglota (m) | полиглот (м) | [pɔliglót] |
| memória (f) | память (ж) | [pámitʲ] |

147. Personagens de contos de fadas

Pai (m) Natal	Санта Клаус (м)	[sánta kláus]
Cinderela (f)	Золушка (ж)	[zóluʃka]
sereia (f)	русалка (ж)	[rusálka]
Neptuno (m)	Нептун (м)	[neptún]

mago (m)	волшебник (м)	[vɔlʃǽbnik]
fada (f)	волшебница (ж)	[vɔlʃǽbnitsa]
mágico	волшебный	[vɔlʃǽbnij]
varinha (f) mágica	волшебная палочка (ж)	[vɔlʃǽbnaja pálɔtʃka]

| conto (m) de fadas | сказка (ж) | [skáska] |
| milagre (m) | чудо (с) | [tʃúdɔ] |

| anão (m) | гном (м) | [gnóm] |
| transformar-se em ... | превратиться в ... (св) | [prevratítsa f ...] |

fantasma (m)	призрак (м)	[prízrak]
espetro (m)	привидение (с)	[prividénie]
monstro (m)	чудовище (с)	[ʧʲudóviʃʲe]
dragão (m)	дракон (м)	[drakón]
gigante (m)	великан (м)	[velikán]

148. Signos do Zodíaco

Carneiro	Овен (м)	[ɔven]
Touro	Телец (м)	[teléʦ]
Gémeos	Близнецы (мн)	[bliznetsī]
Caranguejo	Рак (м)	[rák]
Leão	Лев (м)	[léf]
Virgem (f)	Дева (ж)	[déva]

Balança	Весы (мн)	[vesī]
Escorpião	Скорпион (м)	[skɔrpión]
Sagitário	Стрелец (м)	[streléʦ]
Capricórnio	Козерог (м)	[kɔzeróg]
Aquário	Водолей (м)	[vɔdɔléj]
Peixes	Рыбы (мн)	[rībi]

caráter (m)	характер (м)	[harákter]
traços (m pl) do caráter	черты (ж мн) характера	[ʧʲertī haráktera]
comportamento (m)	поведение (с)	[pɔvedénie]
predizer (vt)	гадать (нсв, нпх)	[gadátʲ]
adivinha (f)	гадалка (ж)	[gadálka]
horóscopo (m)	гороскоп (м)	[gɔrɔskóp]

Artes

teatro (m)	театр (м)	[teátr]
ópera (f)	опера (ж)	[ópera]
opereta (f)	оперетта (ж)	[ɔperétta]
balé (m)	балет (м)	[balét]
cartaz (m)	афиша (ж)	[afíʃa]
companhia (f) teatral	труппа (ж)	[trúpa]
turné (digressão)	гастроли (мн)	[gastróli]
estar em turné	гастролировать (нсв, нпх)	[gastrolírovatʲ]
ensaiar (vt)	репетировать (нсв, н/пх)	[repetírovatʲ]
ensaio (m)	репетиция (ж)	[repetítsija]
repertório (m)	репертуар (м)	[repertuár]
apresentação (f)	представление (с)	[pretstavlénie]
espetáculo (m)	спектакль (м)	[spektáklʲ]
peça (f)	пьеса (ж)	[pjésa]
bilhete (m)	билет (м)	[bilét]
bilheteira (f)	билетная касса (ж)	[bilétnaja kássa]
hall (m)	холл (м)	[hól]
guarda-roupa (m)	гардероб (м)	[garderób]
senha (f) numerada	номерок (м)	[nɔmerók]
binóculo (m)	бинокль (м)	[binóklʲ]
lanterninha (m)	контролёр (м)	[kɔntrɔlǿr]
plateia (f)	партер (м)	[partǽr]
balcão (m)	балкон (м)	[balkón]
primeiro balcão (m)	бельэтаж (м)	[beljetáʃ]
camarote (m)	ложа (ж)	[lóʒa]
fila (f)	ряд (м)	[rʲád]
assento (m)	место (с)	[méstɔ]
público (m)	публика (ж)	[públika]
espetador (m)	зритель (м)	[zrítelʲ]
aplaudir (vt)	хлопать (нсв, нпх)	[hlópatʲ]
aplausos (m pl)	аплодисменты (мн)	[aplɔdisménti]
ovação (f)	овации (ж мн)	[ɔváʦii]
palco (m)	сцена (ж)	[stsǽna]
pano (m) de boca	занавес (м)	[zánaves]
cenário (m)	декорация (ж)	[dekɔrátsija]
bastidores (m pl)	кулисы (мн)	[kulísi]
cena (f)	сцена (ж)	[stsǽna]
ato (m)	акт (м)	[ákt]
entreato (m)	антракт (м)	[antrákt]

150. Cinema

ator (m)	актёр (м)	[aktǿr]
atriz (f)	актриса (ж)	[aktrísa]
cinema (m)	кино (c)	[kinó]
filme (m)	кино, фильм (м)	[kinó], [fíljm]
episódio (m)	серия (ж)	[sérija]
filme (m) policial	детектив (м)	[dɛtɛktíf]
filme (m) de ação	боевик (м)	[bɔevík]
filme (m) de aventuras	приключенческий фильм (м)	[prikljutʃéntʃeskij fíljm]
filme (m) de ficção científica	фантастический фильм (м)	[fantastítʃeskij fíljm]
filme (m) de terror	фильм (м) ужасов	[fíljm úʒasɔf]
comédia (f)	кинокомедия (ж)	[kinɔ·kɔmédija]
melodrama (m)	мелодрама (ж)	[melɔdráma]
drama (m)	драма (ж)	[dráma]
filme (m) ficcional	художественный фильм (м)	[hudóʒestveníj fíljm]
documentário (m)	документальный фильм (м)	[dɔkumentáljníj fíljm]
desenho (m) animado	мультфильм (м)	[muljtfíljm]
cinema (m) mudo	немое кино (c)	[nemóe kinó]
papel (m)	роль (ж)	[rólj]
papel (m) principal	главная роль (ж)	[glávnaja rólj]
representar (vt)	играть (нсв, н/пх)	[igrátj]
estrela (f) de cinema	кинозвезда (ж)	[kinɔ·zvezdá]
conhecido	известный	[izvésnij]
famoso	знаменитый	[znamenítij]
popular	популярный	[pɔpuljárnij]
argumento (m)	сценарий (м)	[stsɛnárij]
argumentista (m)	сценарист (м)	[stsɛnaríst]
realizador (m)	режиссёр (м)	[reʒisǿr]
produtor (m)	продюсер (м)	[prɔdjúsɛr]
assistente (m)	ассистент (м)	[asistént]
diretor (m) de fotografia	оператор (м)	[ɔperátɔr]
duplo (m)	каскадёр (м)	[kaskadǿr]
duplo (m) de corpo	дублёр (м)	[dublǿr]
filmar (vt)	снимать фильм	[snimátj fíljm]
audição (f)	пробы (мн)	[próbi]
filmagem (f)	съёмки (мн)	[sjómki]
equipe (f) de filmagem	съёмочная группа (ж)	[sjómɔtʃnaja grúpa]
set (m) de filmagem	съёмочная площадка (ж)	[sjómɔtʃnaja plɔʃátka]
câmara (f)	кинокамера (ж)	[kinɔ·kámera]
cinema (m)	кинотеатр (м)	[kinɔteátr]
ecrã (m), tela (f)	экран (м)	[ɛkrán]

exibir um filme	показывать фильм	[pɔkázivatʲ fílʲm]
pista (f) sonora	звуковая дорожка (ж)	[zvukɔvája dɔrójka]
efeitos (m pl) especiais	специальные эффекты (м мн)	[spetsiálʲnie ɛfékti]
legendas (f pl)	субтитры (мн)	[suptítri]
crédito (m)	титры (мн)	[títri]
tradução (f)	перевод (м)	[perevód]

151. Pintura

arte (f)	искусство (с)	[iskústvɔ]
belas-artes (f pl)	изящные искусства (с мн)	[izʲáʃnie iskústva]
galeria (f) de arte	арт-галерея (ж)	[art-galeréja]
exposição (f) de arte	выставка (ж) картин	[vīstafka kartín]

pintura (f)	живопись (ж)	[ʒīvɔpisʲ]
arte (f) gráfica	графика (ж)	[gráfika]
arte (f) abstrata	абстракционизм (м)	[abstraktsiɔnízm]
impressionismo (m)	импрессионизм (м)	[impresiɔnízm]

pintura (f), quadro (m)	картина (ж)	[kartína]
desenho (m)	рисунок (м)	[risúnɔk]
cartaz, póster (m)	постер (м)	[póstɛr]

ilustração (f)	иллюстрация (ж)	[ilʲustrátsija]
miniatura (f)	миниатюра (ж)	[miniatʲúra]
cópia (f)	копия (ж)	[kópija]

mosaico (m)	мозаика (ж)	[mɔzáika]
vitral (m)	витраж (м)	[vitráʃ]
fresco (m)	фреска (ж)	[fréska]
gravura (f)	гравюра (ж)	[gravʲúra]

busto (m)	бюст (м)	[bʲúst]
escultura (f)	скульптура (ж)	[skulʲptúra]
estátua (f)	статуя (ж)	[státuja]
gesso (m)	гипс (м)	[gíps]
em gesso	из гипса	[iz gípsa]

retrato (m)	портрет (м)	[pɔrtrét]
autorretrato (m)	автопортрет (м)	[aftɔ·pɔrtrét]
paisagem (f)	пейзаж (м)	[pejzáʃ]
natureza (f) morta	натюрморт (м)	[natʲurmórt]
caricatura (f)	карикатура (ж)	[karikatúra]
esboço (m)	набросок (м)	[nabrósɔk]

tinta (f)	краска (ж)	[kráska]
aguarela (f)	акварель (ж)	[akvarélʲ]
óleo (m)	масло (с)	[máslɔ]
lápis (m)	карандаш (м)	[karandáʃ]
tinta da China (f)	тушь (ж)	[túʃ]
carvão (m)	уголь (м)	[úgɔlʲ]
desenhar (vt)	рисовать (нсв, н/пх)	[risɔvátʲ]
pintar (vt)	рисовать (нсв, н/пх)	[risɔvátʲ]

posar (vi)	позировать (нсв, нпх)	[pɔzírɔvatʲ]
modelo (m)	натурщик (м)	[natúrʃik]
modelo (f)	натурщица (ж)	[natúrʃitsa]

pintor (m)	художник (м)	[hudóʒnik]
obra (f)	произведение (c)	[prɔizvedénie]
obra-prima (f)	шедевр (м)	[ʃɛdǽvr]
estúdio (m)	мастерская (ж)	[masterskája]

tela (f)	холст (м)	[hólst]
cavalete (m)	мольберт (м)	[mɔlʲbért]
paleta (f)	палитра (ж)	[palítra]

moldura (f)	рама (ж)	[ráma]
restauração (f)	реставрация (ж)	[restavrátsija]
restaurar (vt)	реставрировать (нсв, пх)	[restavrírɔvatʲ]

152. Literatura & Poesia

literatura (f)	литература (ж)	[literatúra]
autor (m)	автор (м)	[áftɔr]
pseudónimo (m)	псевдоним (м)	[psevdɔním]

livro (m)	книга (ж)	[kníga]
volume (m)	том (м)	[tóm]
índice (m)	оглавление (c)	[ɔglavlénie]
página (f)	страница (ж)	[stranítsa]
protagonista (m)	главный герой (м)	[glávnʲj gerój]
autógrafo (m)	автограф (м)	[aftógraf]

conto (m)	рассказ (м)	[raskás]
novela (f)	повесть (ж)	[póvestʲ]
romance (m)	роман (м)	[rɔmán]
obra (f)	сочинение (c)	[sɔtʃinénie]
fábula (m)	басня (ж)	[básnʲa]
romance (m) policial	детектив (м)	[dɛtɛktíf]

poesia (obra)	стихотворение (c)	[stihɔtvɔrénie]
poesia (arte)	поэзия (ж)	[pɔǽzija]
poema (m)	поэма (ж)	[pɔǽma]
poeta (m)	поэт (м)	[pɔǽt]

ficção (f)	беллетристика (ж)	[beletrístika]
ficção (f) científica	научная фантастика (ж)	[naútʃnaja fantástika]
aventuras (f pl)	приключения (ж)	[priklʲutʃénija]
literatura (f) didática	учебная литература (ж)	[utʃébnaja literatúra]
literatura (f) infantil	детская литература (ж)	[détskaja literatúra]

153. Circo

| circo (m) | цирк (м) | [tsĩrk] |
| circo (m) ambulante | цирк-шапито (м) | [tsĩrk-ʃapitó] |

| programa (m) | программа (ж) | [prográma] |
| apresentação (f) | представление (с) | [pretstavlénie] |

| número (m) | номер (м) | [nómer] |
| arena (f) | арена (ж) | [aréna] |

| pantomima (f) | пантомима (ж) | [pantomíma] |
| palhaço (m) | клоун (м) | [klóun] |

acrobata (m)	акробат (м)	[akrobát]
acrobacia (f)	акробатика (ж)	[akrobátika]
ginasta (m)	гимнаст (м)	[gimnást]
ginástica (f)	гимнастика (ж)	[gimnástika]
salto (m) mortal	сальто (с)	[sálʲto]

homem forte (m)	атлет (м)	[atlét]
domador (m)	укротитель (м)	[ukrotítelʲ]
cavaleiro (m) equilibrista	наездник (м)	[naéznik]
assistente (m)	ассистент (м)	[asistént]

truque (m)	трюк (м)	[trʲúk]
truque (m) de mágica	фокус (м)	[fókus]
mágico (m)	фокусник (м)	[fókusnik]

malabarista (m)	жонглёр (м)	[ʒonglǿr]
fazer malabarismos	жонглировать (нсв, н/пх)	[ʒonglírovatʲ]
domador (m)	дрессировщик (м)	[dresirófʲik]
adestramento (m)	дрессировка (ж)	[dresirófka]
adestrar (vt)	дрессировать (нсв, пх)	[dresirovátʲ]

154. Música. Música popular

música (f)	музыка (ж)	[múzɨka]
músico (m)	музыкант (м)	[muzikánt]
instrumento (m) musical	музыкальный инструмент (м)	[muzikálʲnɨj instrumént]
tocar ...	играть на ... (нсв)	[igrátʲ na ...]

guitarra (f)	гитара (ж)	[gitára]
violino (m)	скрипка (ж)	[skrípka]
violoncelo (m)	виолончель (ж)	[violontʃélʲ]
contrabaixo (m)	контрабас (м)	[kontrabás]
harpa (f)	арфа (ж)	[árfa]

piano (m)	пианино (с)	[pianíno]
piano (m) de cauda	рояль (м)	[rojálʲ]
órgão (m)	орган (м)	[orgán]

instrumentos (m pl) de sopro	духовые инструменты (м мн)	[duhovɨe instruménti]
oboé (m)	гобой (м)	[gobój]
saxofone (m)	саксофон (м)	[saksofón]
clarinete (m)	кларнет (м)	[klarnét]
flauta (f)	флейта (ж)	[fléjta]

trompete (m)	труба (ж)	[trubá]
acordeão (m)	аккордеон (м)	[akɔrdeón]
tambor (m)	барабан (м)	[barabán]
duo, dueto (m)	дуэт (м)	[duǽt]
trio (m)	трио (с)	[tríɔ]
quarteto (m)	квартет (м)	[kvartét]
coro (m)	хор (м)	[hór]
orquestra (f)	оркестр (м)	[ɔrkéstr]
música (f) pop	поп-музыка (ж)	[póp-múzɨka]
música (f) rock	рок-музыка (ж)	[rók-múzɨka]
grupo (m) de rock	рок-группа (ж)	[rɔk-grúpa]
jazz (m)	джаз (м)	[dʒás]
ídolo (m)	кумир (м)	[kumír]
fã, admirador (m)	поклонник (м)	[pɔklónnik]
concerto (m)	концерт (м)	[kɔnʦǽrt]
sinfonia (f)	симфония (ж)	[simfónija]
composição (f)	сочинение (с)	[sɔtʃinénie]
compor (vt)	сочинить (св, пх)	[sɔtʃinítʲ]
canto (m)	пение (с)	[pénie]
canção (f)	песня (ж)	[pésnʲa]
melodia (f)	мелодия (ж)	[melódija]
ritmo (m)	ритм (м)	[rítm]
blues (m)	блюз (м)	[blʲús]
notas (f pl)	ноты (ж мн)	[nótɨ]
batuta (f)	палочка (ж)	[pálɔtʃka]
arco (m)	смычок (м)	[smɨtʃók]
corda (f)	струна (ж)	[struná]
estojo (m)	футляр (м)	[futlʲár]

Descanso. Entretenimento. Viagens

155. Viagens

turismo (m)	туризм (м)	[turízm]
turista (m)	турист (м)	[turíst]
viagem (f)	путешествие (c)	[puteʃǽstvie]
aventura (f)	приключение (c)	[prikljutʃénie]
viagem (f)	поездка (ж)	[pɔéstka]
férias (f pl)	отпуск (м)	[ótpusk]
estar de férias	быть в отпуске	[bītʲ v ótpuske]
descanso (m)	отдых (м)	[ótdih]
comboio (m)	поезд (м)	[póezd]
de comboio (chegar ~)	поездом	[póezdɔm]
avião (m)	самолёт (м)	[samɔlǿt]
de avião	самолётом	[samɔlǿtɔm]
de carro	на автомобиле	[na aftɔmɔbíle]
de navio	на корабле	[na kɔrablé]
bagagem (f)	багаж (м)	[bagáʃ]
mala (f)	чемодан (м)	[tʃemɔdán]
carrinho (m)	тележка (ж) для багажа	[teléʃka dlʲa bagaʒá]
passaporte (m)	паспорт (м)	[páspɔrt]
visto (m)	виза (ж)	[víza]
bilhete (m)	билет (м)	[bilét]
bilhete (m) de avião	авиабилет (м)	[aviabilét]
guia (m) de viagem	путеводитель (м)	[putevɔdítelʲ]
mapa (m)	карта (ж)	[kárta]
local (m), area (f)	местность (ж)	[mésnɔstʲ]
lugar, sítio (m)	место (c)	[méstɔ]
exotismo (m)	экзотика (ж)	[ɛkzótika]
exótico	экзотический	[ɛkzɔtítʃeskij]
surpreendente	удивительный	[udivítelʲnij]
grupo (m)	группа (ж)	[grúpa]
excursão (f)	экскурсия (ж)	[ɛkskúrsija]
guia (m)	экскурсовод (м)	[ɛkskursɔvód]

156. Hotel

hotel (m)	гостиница (ж)	[gɔstínitsa]
motel (m)	мотель (м)	[mɔtǽlʲ]
três estrelas	3 звезды	[trí zvezdī]

| cinco estrelas | 5 звёзд | [pʲátʲ zvǿzd] |
| ficar (~ num hotel) | остановиться (св, возв) | [ɔstanɔvítsa] |

quarto (m)	номер (м)	[nómer]
quarto (m) individual	одноместный номер (м)	[ɔdnɔ·mésnʲij nómer]
quarto (m) duplo	двухместный номер (м)	[dvuh·mésnʲij nómer]
reservar um quarto	бронировать номер	[brɔnírɔvatʲ nómer]

| meia pensão (f) | полупансион (м) | [pɔlu·pansión] |
| pensão (f) completa | полный пансион (м) | [pólnʲij pansión] |

com banheira	с ванной	[s vánnɔj]
com duche	с душем	[s dúʃɛm]
televisão (m) satélite	спутниковое телевидение (c)	[spútnikɔvɔe televídenie]

ar (m) condicionado	кондиционер (м)	[kɔnditsiɔnér]
toalha (f)	полотенце (c)	[pɔlɔténtse]
chave (f)	ключ (м)	[klʲútʃ]

administrador (m)	администратор (м)	[administrátɔr]
camareira (f)	горничная (ж)	[górnitʃnaja]
bagageiro (m)	носильщик (м)	[nɔsílʲʃik]
porteiro (m)	портье (c)	[pɔrtjé]

restaurante (m)	ресторан (м)	[restɔrán]
bar (m)	бар (м)	[bár]
pequeno-almoço (m)	завтрак (м)	[záftrak]
jantar (m)	ужин (м)	[úʒin]
buffet (m)	шведский стол (м)	[ʃvétskij stól]

| hall (m) de entrada | вестибюль (м) | [vestibʲúlʲ] |
| elevador (m) | лифт (м) | [líft] |

| NÃO PERTURBE | НЕ БЕСПОКОИТЬ | [ne bespɔkóitʲ] |
| PROIBIDO FUMAR! | НЕ КУРИТЬ! | [ne kurítʲ] |

157. Livros. Leitura

livro (m)	книга (ж)	[kníga]
autor (m)	автор (м)	[áftɔr]
escritor (m)	писатель (м)	[pisátelʲ]
escrever (vt)	написать (св, пх)	[napisátʲ]

leitor (m)	читатель (м)	[tʃitátelʲ]
ler (vt)	читать (нсв, н/пх)	[tʃitátʲ]
leitura (f)	чтение (c)	[tʃténie]

| para si | про себя | [prɔ sebʲá] |
| em voz alta | вслух | [fslúh] |

publicar (vt)	издавать (нсв, пх)	[izdavátʲ]
publicação (f)	издание (c)	[izdánie]
editor (m)	издатель (м)	[izdátelʲ]
editora (f)	издательство (c)	[izdátelʲstvɔ]

sair (vi)	выйти (св, нпх)	[vɨjti]
lançamento (m)	выход (м)	[vɨhɔd]
tiragem (f)	тираж (м)	[tiráʃ]

| livraria (f) | книжный магазин (м) | [kníʒnɨj magazín] |
| biblioteca (f) | библиотека (ж) | [bibliotéka] |

novela (f)	повесть (ж)	[póvestʲ]
conto (m)	рассказ (м)	[raskás]
romance (m)	роман (м)	[román]
romance (m) policial	детектив (м)	[dɛtɛktíf]

memórias (f pl)	мемуары (мн)	[memuári]
lenda (f)	легенда (ж)	[legénda]
mito (m)	миф (м)	[míf]

poesia (f)	стихи (м мн)	[stihí]
autobiografia (f)	автобиография (ж)	[áftɔ·biográfija]
obras (f pl) escolhidas	избранное (с)	[ízbrannɔe]
ficção (f) científica	фантастика (ж)	[fantástika]

título (m)	название (с)	[nazvánie]
introdução (f)	введение (с)	[vvedénie]
folha (f) de rosto	титульный лист (м)	[títulʲnɨj líst]

capítulo (m)	глава (ж)	[glavá]
excerto (m)	отрывок (м)	[ɔtrɨ̄vɔk]
episódio (m)	эпизод (м)	[ɛpizód]

tema (m)	сюжет (м)	[sʲuʒǽt]
conteúdo (m)	содержание (с)	[sɔderʒánie]
índice (m)	оглавление (с)	[ɔglavlénie]
protagonista (m)	главный герой (м)	[glávnɨj gerój]

tomo, volume (m)	том (м)	[tóm]
capa (f)	обложка (ж)	[ɔblóʃka]
encadernação (f)	переплёт (м)	[pereplǿt]
marcador (m) de livro	закладка (ж)	[zaklátka]

página (f)	страница (ж)	[stranítsa]
folhear (vt)	листать (нсв, пх)	[listátʲ]
margem (f)	поля (ж)	[polʲá]
anotação (f)	пометка (ж)	[pɔmétka]
nota (f) de rodapé	примечание (с)	[primetʃánie]

texto (m)	текст (м)	[tékst]
fonte (f)	шрифт (м)	[ʃríft]
gralha (f)	опечатка (ж)	[ɔpetʃátka]

tradução (f)	перевод (м)	[perevód]
traduzir (vt)	переводить (нсв, пх)	[perevodítʲ]
original (m)	подлинник (м)	[pódlinik]

famoso	знаменитый	[znamenítij]
desconhecido	неизвестный	[neizvésnij]
interessante	интересный	[interésnij]

best-seller (m)	бестселлер (м)	[bessǽler]
dicionário (m)	словарь (м)	[slɔvárʲ]
manual (m) escolar	учебник (м)	[utʃébnik]
enciclopédia (f)	энциклопедия (ж)	[ɛntsiklɔpédija]

158. Caça. Pesca

caça (f)	охота (ж)	[ɔhóta]
caçar (vi)	охотиться (нсв, возв)	[ɔhótitsa]
caçador (m)	охотник (м)	[ɔhótnik]

atirar (vi)	стрелять (нсв, нпх)	[strelʲátʲ]
caçadeira (f)	ружьё (с)	[ruʒjǿ]
cartucho (m)	патрон (м)	[patrón]
chumbo (m) de caça	дробь (ж)	[drópʲ]

armadilha (f)	капкан (м)	[kapkán]
armadilha (com corda)	ловушка (ж)	[lɔvúʃka]
cair na armadilha	попасться в капкан	[pɔpástsa f kapkán]
pôr a armadilha	ставить капкан	[stávitʲ kapkán]

caçador (m) furtivo	браконьер (м)	[brakɔnjér]
caça (f)	дичь (ж)	[dítʃʲ]
cão (m) de caça	охотничья собака (ж)	[ɔhótnitʃja sɔbáka]
safári (m)	сафари (с)	[safári]
animal (m) empalhado	чучело (с)	[tʃútʃelɔ]

pescador (m)	рыбак (м)	[ribák]
pesca (f)	рыбалка (ж)	[ribálka]
pescar (vt)	ловить рыбу	[lɔvítʲ rïbu]

cana (f) de pesca	удочка (ж)	[údɔtʃka]
linha (f) de pesca	леска (ж)	[léska]
anzol (m)	крючок (м)	[krʲutʃók]

boia (f)	поплавок (м)	[pɔplavók]
isca (f)	наживка (ж)	[naʒïfka]

lançar a linha	забросить удочку	[zabrósitʲ údɔtʃku]
morder (vt)	клевать (нсв, нпх)	[klevátʲ]

pesca (f)	улов (м)	[ulóf]
buraco (m) no gelo	прорубь (ж)	[prórupʲ]

rede (f)	сеть (ж)	[sétʲ]
barco (m)	лодка (ж)	[lótka]

pescar com rede	ловить сетью	[lɔvítʲ sétju]
lançar a rede	забрасывать сеть	[zabrásivatʲ sétʲ]
puxar a rede	вытаскивать сеть	[vïtáskivatʲ sétʲ]

baleeiro (m)	китобой (м)	[kitɔbój]
baleeira (f)	китобойное судно (с)	[kitɔbójnɔe súdnɔ]
arpão (m)	гарпун (м)	[garpún]

159. Jogos. Bilhar

bilhar (m)	бильярд (м)	[biljárd]
sala (f) de bilhar	бильярдная (ж)	[biljárdnaja]
bola (f) de bilhar	бильярдный шар (м)	[biljárdnij ʃár]
embolsar uma bola	загнать шар	[zagnátʲ ʃár]
taco (m)	кий (м)	[kíj]
caçapa (f)	луза (ж)	[lúza]

160. Jogos. Jogar cartas

ouros (m pl)	бубны (мн)	[búbnʲi]
espadas (f pl)	пики (мн)	[píki]
copas (f pl)	черви (мн)	[ʧérvi]
paus (m pl)	трефы (мн)	[tréfʲi]
ás (m)	туз (м)	[tús]
rei (m)	король (м)	[korólʲ]
dama (f)	дама (ж)	[dáma]
valete (m)	валет (м)	[valét]
carta (f) de jogar	игральная карта (ж)	[igrálʲnaja kárta]
cartas (f pl)	карты (ж мн)	[kárti]
trunfo (m)	козырь (м)	[kózirʲ]
baralho (m)	колода (ж)	[kolóda]
ponto (m)	очко (с)	[ɔʧkó]
dar, distribuir (vt)	сдавать (нсв, н/пх)	[zdavátʲ]
embaralhar (vt)	тасовать (нсв, пх)	[tasɔvátʲ]
vez, jogada (f)	ход (м)	[hód]
batoteiro (m)	шулер (м)	[ʃúler]

161. Casino. Roleta

casino (m)	казино (с)	[kazinó]
roleta (f)	рулетка (ж)	[rulétka]
aposta (f)	ставка (ж)	[stáfka]
apostar (vt)	делать ставки	[délatʲ stáfki]
vermelho (m)	красное (с)	[krásnɔe]
preto (m)	чёрное (с)	[ʧórnɔe]
apostar no vermelho	ставить на красное	[stávitʲ na krásnɔe]
apostar no preto	ставить на чёрное	[stávitʲ na ʧórnɔe]
crupiê (m, f)	крупье (м, ж)	[krupjé]
girar a roda	вращать барабан	[vraʃátʲ barabán]
regras (f pl) do jogo	правила (с мн) игры	[právila igrʲí]
ficha (f)	фишка (ж)	[fíʃka]
ganhar (vi, vt)	выиграть (св, н/пх)	[vʲíigratʲ]
ganho (m)	выигрыш (м)	[vʲíigriʃ]

| perder (dinheiro) | проиграть (св, пх) | [prɔigrátʲ] |
| perda (f) | проигрыш (м) | [próigriʃ] |

jogador (m)	игрок (м)	[igrók]
blackjack (m)	блэк джек (м)	[blɛkdʒǽk]
jogo (m) de dados	кости (мн)	[kósti]
dados (m pl)	кости (мн)	[kósti]
máquina (f) de jogo	игральный автомат (м)	[igrálʲnij aftɔmát]

162. Descanso. Jogos. Diversos

passear (vi)	гулять (нсв, нпх)	[gulʲátʲ]
passeio (m)	прогулка (ж)	[prɔgúlka]
viagem (f) de carro	поездка (ж)	[pɔéstka]
aventura (f)	приключение (с)	[priklʲutʃénie]
piquenique (m)	пикник (м)	[pikník]

jogo (m)	игра (ж)	[igrá]
jogador (m)	игрок (м)	[igrók]
partida (f)	партия (ж)	[pártija]

colecionador (m)	коллекционер (м)	[kɔlektsiɔnér]
colecionar (vt)	коллекционировать (нсв, пх)	[kɔlektsiɔnírɔvatʲ]
coleção (f)	коллекция (ж)	[kɔléktsija]

palavras (f pl) cruzadas	кроссворд (м)	[krɔsvórd]
hipódromo (m)	ипподром (м)	[ipɔdróm]
discoteca (f)	дискотека (ж)	[diskɔtéka]

| sauna (f) | сауна (ж) | [sáuna] |
| lotaria (f) | лотерея (ж) | [lɔteréja] |

campismo (m)	поход (м)	[pɔhód]
acampamento (m)	лагерь (м)	[lágerʲ]
tenda (f)	палатка (ж)	[palátka]
bússola (f)	компас (м)	[kómpas]
campista (m)	турист (м)	[turíst]

ver (vt), assistir à ...	смотреть (нсв, нпх)	[smɔtrétʲ]
telespectador (m)	телезритель (м)	[telezrítelʲ]
programa (m) de TV	телепередача (ж)	[tele·peredátʃa]

163. Fotografia

| máquina (f) fotográfica | фотоаппарат (м) | [fɔtɔ·aparát] |
| foto, fotografia (f) | фото, фотография (ж) | [fótɔ], [fɔtɔgráfija] |

fotógrafo (m)	фотограф (м)	[fɔtógraf]
estúdio (m) fotográfico	фотостудия (ж)	[fɔtɔ·stúdija]
álbum (m) de fotografias	фотоальбом (м)	[fɔtɔ·alʲbóm]
objetiva (f)	объектив (м)	[ɔbjektíf]
teleobjetiva (f)	телеобъектив (м)	[tele·ɔbjektíf]

| filtro (m) | фильтр (м) | [fíl'tr] |
| lente (f) | линза (ж) | [línza] |

ótica (f)	оптика (ж)	[óptika]
abertura (f)	диафрагма (ж)	[diafrágma]
exposição (f)	выдержка (ж)	[vĭderʃka]
visor (m)	видоискатель (м)	[vidɔ·iskátel']

câmara (f) digital	цифровая камера (ж)	[tsifrɔvája kámera]
tripé (m)	штатив (м)	[ʃtatíf]
flash (m)	вспышка (ж)	[fspĭʃka]

fotografar (vt)	фотографировать (нсв, пх)	[fɔtɔgrafírɔvat']
tirar fotos	снимать (нсв, пх)	[snimát']
fotografar-se	фотографироваться (нсв, возв)	[fɔtɔgrafírɔvatsa]

foco (m)	фокус (м)	[fókus]
focar (vt)	наводить на резкость	[navɔdít' na réskɔst']
nítido	резкий	[réskij]
nitidez (f)	резкость (ж)	[réskɔst']

| contraste (m) | контраст (м) | [kɔntrást] |
| contrastante | контрастный | [kɔntrásnij] |

retrato (m)	снимок (м)	[snímɔk]
negativo (m)	негатив (м)	[negatíf]
filme (m)	фотоплёнка (ж)	[fɔtɔ·plǿnka]
fotograma (m)	кадр (м)	[kádr]
imprimir (vt)	печатать (нсв, пх)	[petʃátat']

164. Praia. Natação

praia (f)	пляж (м)	[pl'áʃ]
areia (f)	песок (м)	[pesók]
deserto	пустынный	[pustĭnnij]

bronzeado (m)	загар (м)	[zagár]
bronzear-se (vr)	загорать (нсв, нпх)	[zagɔrát']
bronzeado	загорелый	[zagɔrélij]
protetor (m) solar	крем (м) для загара	[krém dl'a zagára]

biquíni (m)	бикини (с)	[bikíni]
fato (m) de banho	купальник (м)	[kupál'nik]
calção (m) de banho	плавки (мн)	[pláfki]

piscina (f)	бассейн (м)	[basǽjn]
nadar (vi)	плавать (нсв, нпх)	[plávat']
duche (m)	душ (м)	[dúʃ]
mudar de roupa	переодеваться (нсв, возв)	[pereɔdevátsa]
toalha (f)	полотенце (с)	[pɔlɔténtse]

| barco (m) | лодка (ж) | [lótka] |
| lancha (f) | катер (м) | [káter] |

esqui (m) aquático	водные лыжи (мн)	[vódnie l'ʒi]
barco (m) de pedais	водный велосипед (м)	[vódnij velɔsipéd]
surf (m)	серфинг (м)	[sǿrfing]
surfista (m)	серфингист (м)	[serfingíst]

equipamento (m) de mergulho	акваланг (м)	[akvaláng]
barbatanas (f pl)	ласты (ж мн)	[lásti]
máscara (f)	маска (ж)	[máska]
mergulhador (m)	ныряльщик (м)	[nir'ál'ʃik]
mergulhar (vi)	нырять (нсв, нпх)	[nir'át']
debaixo d'água	под водой	[pɔd vɔdój]

guarda-sol (m)	зонт (м)	[zónt]
espreguiçadeira (f)	шезлонг (м)	[ʃɛzlóng]
óculos (m pl) de sol	очки (мн)	[ɔtʃkí]
colchão (m) de ar	плавательный матрац (м)	[plávatel'nij matrás]

brincar (vi)	играть (нсв, нпх)	[igrát']
ir nadar	купаться (нсв, возв)	[kupátsa]

bola (f) de praia	мяч (м)	[m'átʃ]
encher (vt)	надувать (нсв, пх)	[naduvát']
inflável, de ar	надувной	[naduvnój]

onda (f)	волна (ж)	[vɔlná]
boia (f)	буй (м)	[búj]
afogar-se (pessoa)	тонуть (нсв, нпх)	[tɔnút']

salvar (vt)	спасать (нсв, пх)	[spasát']
colete (m) salva-vidas	спасательный жилет (м)	[spasátel'nij ʒilét]
observar (vt)	наблюдать (нсв, нпх)	[nabl'udát']
nadador-salvador (m)	спасатель (м)	[spasátel']

EQUIPAMENTO TÉCNICO. TRANSPORTES

Equipamento técnico. Transportes

165. Computador

Português	Russo	Transcrição
computador (m)	компьютер (м)	[kɔmpjútɛr]
portátil (m)	ноутбук (м)	[nɔutbúk]
ligar (vt)	включить (св, пх)	[fklʲutʃítʲ]
desligar (vt)	выключить (св, пх)	[vīklʲutʃítʲ]
teclado (m)	клавиатура (ж)	[klaviatúra]
tecla (f)	клавиша (ж)	[kláviʃa]
rato (m)	мышь (ж)	[mīʃ]
tapete (m) de rato	коврик (м)	[kóvrik]
botão (m)	кнопка (ж)	[knópka]
cursor (m)	курсор (м)	[kursór]
monitor (m)	монитор (м)	[mɔnitór]
ecrã (m)	экран (м)	[ɛkrán]
disco (m) rígido	жёсткий диск (м)	[ʒóstkij dísk]
capacidade (f) do disco rígido	объём (м) жёсткого диска	[objóm ʒóstkɔvɔ díska]
memória (f)	память (ж)	[pámɪtʲ]
memória RAM (f)	оперативная память (ж)	[ɔperatívnaja pámɪtʲ]
ficheiro (m)	файл (м)	[fájl]
pasta (f)	папка (ж)	[pápka]
abrir (vt)	открыть (св, пх)	[ɔtkrīтʲ]
fechar (vt)	закрыть (св, пх)	[zakrīтʲ]
guardar (vt)	сохранить (св, пх)	[sɔhranítʲ]
apagar, eliminar (vt)	удалить (св, пх)	[udalítʲ]
copiar (vt)	скопировать (св, пх)	[skɔpírɔvatʲ]
ordenar (vt)	сортировать (нсв, пх)	[sɔrtirɔvátʲ]
copiar (vt)	переписать (св, пх)	[perepisátʲ]
programa (m)	программа (ж)	[prɔgráma]
software (m)	программное обеспечение (с)	[prɔgrámnɔe ɔbespetʃénie]
programador (m)	программист (м)	[prɔgramíst]
programar (vt)	программировать (нсв, пх)	[prɔgramírɔvatʲ]
hacker (m)	хакер (м)	[háker]
senha (f)	пароль (м)	[parólʲ]
vírus (m)	вирус (м)	[vírus]
detetar (vt)	обнаружить (св, пх)	[ɔbnarúʒitʲ]

| byte (m) | байт (м) | [bájt] |
| megabyte (m) | мегабайт (м) | [megabájt] |

| dados (m pl) | данные (мн) | [dánnie] |
| base (f) de dados | база (ж) данных | [báza dánnih] |

cabo (m)	кабель (м)	[kábelʲ]
desconectar (vt)	отсоединить (св, пх)	[otsoedinítʲ]
conetar (vt)	подсоединить (св, пх)	[potsoedinítʲ]

166. Internet. E-mail

internet (f)	интернет (м)	[intɛrnǽt]
browser (m)	браузер (м)	[bráuzer]
motor (m) de busca	поисковый ресурс (м)	[poiskóvij resúrs]
provedor (m)	провайдер (м)	[provájder]

webmaster (m)	веб-мастер (м)	[vɛb-máster]
website, sítio web (m)	веб-сайт (м)	[vɛb-sájt]
página (f) web	веб-страница (ж)	[vɛb-stranítsa]

| endereço (m) | адрес (м) | [ádres] |
| livro (m) de endereços | адресная книга (ж) | [ádresnaja kníga] |

caixa (f) de correio	почтовый ящик (м)	[potʃtóvij jáʃʲik]
correio (m)	почта (ж)	[pótʃta]
cheia (caixa de correio)	переполненный	[perepólnenij]

mensagem (f)	сообщение (с)	[soopʃénie]
mensagens (f pl) recebidas	входящие сообщения (с мн)	[fhodʲáʃʲie soopʃénija]
mensagens (f pl) enviadas	исходящие сообщения (с мн)	[isxodʲáʃʲie soopʃénija]

remetente (m)	отправитель (м)	[otpravítelʲ]
enviar (vt)	отправить (св, пх)	[otprávitʲ]
envio (m)	отправка (ж)	[otpráfka]

| destinatário (m) | получатель (м) | [polutʃátelʲ] |
| receber (vt) | получить (св, пх) | [polutʃítʲ] |

| correspondência (f) | переписка (ж) | [perepíska] |
| corresponder-se (vr) | переписываться (нсв, возв) | [perepísivatsa] |

ficheiro (m)	файл (м)	[fájl]
fazer download, baixar	скачать (св, пх)	[skatʃátʲ]
criar (vt)	создать (св, пх)	[sozdátʲ]
apagar, eliminar (vt)	удалить (св, пх)	[udalítʲ]
eliminado	удалённый	[udalǿnnij]

conexão (f)	связь (ж)	[svʲásʲ]
velocidade (f)	скорость (ж)	[skórostʲ]
modem (m)	модем (м)	[modǽm]
acesso (m)	доступ (м)	[dóstup]
porta (f)	порт (м)	[pórt]

| conexão (f) | подключение (c) | [pɔtklʲutʃénie] |
| conetar (vi) | подключиться (св, возв) | [pɔtklʲutʃítsa] |

| escolher (vt) | выбрать (св, пх) | [vībratʲ] |
| buscar (vt) | искать ... (нсв, пх) | [iskátʲ ...] |

167. Eletricidade

eletricidade (f)	электричество (c)	[ɛlektrítʃestvɔ]
elétrico	электрический	[ɛlektrítʃeskij]
central (f) elétrica	электростанция (ж)	[ɛléktrɔ·stántsija]
energia (f)	энергия (ж)	[ɛnǽrgija]
energia (f) elétrica	электроэнергия (ж)	[ɛléktrɔ·ɛnǽrgija]

lâmpada (f)	лампочка (ж)	[lámpɔtʃka]
lanterna (f)	фонарь (м)	[fɔnárʲ]
poste (m) de iluminação	фонарь (м)	[fɔnárʲ]

luz (f)	свет (м)	[svét]
ligar (vt)	включать (нсв, пх)	[fklʲutʃátʲ]
desligar (vt)	выключать (нсв, пх)	[viklʲutʃátʲ]
apagar a luz	погасить свет	[pɔgasítʲ svét]
fundir (vi)	перегореть (св, нпх)	[peregɔrétʲ]
curto-circuito (m)	короткое замыкание (c)	[kɔrótkɔe zamikánie]
rutura (f)	обрыв (м)	[ɔbrīf]
contacto (m)	контакт (м)	[kɔntákt]

interruptor (m)	выключатель (м)	[viklʲutʃátelʲ]
tomada (f)	розетка (ж)	[rɔzétka]
ficha (f)	вилка (ж)	[vílka]
extensão (f)	удлинитель (м)	[udlinítelʲ]
fusível (m)	предохранитель (м)	[predɔhranítelʲ]
fio, cabo (m)	провод (м)	[próvɔd]
instalação (f) elétrica	проводка (ж)	[prɔvótka]

ampere (m)	ампер (м)	[ampér]
amperagem (f)	сила (ж) тока	[síla tóka]
volt (m)	вольт (м)	[vólʲt]
voltagem (f)	напряжение (c)	[naprɪʒǽnie]

| aparelho (m) elétrico | электроприбор (м) | [ɛléktrɔ·pribór] |
| indicador (m) | индикатор (м) | [indikátɔr] |

eletricista (m)	электрик (м)	[ɛléktrik]
soldar (vt)	паять (нсв, пх)	[pajátʲ]
ferro (m) de soldar	паяльник (м)	[pajálʲnik]
corrente (f) elétrica	ток (м)	[tók]

168. Ferramentas

| ferramenta (f) | инструмент (м) | [instrumént] |
| ferramentas (f pl) | инструменты (м мн) | [instruménti] |

equipamento (m)	оборудование (с)	[oborúdɔvanie]
martelo (m)	молоток (м)	[molotók]
chave (f) de fendas	отвёртка (ж)	[otvǿrtka]
machado (m)	топор (м)	[tɔpór]

serra (f)	пила (ж)	[pilá]
serrar (vt)	пилить (нсв, пх)	[pilítʲ]
plaina (f)	рубанок (м)	[rubánɔk]
aplainar (vt)	строгать (нсв, пх)	[strɔgátʲ]
ferro (m) de soldar	паяльник (м)	[pajálʲnik]
soldar (vt)	паять (нсв, пх)	[pajátʲ]

lima (f)	напильник (м)	[napílʲnik]
tenaz (f)	клещи (мн)	[kléʃi]
alicate (m)	плоскогубцы (мн)	[plɔskɔ·gúptsi]
formão (m)	стамеска (ж)	[staméska]

broca (f)	сверло (с)	[sverló]
berbequim (f)	дрель (ж)	[drélʲ]
furar (vt)	сверлить (нсв, пх)	[sverlítʲ]

| faca (f) | нож (м) | [nóʃ] |
| lâmina (f) | лезвие (с) | [lézvie] |

afiado	острый	[óstrij]
cego	тупой	[tupój]
embotar-se (vr)	затупиться (св, возв)	[zatupítsa]
afiar, amolar (vt)	точить (нсв, пх)	[tɔtʃítʲ]

parafuso (m)	болт (м)	[bólt]
porca (f)	гайка (ж)	[gájka]
rosca (f)	резьба (ж)	[rezʲbá]
parafuso (m) para madeira	шуруп (м)	[ʃurúp]

| prego (m) | гвоздь (м) | [gvóstʲ] |
| cabeça (f) do prego | шляпка (ж) | [ʃlʲápka] |

régua (f)	линейка (ж)	[linéjka]
fita (f) métrica	рулетка (ж)	[rulétka]
nível (m)	уровень (м)	[úrɔvenʲ]
lupa (f)	лупа (ж)	[lúpa]

medidor (m)	измерительный прибор (м)	[izmerítelʲnij pribór]
medir (vt)	измерять (нсв, пх)	[izmerʲátʲ]
escala (f)	шкала (ж)	[ʃkalá]
indicação (f), registo (m)	показание (с)	[pɔkazánie]

| compressor (m) | компрессор (м) | [kɔmprésɔr] |
| microscópio (m) | микроскоп (м) | [mikrɔskóp] |

bomba (f)	насос (м)	[nasós]
robô (m)	робот (м)	[róbɔt]
laser (m)	лазер (м)	[lázɛr]
chave (f) de boca	гаечный ключ (м)	[gáetʃnij klʲútʃ]
fita (f) adesiva	лента-скотч (м)	[lénta-skótʃ]

cola (f)	клей (м)	[kléj]
lixa (f)	наждачная бумага (ж)	[naʒdátʃnaja bumága]
mola (f)	пружина (ж)	[pruʒína]
íman (m)	магнит (м)	[magnít]
luvas (f pl)	перчатки (ж мн)	[pertʃátki]

corda (f)	верёвка (ж)	[verǿfka]
cordel (m)	шнур (м)	[ʃnúr]
fio (m)	провод (м)	[próvɔd]
cabo (m)	кабель (м)	[kábelʲ]

marreta (f)	кувалда (ж)	[kuválda]
pé de cabra (m)	лом (м)	[lóm]
escada (f) de mão	лестница (ж)	[lésnitsa]
escadote (m)	стремянка (ж)	[stremʲánka]

enroscar (vt)	закручивать (нсв, пх)	[zakrútʃivatʲ]
desenroscar (vt)	откручивать (нсв, пх)	[ɔtkrútʃivatʲ]
apertar (vt)	зажимать (нсв, пх)	[zaʒimátʲ]
colar (vt)	приклеивать (нсв, пх)	[prikléivatʲ]
cortar (vt)	резать (нсв, пх)	[rézatʲ]

falha (mau funcionamento)	неисправность (ж)	[neisprávnɔstʲ]
conserto (m)	починка (ж)	[pɔtʃínka]
consertar, reparar (vt)	ремонтировать (нсв, пх)	[remɔntírɔvatʲ]
regular, ajustar (vt)	регулировать (нсв, пх)	[regulírɔvatʲ]

verificar (vt)	проверять (нсв, пх)	[prɔverʲátʲ]
verificação (f)	проверка (ж)	[prɔvérka]
indicação (f), registo (m)	показание (с)	[pɔkazánie]

| seguro | надёжный | [nadǿʒnij] |
| complicado | сложный | [slóʒnij] |

enferrujar (vi)	ржаветь (нсв, нпх)	[rʒavétʲ]
enferrujado	ржавый	[rʒávij]
ferrugem (f)	ржавчина (ж)	[rʒáftʃina]

Transportes

169. Avião

avião (m)	самолёт (м)	[samɔlǿt]
bilhete (m) de avião	авиабилет (м)	[aviabilét]
companhia (f) aérea	авиакомпания (ж)	[avia·kɔmpánija]
aeroporto (m)	аэропорт (м)	[aɛrɔpórt]
supersónico	сверхзвуковой	[sverh·zvukɔvój]
comandante (m) do avião	командир (м) корабля	[kɔmandír kɔrablʲá]
tripulação (f)	экипаж (м)	[ɛkipáʃ]
piloto (m)	пилот (м)	[pilót]
hospedeira (f) de bordo	стюардесса (ж)	[stʲuardǽsa]
copiloto (m)	штурман (м)	[ʃtúrman]
asas (f pl)	крылья (с мн)	[krĩlja]
cauda (f)	хвост (м)	[hvóst]
cabine (f) de pilotagem	кабина (ж)	[kabína]
motor (m)	двигатель (м)	[dvígatelʲ]
trem (m) de aterragem	шасси (с)	[ʃassí]
turbina (f)	турбина (ж)	[turbína]
hélice (f)	пропеллер (м)	[prɔpéller]
caixa-preta (f)	чёрный ящик (м)	[ʧórnij jáʃik]
coluna (f) de controlo	штурвал (м)	[ʃturvál]
combustível (m)	горючее (с)	[gɔrʲúʧee]
instruções (f pl) de segurança	инструкция по безопасности	[instrúktsija pɔ bezɔpásnɔsti]
máscara (f) de oxigénio	кислородная маска (ж)	[kislɔródnaja máska]
uniforme (m)	униформа (ж)	[unifórma]
colete (m) salva-vidas	спасательный жилет (м)	[spasátelʲnij ʒɨlét]
paraquedas (m)	парашют (м)	[paraʃút]
descolagem (f)	взлёт (м)	[vzlǿt]
descolar (vi)	взлетать (нсв, нпх)	[vzletátʲ]
pista (f) de descolagem	взлётная полоса (ж)	[vzlǿtnaja pɔlasá]
visibilidade (f)	видимость (ж)	[vídimɔstʲ]
voo (m)	полёт (м)	[pɔlǿt]
altura (f)	высота (ж)	[visɔtá]
poço (m) de ar	воздушная яма (ж)	[vɔzdúʃnaja jáma]
assento (m)	место (с)	[méstɔ]
auscultadores (m pl)	наушники (м мн)	[naúʃniki]
mesa (f) rebatível	откидной столик (м)	[ɔtkidnój stólik]
vigia (f)	иллюминатор (м)	[ilʲuminátɔr]
passagem (f)	проход (м)	[prɔhód]

170. Comboio

comboio (m)	поезд (м)	[póezd]
comboio (m) suburbano	электричка (ж)	[ɛlektrítʃka]
comboio (m) rápido	скорый поезд (м)	[skórij póezd]
locomotiva (f) diesel	тепловоз (м)	[teplɔvós]
locomotiva (f) a vapor	паровоз (м)	[parɔvós]
carruagem (f)	вагон (м)	[vagón]
carruagem restaurante (f)	вагон-ресторан (м)	[vagón-restɔrán]
carris (m pl)	рельсы (мн)	[rélʲsi]
caminho de ferro (m)	железная дорога (ж)	[ʒeléznaja dɔróga]
travessa (f)	шпала (ж)	[ʃpála]
plataforma (f)	платформа (ж)	[platfórma]
linha (f)	путь (м)	[pútʲ]
semáforo (m)	семафор (м)	[semafór]
estação (f)	станция (ж)	[stántsija]
maquinista (m)	машинист (м)	[maʃiníst]
bagageiro (m)	носильщик (м)	[nɔsílʲʃik]
hospedeiro, -a (da carruagem)	проводник (м)	[prɔvɔdník]
passageiro (m)	пассажир (м)	[pasaʒír]
revisor (m)	контролёр (м)	[kɔntrɔlǿr]
corredor (m)	коридор (м)	[kɔridór]
freio (m) de emergência	стоп-кран (м)	[stɔp-krán]
compartimento (m)	купе (с)	[kupǽ]
cama (f)	полка (ж)	[pólka]
cama (f) de cima	верхняя полка (ж)	[vérhnʲaja pólka]
cama (f) de baixo	нижняя полка (ж)	[níʒnʲaja pólka]
roupa (f) de cama	постельное бельё (с)	[pɔstélʲnɔe beljǿ]
bilhete (m)	билет (м)	[bilét]
horário (m)	расписание (с)	[raspisánie]
painel (m) de informação	табло (с)	[tabló]
partir (vt)	отходить (нсв, нпх)	[ɔtxɔdítʲ]
partida (f)	отправление (с)	[ɔtpravlénie]
chegar (vi)	прибывать (нсв, нпх)	[pribivátʲ]
chegada (f)	прибытие (с)	[pribïtie]
chegar de comboio	приехать поездом	[priéhatʲ póezdɔm]
apanhar o comboio	сесть на поезд	[séstʲ na póezd]
sair do comboio	сойти с поезда	[sɔjtí s póezda]
acidente (m) ferroviário	крушение (с)	[kruʃǽnie]
descarrilar (vi)	сойти с рельс	[sɔjtí s rélʲs]
locomotiva (f) a vapor	паровоз (м)	[parɔvós]
fogueiro (m)	кочегар (м)	[kɔtʃegár]
fornalha (f)	топка (ж)	[tópka]
carvão (m)	уголь (м)	[úgɔlʲ]

171. Barco

| navio (m) | корабль (м) | [koráblʲ] |
| embarcação (f) | судно (c) | [súdno] |

vapor (m)	пароход (м)	[parohód]
navio (m)	теплоход (м)	[teplohód]
transatlântico (m)	лайнер (м)	[lájner]
cruzador (m)	крейсер (м)	[kréjser]

iate (m)	яхта (ж)	[jáhta]
rebocador (m)	буксир (м)	[buksír]
barcaça (f)	баржа (ж)	[barʒá]
ferry (m)	паром (м)	[paróm]

| veleiro (m) | парусник (м) | [párusnik] |
| bergantim (m) | бригантина (ж) | [brigantína] |

| quebra-gelo (m) | ледокол (м) | [ledokól] |
| submarino (m) | подводная лодка (ж) | [podvódnaja lótka] |

bote, barco (m)	лодка (ж)	[lótka]
bote, dingue (m)	шлюпка (ж)	[ʃlʲúpka]
bote (m) salva-vidas	спасательная шлюпка (ж)	[spasátelʲnaja ʃlʲúpka]
lancha (f)	катер (м)	[káter]

capitão (m)	капитан (м)	[kapitán]
marinheiro (m)	матрос (м)	[matrós]
marujo (m)	моряк (м)	[morʲák]
tripulação (f)	экипаж (м)	[ɛkipáʃ]

contramestre (m)	боцман (м)	[bótsman]
grumete (m)	юнга (м)	[júnga]
cozinheiro (m) de bordo	кок (м)	[kók]
médico (m) de bordo	судовой врач (м)	[sudovój vráʧ]

convés (m)	палуба (ж)	[páluba]
mastro (m)	мачта (ж)	[mátʃta]
vela (f)	парус (м)	[párus]

porão (m)	трюм (м)	[trʲúm]
proa (f)	нос (м)	[nós]
popa (f)	корма (ж)	[kormá]
remo (m)	весло (c)	[vesló]
hélice (f)	винт (м)	[vínt]

camarote (m)	каюта (ж)	[kajúta]
sala (f) dos oficiais	кают-компания (ж)	[kajút-kompánija]
sala (f) das máquinas	машинное отделение (c)	[maʃínnoe otdelénie]
ponte (m) de comando	капитанский мостик (м)	[kapitánskij móstik]
sala (f) de comunicações	радиорубка (ж)	[radio·rúpka]
onda (f) de rádio	волна (ж)	[volná]
diário (m) de bordo	судовой журнал (м)	[sudovój ʒurnál]
luneta (f)	подзорная труба (ж)	[podzórnaja trubá]
sino (m)	колокол (м)	[kólokol]

bandeira (f)	флаг (м)	[flág]
cabo (m)	канат (м)	[kanát]
nó (m)	узел (м)	[úzel]

| corrimão (m) | поручень (м) | [pórutʃenʲ] |
| prancha (f) de embarque | трап (м) | [tráp] |

âncora (f)	якорь (м)	[jákɔrʲ]
recolher a âncora	поднять якорь	[pɔdnʲátʲ jákɔrʲ]
lançar a âncora	бросить якорь	[brósitʲ jákɔrʲ]
amarra (f)	якорная цепь (ж)	[jákɔrnaja tsǽpʲ]

porto (m)	порт (м)	[pórt]
cais, amarradouro (m)	причал (м)	[pritʃál]
atracar (vi)	причаливать (нсв, нпх)	[pritʃálivatʲ]
desatracar (vi)	отчаливать (нсв, нпх)	[ɔttʃálivatʲ]

viagem (f)	путешествие (с)	[puteʃǽstvie]
cruzeiro (m)	круиз (м)	[kruís]
rumo (m), rota (f)	курс (м)	[kúrs]
itinerário (m)	маршрут (м)	[marʃrút]

canal (m) navegável	фарватер (м)	[farvátɛr]
banco (m) de areia	мель (ж)	[mélʲ]
encalhar (vt)	сесть на мель	[séstʲ na mélʲ]

tempestade (f)	буря (ж)	[búrʲa]
sinal (m)	сигнал (м)	[signál]
afundar-se (vr)	тонуть (нсв, нпх)	[tɔnútʲ]
Homem ao mar!	Человек за бортом!	[tʃelɔvék za bórtɔm]
SOS	SOS (м)	[sós]
boia (f) salva-vidas	спасательный круг (м)	[spasátelʲnij krúg]

172. Aeroporto

aeroporto (m)	аэропорт (м)	[aɛrɔpórt]
avião (m)	самолёт (м)	[samɔlɵ́t]
companhia (f) aérea	авиакомпания (ж)	[avia·kɔmpánija]
controlador (m) de tráfego aéreo	авиадиспетчер (м)	[avia·dispétʃer]

partida (f)	вылет (м)	[vīlet]
chegada (f)	прилёт (м)	[prilɵ́t]
chegar (~ de avião)	прилететь (св, нпх)	[priletétʲ]

| hora (f) de partida | время (с) вылета | [vrémʲa vīleta] |
| hora (f) de chegada | время (с) прилёта | [vrémʲa prilɵ́ta] |

| estar atrasado | задерживаться (нсв, возв) | [zadérʒivatsa] |
| atraso (m) de voo | задержка (ж) вылета | [zadérʃka vīleta] |

painel (m) de informação	информационное табло (с)	[infɔrmatsiónnɔe tabló]
informação (f)	информация (ж)	[infɔrmátsija]
anunciar (vt)	объявлять (нсв, пх)	[ɔbjivlʲátʲ]

voo (m)	рейс (м)	[réjs]
alfândega (f)	таможня (ж)	[tamóʒnʲa]
funcionário (m) da alfândega	таможенник (м)	[tamóʒenik]

declaração (f) alfandegária	декларация (ж)	[deklarátsija]
preencher (vt)	заполнить (св, пх)	[zapólnitʲ]
preencher a declaração	заполнить декларацию	[zapólnitʲ deklarátsiju]
controlo (m) de passaportes	паспортный контроль (м)	[pásportnij kontrólʲ]

bagagem (f)	багаж (м)	[bagáʃ]
bagagem (f) de mão	ручная кладь (ж)	[rutʃnája klátʲ]
carrinho (m)	тележка (ж) для багажа	[teléʃka dlʲa bagaʒá]

aterragem (f)	посадка (ж)	[pɔsátka]
pista (f) de aterragem	посадочная полоса (ж)	[pɔsádotʃnaja pɔlɔsá]
aterrar (vi)	садиться (нсв, возв)	[sadítsa]
escada (f) de avião	трап (м)	[tráp]

check-in (m)	регистрация (ж)	[registrátsija]
balcão (m) do check-in	стойка (ж) регистрации	[stójka registrátsii]
fazer o check-in	зарегистрироваться (св, возв)	[zaregistrírovatsa]
cartão (m) de embarque	посадочный талон (м)	[pɔsádotʃnij talón]
porta (f) de embarque	выход (м)	[vīhɔd]

trânsito (m)	транзит (м)	[tranzít]
esperar (vi, vt)	ждать (нсв, пх)	[ʒdátʲ]
sala (f) de espera	зал (м) ожидания	[zál ɔʒɨdánija]
despedir-se de …	провожать (нсв, пх)	[prɔvɔʒátʲ]
despedir-se (vr)	прощаться (нсв, возв)	[prɔʃátsa]

173. Bicicleta. Motocicleta

bicicleta (f)	велосипед (м)	[velɔsipéd]
scotter, lambreta (f)	мотороллер (м)	[mɔtɔróler]
mota (f)	мотоцикл (м)	[mɔtɔtsīkl]

ir de bicicleta	ехать на велосипеде	[éhatʲ na velɔsipéde]
guiador (m)	руль (м)	[rúlʲ]
pedal (m)	педаль (ж)	[pedálʲ]
travões (m pl)	тормоза (м мн)	[tɔrmɔzá]
selim (m)	седло (с)	[sedló]

bomba (f) de ar	насос (м)	[nasós]
porta-bagagens (m)	багажник (м)	[bagáʒnik]
lanterna (f)	фонарь (м)	[fɔnárʲ]
capacete (m)	шлем (м)	[ʃlém]

roda (f)	колесо (с)	[kɔlesó]
guarda-lamas (m)	крыло (с)	[kriló]
aro (m)	обод (м)	[óbɔd]
raio (m)	спица (ж)	[spítsa]

Carros

carro, automóvel (m)	автомобиль (м)	[aftɔmɔbílʲ]
carro (m) desportivo	спортивный автомобиль (м)	[spɔrtívnij aftɔmɔbílʲ]

limusine (f)	лимузин (м)	[limuzín]
todo o terreno (m)	внедорожник (м)	[vnedɔróʒnik]
descapotável (m)	кабриолет (м)	[kabriɔlét]
minibus (m)	микроавтобус (м)	[mikrɔ·aftóbus]

ambulância (f)	скорая помощь (ж)	[skóraja pómɔʃ]
limpa-neve (m)	снегоуборочная машина (ж)	[snegɔ·ubórɔtʃnaja maʃína]

camião (m)	грузовик (м)	[gruzɔvík]
camião-cisterna (m)	бензовоз (м)	[benzɔvós]
carrinha (f)	фургон (м)	[furgón]
camião-trator (m)	тягач (м)	[tɪgátʃ]
atrelado (m)	прицеп (м)	[pritsǽp]

confortável	комфортабельный	[kɔmfɔrtábelʲnij]
usado	подержанный	[pɔdérʒenij]

capô (m)	капот (м)	[kapót]
guarda-lamas (m)	крыло (с)	[kriló]
tejadilho (m)	крыша (ж)	[krĩʃa]

para-brisa (m)	ветровое стекло (с)	[vetrɔvóe stekló]
espelho (m) retrovisor	зеркало (с) заднего вида	[zérkalɔ zádnevɔ vída]
lavador (m)	омыватель (м)	[ɔmivátelʲ]
limpa-para-brisas (m)	дворники (мн)	[dvórniki]

vidro (m) lateral	боковое стекло (с)	[bɔkɔvóe stekló]
elevador (m) do vidro	стеклоподъёмник (м)	[steklɔ·pɔdjómnik]
antena (f)	антенна (ж)	[antǽna]
teto solar (m)	люк (м)	[lʲúk]

para-choques (m pl)	бампер (м)	[bámper]
bagageira (f)	багажник (м)	[bagáʒnik]
bagageira (f) de tejadilho	багажник (м)	[bagáʒnik]
porta (f)	дверца (ж)	[dvértsa]
maçaneta (f)	ручка (ж)	[rútʃka]
fechadura (f)	замок (м)	[zámɔk]

matrícula (f)	номер (м)	[nómer]
silenciador (m)	глушитель (м)	[gluʃtelʲ]
tanque (m) de gasolina	бензобак (м)	[benzobák]
tubo (m) de escape	выхлопная труба (ж)	[vihlɔpnája trubá]

acelerador (m)	газ (м)	[gás]
pedal (m)	педаль (ж)	[pedálʲ]
pedal (m) do acelerador	педаль (ж) газа	[pedálʲ gáza]

travão (m)	тормоз (м)	[tórmɔs]
pedal (m) do travão	педаль (ж) тормоза	[pedálʲ tórmɔza]
travar (vt)	тормозить (нсв, нпх)	[tɔrmɔzítʲ]
travão (m) de mão	стояночный тормоз (м)	[stɔjánɔtʃnij tórmɔs]

embraiagem (f)	сцепление (с)	[stsɛplénie]
pedal (m) da embraiagem	педаль (ж) сцепления	[pedálʲ stsɛplénija]
disco (m) de embraiagem	диск (м) сцепления	[dísk stsɛplénija]
amortecedor (m)	амортизатор (м)	[amɔrtizátɔr]

roda (f)	колесо (с)	[kɔlesó]
pneu (m) sobresselente	запасное колесо (с)	[zapasnóe kɔlesó]
tampão (m) de roda	колпак (м)	[kɔlpák]

rodas (f pl) motrizes	ведущие колёса (с мн)	[vedúʃie kɔlǿsa]
de tração dianteira	переднеприводный	[perédne·prívɔdnij]
de tração traseira	заднеприводный	[zádne·prívɔdnij]
de tração às 4 rodas	полноприводный	[pólnɔ·prívɔdnij]

caixa (f) de mudanças	коробка (ж) передач	[kɔrópka peredátʃ]
automático	автоматическая	[aftɔmatítʃeskaja]
mecânico	механическая	[mehanítʃeskaja]
alavanca (f) das mudanças	рычаг (м) коробки передач	[ritʃág kɔrópki peredátʃ]

| farol (m) | фара (ж) | [fára] |
| faróis, luzes | фары (ж мн) | [fári] |

médios (m pl)	ближний свет (м)	[blíʒnij svet]
máximos (m pl)	дальний свет (м)	[dálʲnij svet]
luzes (f pl) de stop	стоп-сигнал (м)	[stóp-signál]

mínimos (m pl)	габаритные огни (мн)	[gabarítnie ɔgní]
luzes (f pl) de emergência	аварийные огни (мн)	[avaríjnie ɔgní]
faróis (m pl) antinevoeiro	противотуманные фары (ж мн)	[prótivɔ·tumánnie fári]

| pisca-pisca (m) | поворотник (м) | [pɔvɔrótnik] |
| luz (f) de marcha atrás | задний ход (м) | [zádnij hód] |

176. Carros. Habitáculo

interior (m) do carro	салон (м)	[salón]
de couro, de pele	кожаный	[kóʒanij]
de veludo	велюровый	[velʲúrɔvij]
estofos (m pl)	обивка (ж)	[obífka]
indicador (m)	прибор (м)	[pribór]

painel (m) de instrumentos	приборный щиток (м)	[pribórnij ʃitók]
velocímetro (m)	спидометр (м)	[spidómetr]
ponteiro (m)	стрелка (ж)	[strélka]

conta-quilómetros (m)	счётчик (м)	[ʃóttʃik]
sensor (m)	датчик (м)	[dáttʃik]
nível (m)	уровень (м)	[úrɔvenʲ]
luz (f) avisadora	лампочка (ж)	[lámpɔtʃka]

volante (m)	руль (м)	[rúlʲ]
buzina (f)	сигнал (м)	[signál]
botão (m)	кнопка (ж)	[knópka]
interruptor (m)	переключатель (м)	[pereklʲutʃátelʲ]

assento (m)	сиденье (с)	[sidénje]
costas (f pl) do assento	спинка (ж)	[spínka]
cabeceira (f)	подголовник (м)	[pɔdgɔlóvnik]
cinto (m) de segurança	ремень (м) безопасности	[reménʲ bezɔpásnɔsti]
apertar o cinto	пристегнуть ремень	[pristegnútʲ reménʲ]
regulação (f)	регулировка (ж)	[regulirófka]

airbag (m)	воздушная подушка (ж)	[vɔzdúʃnaja pɔdúʃka]
ar (m) condicionado	кондиционер (м)	[kɔnditsiɔnér]

rádio (m)	радио (с)	[rádiɔ]
leitor (m) de CD	CD-проигрыватель (м)	[si·dí·prɔígrivatelʲ]
ligar (vt)	включить (св, пх)	[fklʲutʃítʲ]
antena (f)	антенна (ж)	[antǽna]
porta-luvas (m)	бардачок (м)	[bardatʃók]
cinzeiro (m)	пепельница (ж)	[pépelʲnitsa]

177. Carros. Motor

motor (m)	двигатель (м)	[dvígatelʲ]
motor (m)	мотор (м)	[mɔtór]
diesel	дизельный	[dízelʲnij]
a gasolina	бензиновый	[benzínɔvij]

cilindrada (f)	объём (м) двигателя	[ɔbjóm dvígatelʲa]
potência (f)	мощность (ж)	[móʃʲnɔstʲ]
cavalo-vapor (m)	лошадиная сила (ж)	[lɔʃidínaja síla]
pistão (m)	поршень (м)	[pórʃɛnʲ]
cilindro (m)	цилиндр (м)	[tsilíndr]
válvula (f)	клапан (м)	[klápan]

injetor (m)	инжектор (м)	[inʒǽktɔr]
gerador (m)	генератор (м)	[generátɔr]
carburador (m)	карбюратор (м)	[karbʲurátɔr]
óleo (m) para motor	моторное масло (с)	[mɔtórnɔe máslɔ]

radiador (m)	радиатор (м)	[radiátɔr]
refrigerante (m)	охлаждающая жидкость (ж)	[ɔhlaʒdájuʃʲaja ʒītkɔstʲ]
ventilador (m)	вентилятор (м)	[ventilʲátɔr]

bateria (f)	аккумулятор (м)	[akumulʲátɔr]
dispositivo (m) de arranque	стартер (м)	[stárter]
ignição (f)	зажигание (c)	[zaʒigánie]
vela (f) de ignição	свеча (ж) зажигания	[svetʃá zaʒigánija]

borne (m)	клемма (ж)	[klémma]
borne (m) positivo	плюс (м)	[plʲús]
borne (m) negativo	минус (м)	[mínus]
fusível (m)	предохранитель (м)	[predɔhranítelʲ]

filtro (m) de ar	воздушный фильтр (м)	[vɔzdúʃnij fílʲtr]
filtro (m) de óleo	масляный фильтр (м)	[máslɪnij fílʲtr]
filtro (m) de combustível	топливный фильтр (м)	[tóplivnij fílʲtr]

178. Carros. Batidas. Reparação

acidente (m) de carro	авария (ж)	[avárija]
acidente (m) rodoviário	дорожное происшествие (c)	[dɔróʒnɔe prɔiʃǽstvie]
ir contra ...	врезаться (нсв, возв)	[vrézatsa]
sofrer um acidente	разбиться (св, возв)	[razbítsa]
danos (m pl)	повреждение (c)	[pɔvreʒdénie]
intato	целый	[tsǽlij]

avaria (no motor, etc.)	поломка (ж)	[pɔlómka]
avariar (vi)	сломаться (св, возв)	[slɔmátsa]
cabo (m) de reboque	буксировочный трос (м)	[buksiróvɔtʃnij trós]

furo (m)	прокол (м)	[prɔkól]
estar furado	спустить (св, нпх)	[spustítʲ]
encher (vt)	накачивать (нсв, пх)	[nakátʃivatʲ]
pressão (f)	давление (c)	[davlénie]
verificar (vt)	проверить (св, пх)	[prɔvéritʲ]

reparação (f)	ремонт (м)	[remónt]
oficina (f) de reparação de carros	автосервис (м)	[aftɔ·sǽrvis]
peça (f) sobresselente	запчасть (ж)	[zaptʃástʲ]
peça (f)	деталь (ж)	[detálʲ]

parafuso (m)	болт (м)	[bólt]
parafuso (m)	винт (м)	[vínt]
porca (f)	гайка (ж)	[gájka]
anilha (f)	шайба (ж)	[ʃájba]
rolamento (m)	подшипник (м)	[pɔdʃípnik]

tubo (m)	трубка (ж)	[trúpka]
junta (f)	прокладка (ж)	[prɔklátka]
fio, cabo (m)	провод (м)	[próvɔd]

macaco (m)	домкрат (м)	[dɔmkrát]
chave (f) de boca	гаечный ключ (м)	[gáetʃnij klʲútʃ]
martelo (m)	молоток (м)	[mɔlɔtók]
bomba (f)	насос (м)	[nasós]

chave (f) de fendas	отвёртка (ж)	[ɔtvǿrtka]
extintor (m)	огнетушитель (м)	[ɔgnetuʃitelʲ]
triângulo (m) de emergência	аварийный	[avaríjnij
	треугольник (м)	treugólʲnik]

parar (vi) (motor)	глохнуть (нсв, нпх)	[glóhnutʲ]
paragem (f)	остановка (ж)	[ɔstanófka]
estar quebrado	быть сломанным	[bītʲ slómannim]

superaquecer-se (vr)	перегреться (св, возв)	[peregrétsa]
entupir-se (vr)	засориться (св, возв)	[zasɔrítsa]
congelar-se (vr)	замёрзнуть (св, нпх)	[zamǿrznutʲ]
rebentar (vi)	лопнуть (св, нпх)	[lópnutʲ]

pressão (f)	давление (c)	[davlénie]
nível (m)	уровень (м)	[úrɔvenʲ]
frouxo	слабый	[slábij]

mossa (f)	вмятина (ж)	[vmʲátina]
ruído (m)	стук (м)	[stúk]
fissura (f)	трещина (ж)	[tréʃʲina]
arranhão (m)	царапина (ж)	[ʦarápina]

179. Carros. Estrada

estrada (f)	дорога (ж)	[dɔróga]
autoestrada (f)	автомагистраль (ж)	[áftɔ·magistrálʲ]
rodovia (f)	шоссе (c)	[ʃɔssǽ]
direção (f)	направление (c)	[napravlénie]
distância (f)	расстояние (c)	[rastɔjánie]

ponte (f)	мост (м)	[móst]
parque (m) de estacionamento	паркинг (м)	[párking]
praça (f)	площадь (ж)	[plóʃʲatʲ]
nó (m) rodoviário	развязка (ж)	[razvʲáska]
túnel (m)	тоннель (м)	[tɔnǽlʲ]

posto (m) de gasolina	автозаправка (ж)	[aftɔ·zapráfka]
parque (m) de estacionamento	автостоянка (ж)	[aftɔ·stɔjánka]
bomba (f) de gasolina	колонка (ж)	[kɔlónka]
oficina (f) de reparação de carros	гараж (м)	[garáʃ]
abastecer (vt)	заправить (св, пх)	[zaprávitʲ]
combustível (m)	топливо (c)	[tóplivɔ]
bidão (m) de gasolina	канистра (ж)	[kanístra]

asfalto (m)	асфальт (м)	[asfálʲt]
marcação (f) de estradas	разметка (ж)	[razmétka]
lancil (m)	бордюр (м)	[bɔrdʲúr]
proteção (f) guard-rail	ограждение (c)	[ɔgraʒdénie]
valeta (f)	кювет (м)	[kʲuvét]
berma (f) da estrada	обочина (ж)	[ɔbótʃina]
poste (m) de luz	столб (м)	[stólb]
conduzir, guiar (vt)	вести (нсв, пх)	[vestí]

161

virar (ex. ~ à direita)	поворачивать (нсв, нпх)	[pɔvɔrátʃivatʲ]
dar retorno	разворачиваться (нсв, возв)	[razvɔrátʃivatsa]
marcha-atrás (f)	задний ход (м)	[zádnij hód]

buzinar (vi)	сигналить (нсв, нпх)	[signálitʲ]
buzina (f)	звуковой сигнал (м)	[zvukɔvój signál]
atolar-se (vr)	застрять (св, нпх)	[zastrʲátʲ]
patinar (na lama)	буксовать (нсв, нпх)	[buksɔvátʲ]
desligar (vt)	глушить (нсв, пх)	[gluʃítʲ]

velocidade (f)	скорость (ж)	[skórɔstʲ]
exceder a velocidade	превысить скорость	[prevīsitʲ skórɔstʲ]
multar (vt)	штрафовать (нсв, пх)	[ʃtrafɔvátʲ]
semáforo (m)	светофор (м)	[svetɔfór]
carta (f) de condução	водительские права (мн)	[vɔdítelʲskie pravá]

passagem (f) de nível	переезд (м)	[pereézd]
cruzamento (m)	перекрёсток (м)	[perekrǿstɔk]
passadeira (f)	пешеходный переход (м)	[peʃɛhódnij perehód]
curva (f)	поворот (м)	[pɔvɔrót]
zona (f) pedonal	пешеходная зона (ж)	[peʃɛhódnaja zóna]

180. Sinais de trânsito

código (m) da estrada	правила дорожного движения (ж)	[právila dɔróʒnɔvɔ dviʒǽnija]
sinal (m) de trânsito	знак (м)	[znák]
ultrapassagem (f)	обгон (м)	[ɔbgón]
curva (f)	поворот (м)	[pɔvɔrót]
inversão (f) de marcha	разворот (м)	[razvɔrót]
rotunda (f)	круговое движение (с)	[krugɔvóe dviʒǽnie]

sentido proibido	въезд запрещён	[vjézt zapreʃǿn]
trânsito proibido	движение запрещено	[dviʒǽnie zapreʃenó]
proibição de ultrapassar	обгон (м) запрещён	[ɔbgón zapreʃǿn]
estacionamento proibido	стоянка (ж) запрещена	[stɔjánka zapreʃená]
paragem proibida	остановка (ж) запрещена	[ɔstanófka zapreʃená]

curva (f) perigosa	крутой поворот (м)	[krutój pɔvɔrót]
descida (f) perigosa	крутой спуск (м)	[krutój spúsk]
trânsito de sentido único	одностороннее движение (с)	[ɔdnɔstɔrónnee dviʒǽnie]

passadeira (f)	пешеходный переход (м)	[peʃɛhódnij perehód]
pavimento (m) escorregadio	скользкая дорога (ж)	[skólʲskaja dɔróga]
cedência de passagem	уступи дорогу	[ustupí dɔrógu]

PESSOAS. EVENTOS

Eventos

181. Férias. Evento

festa (f)	праздник (м)	[práznik]
festa (f) nacional	национальный праздник (м)	[naţsionálʲnij práznik]
feriado (m)	праздничный день (м)	[prázniţʃnij dénʲ]
festejar (vt)	праздновать (нсв, пх)	[práznovatʲ]

evento (festa, etc.)	событие (с)	[sobītie]
evento (banquete, etc.)	мероприятие (с)	[meroprijátie]
banquete (m)	банкет (м)	[bankét]
receção (f)	приём (м)	[prijóm]
festim (m)	пир (м)	[pír]

aniversário (m)	годовщина (ж)	[godoffʃína]
jubileu (m)	юбилей (м)	[jubiléj]
celebrar (vt)	отметить (св, пх)	[otmétitʲ]

Ano (m) Novo	Новый год (м)	[nóvij gód]
Feliz Ano Novo!	С Новым Годом!	[s nóvim gódom]

Natal (m)	Рождество (с)	[roʒdestvó]
Feliz Natal!	Весёлого Рождества!	[vesólovo roʒdestvá]
árvore (f) de Natal	Новогодняя ёлка (ж)	[novogódnʲaja jólka]
fogo (m) de artifício	салют (м)	[salʲút]

boda (f)	свадьба (ж)	[svátʲba]
noivo (m)	жених (м)	[ʒeníh]
noiva (f)	невеста (ж)	[nevésta]

convidar (vt)	приглашать (нсв, пх)	[priglaʃátʲ]
convite (m)	приглашение (с)	[priglaʃǽnie]

convidado (m)	гость (м)	[góstʲ]
visitar (vt)	идти в гости	[itʲtí v gósti]
receber os hóspedes	встречать гостей	[fstretʃátʲ gostéj]

presente (m)	подарок (м)	[podárok]
oferecer (vt)	дарить (нсв, пх)	[darítʲ]
receber presentes	получать подарки	[poluʧátʲ podárki]
ramo (m) de flores	букет (м)	[bukét]
felicitações (f pl)	поздравление (с)	[pozdravlénie]
felicitar (dar os parabéns)	поздравлять (нсв, пх)	[pozdravlʲátʲ]
cartão (m) de parabéns	поздравительная открытка (ж)	[pozdravítelʲnaja otkrītka]

| enviar um postal | отправить открытку | [ɔtprávitʲ ɔtkrĩtku] |
| receber um postal | получить открытку | [pɔluʧítʲ ɔtkrĩtku] |

brinde (m)	тост (м)	[tóst]
oferecer (vt)	угощать (нсв, пх)	[ugɔʃátʲ]
champanhe (m)	шампанское (с)	[ʃampánskɔe]

divertir-se (vr)	веселиться (нсв, возв)	[veselíʦa]
diversão (f)	веселье (с)	[vesélje]
alegria (f)	радость (ж)	[rádɔstʲ]

| dança (f) | танец (м) | [táneʦ] |
| dançar (vi) | танцевать (нсв, н/пх) | [tanʦɛvátʲ] |

| valsa (f) | вальс (м) | [válʲs] |
| tango (m) | танго (с) | [tángɔ] |

182. Funerais. Enterro

cemitério (m)	кладбище (с)	[kládbiʃe]
sepultura (f), túmulo (m)	могила (ж)	[mɔgíla]
cruz (f)	крест (м)	[krést]
lápide (f)	надгробие (с)	[nadgróbie]
cerca (f)	ограда (ж)	[ɔgráda]
capela (f)	часовня (ж)	[ʧasóvnʲa]

morte (f)	смерть (ж)	[smértʲ]
morrer (vi)	умереть (св, нпх)	[umerétʲ]
defunto (m)	покойник (м)	[pɔkójnik]
luto (m)	траур (м)	[tráur]

enterrar, sepultar (vt)	хоронить (нсв, пх)	[hɔrɔnítʲ]
agência (f) funerária	похоронное бюро (с)	[pɔhɔrónnɔe bʲuró]
funeral (m)	похороны (мн)	[póhɔrɔnɨ]

coroa (f) de flores	венок (м)	[venók]
caixão (m)	гроб (м)	[grób]
carro (m) funerário	катафалк (м)	[katafálk]
mortalha (f)	саван (м)	[sávan]

procissão (f) funerária	траурная процессия (ж)	[tráurnaja prɔʦǽsija]
urna (f) funerária	урна (ж)	[úrna]
crematório (m)	крематорий (м)	[krematórij]

obituário (m), necrologia (f)	некролог (м)	[nekrɔlóg]
chorar (vi)	плакать (нсв, нпх)	[plákatʲ]
soluçar (vi)	рыдать (нсв, нпх)	[rɨdátʲ]

183. Guerra. Soldados

| pelotão (m) | взвод (м) | [vzvód] |
| companhia (f) | рота (ж) | [róta] |

regimento (m)	полк (м)	[pólk]
exército (m)	армия (ж)	[ármija]
divisão (f)	дивизия (ж)	[divízija]

| destacamento (m) | отряд (м) | [ɔtrʲád] |
| hoste (f) | войско (с) | [vójskɔ] |

| soldado (m) | солдат (м) | [sɔldát] |
| oficial (m) | офицер (м) | [ɔfitsǽr] |

soldado (m) raso	рядовой (м)	[rɪdɔvój]
sargento (m)	сержант (м)	[serʒánt]
tenente (m)	лейтенант (м)	[lejtenánt]
capitão (m)	капитан (м)	[kapitán]
major (m)	майор (м)	[majór]
coronel (m)	полковник (м)	[pɔlkóvnik]
general (m)	генерал (м)	[generál]

marujo (m)	моряк (м)	[mɔrʲák]
capitão (m)	капитан (м)	[kapitán]
contramestre (m)	боцман (м)	[bótsman]

artilheiro (m)	артиллерист (м)	[artileríst]
soldado (m) paraquedista	десантник (м)	[desántnik]
piloto (m)	лётчик (м)	[lʲóttʃik]

| navegador (m) | штурман (м) | [ʃtúrman] |
| mecânico (m) | механик (м) | [mehánik] |

| sapador (m) | сапёр (м) | [sapør] |
| paraquedista (m) | парашютист (м) | [paraʃutíst] |

| explorador (m) | разведчик (м) | [razvéttʃik] |
| franco-atirador (m) | снайпер (м) | [snájper] |

patrulha (f)	патруль (м)	[patrúlʲ]
patrulhar (vt)	патрулировать (нсв, н/пх)	[patrulírovatʲ]
sentinela (f)	часовой (м)	[tʃasɔvój]

| guerreiro (m) | воин (м) | [vóin] |
| patriota (m) | патриот (м) | [patriót] |

| herói (m) | герой (м) | [gerój] |
| heroína (f) | героиня (ж) | [gerɔínʲa] |

traidor (m)	предатель (м)	[predátelʲ]
desertor (m)	дезертир (м)	[dezertír]
desertar (vt)	дезертировать (нсв, нпх)	[dezertírovatʲ]

mercenário (m)	наёмник (м)	[najómnik]
recruta (m)	новобранец (м)	[nɔvɔbránets]
voluntário (m)	доброволец (м)	[dɔbrɔvólets]

morto (m)	убитый (м)	[ubítij]
ferido (m)	раненый (м)	[ránenij]
prisioneiro (m) de guerra	пленный (м)	[plénnij]

184. Guerra. Ações militares. Parte 1

guerra (f)	война (ж)	[vɔjná]
guerrear (vt)	воевать (нсв, нпх)	[vɔevátʲ]
guerra (f) civil	гражданская война (ж)	[graʒdánskaja vɔjná]
perfidamente	вероломно	[verɔlómnɔ]
declaração (f) de guerra	объявление войны	[ɔbjɪvlénie vɔjnî]
declarar (vt) guerra	объявить (св, пх)	[ɔbjɪvítʲ]
agressão (f)	агрессия (ж)	[agrǽsija]
atacar (vt)	нападать (нсв, нпх)	[napadátʲ]
invadir (vt)	захватывать (нсв, пх)	[zahvátivatʲ]
invasor (m)	захватчик (м)	[zahvátʧik]
conquistador (m)	завоеватель (м)	[zavɔevátelʲ]
defesa (f)	оборона (ж)	[ɔbɔróna]
defender (vt)	оборонять (нсв, пх)	[ɔbɔrɔnʲátʲ]
defender-se (vr)	обороняться (нсв, возв)	[ɔbɔrɔnʲátsa]
inimigo (m)	враг (м)	[vrág]
adversário (m)	противник (м)	[prɔtívnik]
inimigo	вражеский	[vráʒeskij]
estratégia (f)	стратегия (ж)	[stratǽgija]
tática (f)	тактика (ж)	[táktika]
ordem (f)	приказ (м)	[prikás]
comando (m)	команда (ж)	[kɔmánda]
ordenar (vt)	приказывать (нсв, пх)	[prikázivatʲ]
missão (f)	задание (с)	[zadánie]
secreto	секретный	[sekrétnij]
batalha (f)	сражение (с)	[sraʒǽnie]
combate (m)	бой (м)	[bój]
ataque (m)	атака (ж)	[atáka]
assalto (m)	штурм (м)	[ʃtúrm]
assaltar (vt)	штурмовать (нсв, пх)	[ʃturmɔvátʲ]
assédio, sítio (m)	осада (ж)	[ɔsáda]
ofensiva (f)	наступление (с)	[nastuplénie]
passar à ofensiva	наступать (нсв, нпх)	[nastupátʲ]
retirada (f)	отступление (с)	[ɔtstuplénie]
retirar-se (vr)	отступать (нсв, нпх)	[ɔtstupátʲ]
cerco (m)	окружение (с)	[ɔkruʒǽnie]
cercar (vt)	окружать (нсв, пх)	[ɔkruʒátʲ]
bombardeio (m)	бомбёжка (ж)	[bɔmbǿʒka]
lançar uma bomba	сбросить бомбу	[zbrósitʲ bómbu]
bombardear (vt)	бомбить (нсв, пх)	[bombítʲ]
explosão (f)	взрыв (м)	[vzrîf]
tiro (m)	выстрел (м)	[vîstrel]

| disparar um tiro | выстрелить (св, нпх) | [vɨstrelitʲ] |
| tiroteio (m) | стрельба (ж) | [strelʲbá] |

apontar para ...	целиться (нсв, возв)	[tsǽlitsa]
apontar (vt)	навести (св, пх)	[navestí]
acertar (vt)	попасть (св, нпх)	[pɔpástʲ]

afundar (um navio)	потопить (св, пх)	[pɔtɔpítʲ]
brecha (f)	пробоина (ж)	[prɔbóina]
afundar-se (vr)	идти ко дну (нсв)	[itʲtí kɔ dnú]

frente (m)	фронт (м)	[frónt]
evacuação (f)	эвакуация (ж)	[ɛvakuátsija]
evacuar (vt)	эвакуировать (н/св, пх)	[ɛvakuírɔvatʲ]

trincheira (f)	окоп (м)	[ɔkóp]
arame (m) farpado	колючая проволока (ж)	[kɔlʲútʃaja próvɔlka]
obstáculo (m) anticarro	заграждение (с)	[zagraʒdénie]
torre (f) de vigia	вышка (ж)	[vɨʃka]

hospital (m)	госпиталь (м)	[góspitalʲ]
ferir (vt)	ранить (н/св, пх)	[ránitʲ]
ferida (f)	рана (ж)	[rána]
ferido (m)	раненый (м)	[ránenij]
ficar ferido	получить ранение	[pɔlutʃítʲ ranénie]
grave (ferida ~)	тяжёлый	[tɪʒólij]

185. Guerra. Ações militares. Parte 2

cativeiro (m)	плен (м)	[plén]
capturar (vt)	взять в плен	[vzʲátʲ f plén]
estar em cativeiro	быть в плену	[bɨtʲ f plenú]
ser aprisionado	попасть в плен	[pɔpástʲ f plén]

campo (m) de concentração	концлагерь (м)	[kontslágerʲ]
prisioneiro (m) de guerra	пленный (м)	[plénnij]
escapar (vi)	бежать (св, нпх)	[beʒátʲ]

trair (vt)	предать (св, пх)	[predátʲ]
traidor (m)	предатель (м)	[predátelʲ]
traição (f)	предательство (с)	[predátelʲstvɔ]

| fuzilar, executar (vt) | расстрелять (св, пх) | [rastrelʲátʲ] |
| fuzilamento (m) | расстрел (м) | [rastrél] |

equipamento (m)	обмундирование (с)	[ɔbmundirɔvánie]
platina (f)	погон (м)	[pɔgón]
máscara (f) antigás	противогаз (м)	[prɔtivɔgás]

rádio (m)	рация (ж)	[rátsija]
cifra (f), código (m)	шифр (м)	[ʃɨfr]
conspiração (f)	конспирация (ж)	[kɔnspirátsija]
senha (f)	пароль (м)	[parólʲ]
mina (f)	мина (ж)	[mína]

minar (vt)	заминировать (св, пх)	[zaminírovatʲ]
campo (m) minado	минное поле (с)	[mínnɔe póle]

alarme (m) aéreo	воздушная тревога (ж)	[vɔzdúʃnaja trevóga]
alarme (m)	тревога (ж)	[trevóga]
sinal (m)	сигнал (м)	[signál]
sinalizador (m)	сигнальная ракета (ж)	[signálʲnaja rakéta]

estado-maior (m)	штаб (м)	[ʃtáb]
reconhecimento (m)	разведка (ж)	[razvétka]
situação (f)	обстановка (ж)	[ɔpstanófka]
relatório (m)	рапорт (м)	[rápɔrt]
emboscada (f)	засада (ж)	[zasáda]
reforço (m)	подкрепление (с)	[pɔtkreplénie]

alvo (m)	мишень (ж)	[miʃǽnʲ]
campo (m) de tiro	полигон (м)	[pɔligón]
manobras (f pl)	манёвры (м мн)	[manɵ́vri]

pânico (m)	паника (ж)	[pánika]
devastação (f)	разруха (ж)	[razrúha]
ruínas (f pl)	разрушения (ж)	[razruʃǽnija]
destruir (vt)	разрушать (нсв, пх)	[razruʃátʲ]

sobreviver (vi)	выжить (св, нпх)	[vɨ́ʒitʲ]
desarmar (vt)	обезоружить (св, пх)	[ɔbezɔrúʒitʲ]
manusear (vt)	обращаться (нсв, возв)	[ɔbraʃátsa]

Firmes!	Смирно!	[smírnɔ]
Descansar!	Вольно!	[vólʲnɔ]

façanha (f)	подвиг (м)	[pódvig]
juramento (m)	клятва (ж)	[klʲátva]
jurar (vi)	клясться (нсв, возв)	[klʲástsa]

condecoração (f)	награда (ж)	[nagráda]
condecorar (vt)	награждать (нсв, пх)	[nagraʒdátʲ]
medalha (f)	медаль (ж)	[medálʲ]
ordem (f)	орден (м)	[órden]

vitória (f)	победа (ж)	[pɔbéda]
derrota (f)	поражение (с)	[pɔraʒǽnie]
armistício (m)	перемирие (с)	[peremírie]

bandeira (f)	знамя (ж)	[známʲa]
glória (f)	слава (ж)	[sláva]
desfile (m) militar	парад (м)	[parád]
marchar (vi)	маршировать (нсв, нпх)	[marʃirɔvátʲ]

186. Armas

arma (f)	оружие (с)	[ɔrúʒie]
arma (f) de fogo	огнестрельное оружие (с)	[ɔgnestrélʲnɔe ɔrúʒie]
arma (f) branca	холодное оружие (с)	[hɔlódnɔe ɔrúʒie]

arma (f) química	химическое оружие (c)	[himítʃeskɔe ɔrúʒie]
nuclear	ядерный	[jádernij]
arma (f) nuclear	ядерное оружие (c)	[jádernɔe ɔrúʒie]

| bomba (f) | бомба (ж) | [bómba] |
| bomba (f) atómica | атомная бомба (ж) | [átɔmnaja bómba] |

pistola (f)	пистолет (м)	[pistɔlét]
caçadeira (f)	ружьё (c)	[ruʒjǿ]
pistola-metralhadora (f)	автомат (м)	[aftɔmát]
metralhadora (f)	пулемёт (м)	[pulemǿt]

boca (f)	дуло (c)	[dúlɔ]
cano (m)	ствол (м)	[stvól]
calibre (m)	калибр (м)	[kalíbr]

gatilho (m)	курок (м)	[kurók]
mira (f)	прицел (м)	[pritsǽl]
carregador (m)	магазин (м)	[magazín]
coronha (f)	приклад (м)	[priklád]

| granada (f) de mão | граната (ж) | [granáta] |
| explosivo (m) | взрывчатка (ж) | [vzriftʃátka] |

bala (f)	пуля (ж)	[púlʲa]
cartucho (m)	патрон (м)	[patrón]
carga (f)	заряд (м)	[zarʲád]
munições (f pl)	боеприпасы (мн)	[bɔepripásɨ]

bombardeiro (m)	бомбардировщик (м)	[bɔmbardirófʃik]
avião (m) de caça	истребитель (м)	[istrebítelʲ]
helicóptero (m)	вертолёт (м)	[vertɔlǿt]

canhão (m) antiaéreo	зенитка (ж)	[zenítka]
tanque (m)	танк (м)	[tánk]
canhão (de um tanque)	пушка (ж)	[púʃka]

| artilharia (f) | артиллерия (ж) | [artilérija] |
| fazer a pontaria | навести на ... (св) | [navestí na ...] |

obus (m)	снаряд (м)	[snarʲád]
granada (f) de morteiro	мина (ж)	[mína]
morteiro (m)	миномёт (м)	[minɔmǿt]
estilhaço (m)	осколок (м)	[ɔskólɔk]

submarino (m)	подводная лодка (ж)	[pɔdvódnaja lótka]
torpedo (m)	торпеда (ж)	[tɔrpéda]
míssil (m)	ракета (ж)	[rakéta]

carregar (uma arma)	заряжать (нсв, пх)	[zarɨʒátʲ]
atirar, disparar (vi)	стрелять (нсв, нпх)	[strelʲátʲ]
apontar para ...	целиться (нсв, возв)	[tsǽlitsa]
baioneta (f)	штык (м)	[ʃtɨ̃k]

| espada (f) | шпага (ж) | [ʃpága] |
| sabre (m) | сабля (ж) | [sáblʲa] |

lança (f)	копьё (c)	[kɔpjǿ]
arco (m)	лук (м)	[lúk]
flecha (f)	стрела (ж)	[strelá]
mosquete (m)	мушкет (м)	[muʃkét]
besta (f)	арбалет (м)	[arbalét]

187. Povos da antiguidade

primitivo	первобытный	[pervɔbɨ̃tnij]
pré-histórico	доисторический	[dɔistɔrítʃeskij]
antigo	древний	[drévnij]

Idade (f) da Pedra	Каменный Век (м)	[kámennɨj vek]
Idade (f) do Bronze	Бронзовый Век (м)	[brónzɔvij vek]
período (m) glacial	ледниковый период (м)	[lednikóvij períud]

tribo (f)	племя (c)	[plémʲa]
canibal (m)	людоед (м)	[lʲudɔéd]
caçador (m)	охотник (м)	[ɔhótnik]
caçar (vi)	охотиться (нсв, возв)	[ɔhótitsa]
mamute (m)	мамонт (м)	[mámɔnt]

| caverna (f) | пещера (ж) | [peʃʲéra] |
| fogo (m) | огонь (м) | [ɔgónʲ] |

| fogueira (f) | костёр (м) | [kɔstǿr] |
| pintura (f) rupestre | наскальный рисунок (м) | [naskálʲnij risúnɔk] |

ferramenta (f)	орудие (c) труда	[ɔrúdie trudá]
lança (f)	копьё (c)	[kɔpjǿ]
machado (m) de pedra	каменный топор (м)	[kámennɨj tɔpór]

| guerrear (vt) | воевать (нсв, нпх) | [vɔevátʲ] |
| domesticar (vt) | приручать (нсв, пх) | [prirutʃátʲ] |

ídolo (m)	идол (м)	[ídɔl]
adorar, venerar (vt)	поклоняться (нсв, возв)	[pɔklɔnʲátsa]
superstição (f)	суеверие (c)	[suevérie]

| evolução (f) | эволюция (ж) | [ɛvɔlʲútsija] |
| desenvolvimento (m) | развитие (c) | [razvítie] |

| desaparecimento (m) | исчезновение (c) | [isʃeznɔvénie] |
| adaptar-se (vr) | приспосабливаться (нсв, возв) | [prispɔsáblivatsa] |

arqueologia (f)	археология (ж)	[arheɔlógija]
arqueólogo (m)	археолог (м)	[arheólɔg]
arqueológico	археологический	[arheɔlɔgítʃeskij]

local (m) das escavações	раскопки (мн)	[raskópki]
escavações (f pl)	раскопки (мн)	[raskópki]
achado (m)	находка (ж)	[nahótka]
fragmento (m)	фрагмент (м)	[fragmént]

188. Idade média

povo (m)	народ (м)	[naród]
povos (m pl)	народы (м мн)	[naródɨ]
tribo (f)	племя (c)	[plémʲa]
tribos (f pl)	племена (c мн)	[plemená]

bárbaros (m pl)	варвары (м мн)	[várvarɨ]
gauleses (m pl)	галлы (м мн)	[gálɨ]
godos (m pl)	готы (м мн)	[gótɨ]
eslavos (m pl)	славяне (мн)	[slavʲáne]
víquingues (m pl)	викинги (м мн)	[víkingi]

| romanos (m pl) | римляне (мн) | [rímlɨne] |
| romano | римский | [rímskij] |

bizantinos (m pl)	византийцы (м мн)	[vizantíjtsɨ]
Bizâncio	Византия (ж)	[vizantíja]
bizantino	византийский	[vizantíjskij]

imperador (m)	император (м)	[imperátɔr]
líder (m)	вождь (м)	[vóʃtʲ]
poderoso	могущественный	[mɔgúʃʲestvenɨj]
rei (m)	король (м)	[kɔrólʲ]
governante (m)	правитель (м)	[pravítelʲ]

cavaleiro (m)	рыцарь (м)	[rɨ̃tsarʲ]
senhor feudal (m)	феодал (м)	[feɔdál]
feudal	феодальный	[feɔdálʲnij]
vassalo (m)	вассал (м)	[vasál]

duque (m)	герцог (м)	[gértsɔg]
conde (m)	граф (м)	[gráf]
barão (m)	барон (м)	[barón]
bispo (m)	епископ (м)	[epískɔp]

armadura (f)	доспехи (мн)	[dɔspéhi]
escudo (m)	щит (м)	[ʃʲít]
espada (f)	меч (м)	[métʃ]
viseira (f)	забрало (c)	[zabrálɔ]
cota (f) de malha	кольчуга (ж)	[kɔlʲtʃúga]

| cruzada (f) | крестовый поход (м) | [krestóvɨj pɔhód] |
| cruzado (m) | крестоносец (м) | [krestɔnósets] |

território (m)	территория (ж)	[teritórija]
atacar (vt)	нападать (нсв, нпх)	[napadátʲ]
conquistar (vt)	завоевать (св, пх)	[zavɔevátʲ]
ocupar, invadir (vt)	захватить (св, пх)	[zahvatítʲ]

assédio, sítio (m)	осада (ж)	[ɔsáda]
sitiado	осаждённый	[ɔsaʒdǿnnɨj]
assediar, sitiar (vt)	осаждать (нсв, пх)	[ɔsaʒdátʲ]
inquisição (f)	инквизиция (ж)	[inkvizítsɨja]
inquisidor (m)	инквизитор (м)	[inkvizítɔr]

tortura (f)	пытка (ж)	[pîtka]
cruel	жестокий	[ʒestókij]
herege (m)	еретик (м)	[eretík]
heresia (f)	ересь (ж)	[éresʲ]

navegação (f) marítima	мореплавание (с)	[more·plávanie]
pirata (m)	пират (м)	[pirát]
pirataria (f)	пиратство (с)	[pirátstvɔ]
abordagem (f)	абордаж (м)	[abɔrdáʃ]
presa (f), butim (m)	добыча (ж)	[dɔbîʧa]
tesouros (m pl)	сокровища (мн)	[sɔkróviʃʲa]

descobrimento (m)	открытие (с)	[ɔtkrîtie]
descobrir (novas terras)	открыть (св, пх)	[ɔtkrîtʲ]
expedição (f)	экспедиция (ж)	[ɛkspedítsija]

mosqueteiro (m)	мушкетёр (м)	[muʃketǿr]
cardeal (m)	кардинал (м)	[kardinál]
heráldica (f)	геральдика (ж)	[gerálʲdika]
heráldico	геральдический	[geralʲdíʧeskij]

189. Líder. Chefe. Autoridades

rei (m)	король (м)	[kɔrólʲ]
rainha (f)	королева (ж)	[kɔrɔléva]
real	королевский	[kɔrɔléfskij]
reino (m)	королевство (с)	[kɔrɔléfstvɔ]

| príncipe (m) | принц (м) | [prínʦ] |
| princesa (f) | принцесса (ж) | [prinʦǽsa] |

presidente (m)	президент (м)	[prezidént]
vice-presidente (m)	вице-президент (м)	[víʦɛ-prezidént]
senador (m)	сенатор (м)	[senátɔr]

monarca (m)	монарх (м)	[mɔnárh]
governante (m)	правитель (м)	[pravítelʲ]
ditador (m)	диктатор (м)	[diktátɔr]
tirano (m)	тиран (м)	[tirán]
magnata (m)	магнат (м)	[magnát]

diretor (m)	директор (м)	[diréktɔr]
chefe (m)	шеф (м)	[ʃǽf]
dirigente (m)	управляющий (м)	[upravlʲájuʃʲij]
patrão (m)	босс (м)	[bós]
dono (m)	хозяин (м)	[hɔzʲáin]

chefe (~ de delegação)	глава (ж)	[glavá]
autoridades (f pl)	власти (мн)	[vlásti]
superiores (m pl)	начальство (с)	[naʧálʲstvɔ]

governador (m)	губернатор (м)	[gubernátɔr]
cônsul (m)	консул (м)	[kónsul]
diplomata (m)	дипломат (м)	[diplɔmát]

| Presidente (m) da Câmara | мэр (м) | [mǽr] |
| xerife (m) | шериф (м) | [ʃɛríf] |

imperador (m)	император (м)	[imperátɔr]
czar (m)	царь (м)	[ʦárʲ]
faraó (m)	фараон (м)	[faraón]
cã (m)	хан (м)	[hán]

190. Estrada. Caminho. Direções

| estrada (f) | дорога (ж) | [dɔróga] |
| caminho (m) | путь (м) | [pútʲ] |

rodovia (f)	шоссе (с)	[ʃɔssǽ]
autoestrada (f)	автомагистраль (ж)	[áftɔ·magistrálʲ]
estrada (f) nacional	национальная дорога (ж)	[naʦiɔnálʲnaja dɔróga]

| estrada (f) principal | главная дорога (ж) | [glávnaja dɔróga] |
| caminho (m) de terra batida | просёлочная дорога (ж) | [prɔsǿlɔʧnaja dɔróga] |

| trilha (f) | тропа (ж) | [trɔpá] |
| vereda (f) | тропинка (ж) | [trɔpínka] |

Onde?	Где?	[gdé?]
Para onde?	Куда?	[kudá?]
De onde?	Откуда?	[ɔtkúda?]

| direção (f) | направление (с) | [napravlénie] |
| indicar (orientar) | указать (св, пх) | [ukazátʲ] |

para esquerda	налево	[nalévɔ]
para direita	направо	[naprávɔ]
em frente	прямо	[prʲámɔ]
para trás	назад	[nazád]

curva (f)	поворот (м)	[pɔvɔrót]
virar (ex. ~ à direita)	поворачивать (нсв, нпх)	[pɔvɔráʧivatʲ]
dar retorno	разворачиваться (нсв, возв)	[razvɔráʧivatsa]

| estar visível | виднеться (нсв, возв) | [vidnétsa] |
| aparecer (vi) | показаться (св, возв) | [pɔkazátsa] |

paragem (pausa)	остановка (ж)	[ɔstanófka]
descansar (vi)	отдохнуть (св, нпх)	[ɔtdɔhnútʲ]
descanso (m)	отдых (м)	[ótdɨh]

perder-se (vr)	заблудиться (св, возв)	[zabludítsa]
conduzir (caminho)	вести к ... (нсв)	[vestí k ...]
chegar a ...	выйти к ... (св)	[vɨ̄ti k ...]
trecho (m)	отрезок (м)	[ɔtrézɔk]

asfalto (m)	асфальт (м)	[asfálʲt]
lancil (m)	бордюр (м)	[bɔrdʲúr]
valeta (f)	канава (ж)	[kanáva]

tampa (f) de esgoto	люк (м)	[lʲúk]
berma (f) da estrada	обочина (ж)	[ɔbótʃina]
buraco (m)	яма (ж)	[jáma]

ir (a pé)	идти (нсв, нпх)	[itʲtʲí]
ultrapassar (vt)	обогнать (св, пх)	[ɔbɔgnátʲ]

passo (m)	шаг (м)	[ʃág]
a pé	пешком	[peʃkóm]

bloquear (vt)	перегородить (св, пх)	[peregɔrɔdítʲ]
cancela (f)	шлагбаум (м)	[ʃlagbáum]
beco (m) sem saída	тупик (м)	[tupík]

191. Viloação da lei. Criminosos. Parte 1

bandido (m)	бандит (м)	[bandít]
crime (m)	преступление (с)	[prestuplénie]
criminoso (m)	преступник (м)	[prestúpnik]

ladrão (m)	вор (м)	[vór]
furto (m)	воровство (с)	[vɔrɔfstvó]
furto (m)	кража (ж)	[kráʒa]

raptar (ex. ~ uma criança)	похитить (св, пх)	[pɔhítitʲ]
rapto (m)	похищение (с)	[pɔhiʃénie]
raptor (m)	похититель (м)	[pɔhitítelʲ]

resgate (m)	выкуп (м)	[vīkup]
pedir resgate	требовать выкуп	[trébɔvatʲ vīkup]

roubar (vt)	грабить (нсв, пх)	[grábitʲ]
assaltante (m)	грабитель (м)	[grabítelʲ]

extorquir (vt)	вымогать (нсв, пх)	[vimɔgátʲ]
extorsionário (m)	вымогатель (м)	[vimɔgátelʲ]
extorsão (f)	вымогательство (с)	[vimɔgátelʲstvɔ]

matar, assassinar (vt)	убить (св, пх)	[ubítʲ]
homicídio (m)	убийство (с)	[ubíjstvɔ]
homicida, assassino (m)	убийца (ж)	[ubíjtsa]

tiro (m)	выстрел (м)	[vīstrel]
dar um tiro	выстрелить (св, нпх)	[vīstrelitʲ]
matar a tiro	застрелить (св, пх)	[zastrelítʲ]
atirar, disparar (vi)	стрелять (нсв, нпх)	[strelʲátʲ]
tiroteio (m)	стрельба (ж)	[strelʲbá]

incidente (m)	происшествие (с)	[prɔiʃǽstvie]
briga (~ de rua)	драка (ж)	[dráka]
vítima (f)	жертва (ж)	[ʒǽrtva]

danificar (vt)	повредить (св, пх)	[pɔvredítʲ]
dano (m)	ущерб (м)	[uʃérb]

| cadáver (m) | труп (м) | [trúp] |
| grave | тяжкий | [tʲáʃkij] |

atacar (vt)	напасть (св, нпх)	[napástʲ]
bater (espancar)	бить (нсв, пх)	[bítʲ]
espancar (vt)	избить (св, пх)	[izbítʲ]
tirar, roubar (dinheiro)	отнять (св, пх)	[ɔtnʲátʲ]
esfaquear (vt)	зарезать (св, пх)	[zarézatʲ]
mutilar (vt)	изувечить (св, пх)	[izuvétʃitʲ]
ferir (vt)	ранить (н/св, пх)	[ránitʲ]

chantagem (f)	шантаж (м)	[ʃantáʃ]
chantagear (vt)	шантажировать (нсв, пх)	[ʃantaʒírɔvatʲ]
chantagista (m)	шантажист (м)	[ʃantaʒíst]

extorsão (em troca de proteção)	рэкет (м)	[rǽket]
extorsionário (m)	рэкетир (м)	[rɛketír]
gângster (m)	гангстер (м)	[gángstɛr]
máfia (f)	мафия (ж)	[máfija]

carteirista (m)	карманник (м)	[karmánnik]
assaltante, ladrão (m)	взломщик (м)	[vzlómʃʲik]
contrabando (m)	контрабанда (ж)	[kɔntrabánda]
contrabandista (m)	контрабандист (м)	[kɔntrabandíst]

falsificação (f)	подделка (ж)	[pɔddélka]
falsificar (vt)	подделывать (нсв, пх)	[pɔddélivatʲ]
falsificado	фальшивый	[falʲʃívij]

192. Viloação da lei. Criminosos. Parte 2

violação (f)	изнасилование (c)	[iznasílɔvanie]
violar (vt)	изнасиловать (св, пх)	[iznasílɔvatʲ]
violador (m)	насильник (м)	[nasílʲnik]
maníaco (m)	маньяк (м)	[manják]

prostituta (f)	проститутка (ж)	[prɔstitútka]
prostituição (f)	проституция (ж)	[prɔstitútsija]
chulo (m)	сутенёр (м)	[sutenǿr]

| toxicodependente (m) | наркоман (м) | [narkɔmán] |
| traficante (m) | торговец (м) наркотиками | [tɔrgóveʦ narkótikami] |

explodir (vt)	взорвать (св, пх)	[vzɔrvátʲ]
explosão (f)	взрыв (м)	[vzrȋf]
incendiar (vt)	поджечь (св, пх)	[pɔdʒǽtʃʲ]
incendiário (m)	поджигатель (м)	[pɔdʒigátelʲ]

terrorismo (m)	терроризм (м)	[terɔrízm]
terrorista (m)	террорист (м)	[terɔríst]
refém (m)	заложник (м)	[zalóʒnik]
enganar (vt)	обмануть (св, пх)	[ɔbmanútʲ]
engano (m)	обман (м)	[ɔbmán]

vigarista (m)	мошенник (м)	[mɔʃǽnnik]
subornar (vt)	подкупить (св, пх)	[pɔtkupítʲ]
suborno (atividade)	подкуп (м)	[pótkup]
suborno (dinheiro)	взятка (ж)	[vzʲátka]

veneno (m)	яд (м)	[jád]
envenenar (vt)	отравить (св, пх)	[ɔtravítʲ]
envenenar-se (vr)	отравиться (св, возв)	[ɔtravítsa]

suicídio (m)	самоубийство (с)	[samɔubíjstvɔ]
suicida (m)	самоубийца (м, ж)	[samɔubíjtsa]

ameaçar (vt)	угрожать (нсв, пх)	[ugrɔʒátʲ]
ameaça (f)	угроза (ж)	[ugróza]
atentar contra a vida de ...	покушаться (нсв, возв)	[pɔkuʃátsa]
atentado (m)	покушение (с)	[pɔkuʃǽnie]

roubar (o carro)	угнать (св, пх)	[ugnátʲ]
desviar (o avião)	угнать (св, пх)	[ugnátʲ]

vingança (f)	месть (ж)	[méstʲ]
vingar (vt)	мстить (нсв, пх)	[mstítʲ]

torturar (vt)	пытать (нсв, пх)	[pɨtátʲ]
tortura (f)	пытка (ж)	[pɨtka]
atormentar (vt)	мучить (нсв, пх)	[múʧitʲ]

pirata (m)	пират (м)	[pirát]
desordeiro (m)	хулиган (м)	[huligán]
armado	вооружённый	[vɔɔruʒónnij]
violência (f)	насилие (с)	[nasílie]
ilegal	нелегальный	[nelegálʲnij]

espionagem (f)	шпионаж (м)	[ʃpiɔnáʃ]
espionar (vi)	шпионить (нсв, нпх)	[ʃpiónitʲ]

193. Polícia. Lei. Parte 1

justiça (f)	правосудие (с)	[pravɔsúdie]
tribunal (m)	суд (м)	[súd]

juiz (m)	судья (ж)	[sudjá]
jurados (m pl)	присяжные (мн)	[prisʲáʒnie]
tribunal (m) do júri	суд (м) присяжных	[sút prisʲáʒnih]
julgar (vt)	судить (нсв, пх)	[sudítʲ]

advogado (m)	адвокат (м)	[advɔkát]
réu (m)	подсудимый (м)	[pɔtsudímij]
banco (m) dos réus	скамья (ж) подсудимых	[skamjá pɔtsudímɨh]

acusação (f)	обвинение (с)	[ɔbvinénie]
acusado (m)	обвиняемый (м)	[ɔbvinʲáemij]
sentença (f)	приговор (м)	[prigɔvór]
sentenciar (vt)	приговорить (св, пх)	[prigɔvorítʲ]

culpado (m)	виновник (м)	[vinóvnik]
punir (vt)	наказать (св, пх)	[nakazátʲ]
punição (f)	наказание (c)	[nakazánie]

multa (f)	штраф (м)	[ʃtráf]
prisão (f) perpétua	пожизненное заключение (c)	[poʒīznenɔe zaklʲutʃénie]
pena (f) de morte	смертная казнь (ж)	[smértnaja káznʲ]
cadeira (f) elétrica	электрический стул (м)	[ɛlektrítʃeskij stúl]
forca (f)	виселица (ж)	[víselitsa]

| executar (vt) | казнить (н/св, пх) | [kaznítʲ] |
| execução (f) | казнь (ж) | [káznʲ] |

| prisão (f) | тюрьма (ж) | [tʲurʲmá] |
| cela (f) de prisão | камера (ж) | [kámera] |

escolta (f)	конвой (м)	[kɔnvój]
guarda (m) prisional	надзиратель (м)	[nadzirátelʲ]
preso (m)	заключённый (м)	[zaklʲutʃónnij]

| algemas (f pl) | наручники (мн) | [narútʃniki] |
| algemar (vt) | надеть наручники | [nadétʲ narútʃniki] |

fuga, evasão (f)	побег (м)	[pɔbég]
fugir (vi)	убежать (св, нпх)	[ubeʒátʲ]
desaparecer (vi)	исчезнуть (св, нпх)	[isʃéznutʲ]
soltar, libertar (vt)	освободить (св, пх)	[ɔsvɔbɔdítʲ]
amnistia (f)	амнистия (ж)	[amnístija]

polícia (instituição)	полиция (ж)	[polítsija]
polícia (iii)	полицейский (м)	[politsǽjskij]
esquadra (f) de polícia	полицейский участок (м)	[politsǽjskij utʃástɔk]
cassetete (m)	резиновая дубинка (ж)	[rezínɔvaja dubínka]
megafone (m)	рупор (м)	[rúpɔr]

carro (m) de patrulha	патрульная машина (ж)	[patrúlʲnaja maʃīna]
sirene (f)	сирена (ж)	[siréna]
ligar a sirene	включить сирену	[fklʲutʃítʲ sirénu]
toque (m) da sirene	вой (м) сирены	[vój siréni]

cena (f) do crime	место (c) преступления	[méstɔ prestuplénija]
testemunha (f)	свидетель (м)	[svidételʲ]
liberdade (f)	свобода (ж)	[svɔbóda]
cúmplice (m)	сообщник (м)	[sɔópʃʲnik]
escapar (vi)	скрыться (св, возв)	[skrī́tsa]
traço (não deixar ~s)	след (м)	[sléd]

194. Polícia. Lei. Parte 2

procura (f)	розыск (м)	[rózisk]
procurar (vt)	разыскивать ... (нсв, пх)	[razīskivatʲ ...]
suspeita (f)	подозрение (c)	[pɔdɔzrénie]
suspeito	подозрительный	[pɔdɔzrítelʲnij]

parar (vt)	остановить (св, пх)	[ɔstanɔvítʲ]
deter (vt)	задержать (св, пх)	[zaderʒátʲ]
caso (criminal)	дело (c)	[délɔ]
investigação (f)	следствие (c)	[slétstvie]
detetive (m)	детектив, сыщик (м)	[dɛtɛktíf], [sɨʃʲik]
investigador (m)	следователь (м)	[slédɔvatelʲ]
versão (f)	версия (ж)	[vérsija]
motivo (m)	мотив (м)	[mɔtíf]
interrogatório (m)	допрос (м)	[dɔprós]
interrogar (vt)	допрашивать (нсв, пх)	[dɔpráʃivatʲ]
questionar (vt)	опрашивать (нсв, пх)	[ɔpráʃivatʲ]
verificação (f)	проверка (ж)	[prɔvérka]
batida (f) policial	облава (ж)	[ɔbláva]
busca (f)	обыск (м)	[óbɨsk]
perseguição (f)	погоня (ж)	[pɔgónʲa]
perseguir (vt)	преследовать (нсв, пх)	[preslédɔvatʲ]
seguir (vt)	следить (нсв, нпх)	[sledítʲ]
prisão (f)	арест (м)	[arést]
prender (vt)	арестовать (св, пх)	[arestɔvátʲ]
pegar, capturar (vt)	поймать (св, пх)	[pɔjmátʲ]
captura (f)	поимка (ж)	[pɔímka]
documento (m)	документ (м)	[dɔkumént]
prova (f)	доказательство (c)	[dɔkazátelʲstvɔ]
provar (vt)	доказывать (нсв, пх)	[dɔkázɨvatʲ]
pegada (f)	след (м)	[sléd]
impressões (f pl) digitais	отпечатки (м мн) пальцев	[ɔtpeʧátki pálʲtsɛf]
prova (f)	улика (ж)	[ulíka]
álibi (m)	алиби (c)	[álibi]
inocente	невиновный	[nevinóvnij]
injustiça (f)	несправедливость (ж)	[nespravedlívɔstʲ]
injusto	несправедливый	[nespravedlívij]
criminal	криминальный	[kriminálʲnij]
confiscar (vt)	конфисковать (св, пх)	[kɔnfiskɔvátʲ]
droga (f)	наркотик (м)	[narkótik]
arma (f)	оружие (c)	[ɔrúʒie]
desarmar (vt)	обезоружить (св, пх)	[ɔbezɔrúʒitʲ]
ordenar (vt)	приказывать (нсв, пх)	[prikázɨvatʲ]
desaparecer (vi)	исчезнуть (св, нпх)	[isʃéznutʲ]
lei (f)	закон (м)	[zakón]
legal	законный	[zakónnij]
ilegal	незаконный	[nezakónnij]
responsabilidade (f)	ответственность (ж)	[ɔtvétstvenɔstʲ]
responsável	ответственный	[ɔtvétstvenij]

NATUREZA

A Terra. Parte 1

195. Espaço sideral

cosmos (m)	космос (м)	[kósmɔs]
cósmico	космический	[kɔsmítʃeskij]
espaço (m) cósmico	космическое пространство	[kɔsmítʃeskɔe prɔstránstvɔ]
mundo (m)	мир (м)	[mír]
universo (m)	вселенная (ж)	[fselénnaja]
galáxia (f)	галактика (ж)	[galáktika]
estrela (f)	звезда (ж)	[zvezdá]
constelação (f)	созвездие (c)	[sɔzvézdie]
planeta (m)	планета (ж)	[planéta]
satélite (m)	спутник (м)	[spútnik]
meteorito (m)	метеорит (м)	[meteɔrít]
cometa (m)	комета (ж)	[kɔméta]
asteroide (m)	астероид (м)	[astɛróid]
órbita (f)	орбита (ж)	[ɔrbíta]
girar (vi)	вращаться (нсв, возв)	[vraʃátsa]
atmosfera (f)	атмосфера (ж)	[atmɔsféra]
Sol (m)	Солнце (c)	[sóntse]
Sistema (m) Solar	Солнечная система (ж)	[sólnetʃnaja sistéma]
eclipse (m) solar	солнечное затмение (c)	[sólnetʃnɔe zatménie]
Terra (f)	Земля (ж)	[zemlʲá]
Lua (f)	Луна (ж)	[luná]
Marte (m)	Марс (м)	[márs]
Vénus (f)	Венера (ж)	[venéra]
Júpiter (m)	Юпитер (м)	[jupíter]
Saturno (m)	Сатурн (м)	[satúrn]
Mercúrio (m)	Меркурий (м)	[merkúrij]
Urano (m)	Уран (м)	[urán]
Neptuno (m)	Нептун (м)	[neptún]
Plutão (m)	Плутон (м)	[plutón]
Via Láctea (f)	Млечный Путь (м)	[mlétʃnij pútʲ]
Ursa Maior (f)	Большая Медведица (ж)	[bɔlʲʃája medvéditsa]
Estrela Polar (f)	Полярная Звезда (ж)	[pɔlʲárnaja zvezdá]
marciano (m)	марсианин (м)	[marsiánin]

extraterrestre (m)	инопланетянин (м)	[inoplanet¹ánin]
alienígena (m)	пришелец (м)	[priʃǽleʦ]
disco (m) voador	летающая тарелка (ж)	[letájuʃaja tarélka]

nave (f) espacial	космический корабль (м)	[kɔsmítʃeskij kɔrábl¹]
estação (f) orbital	орбитальная станция (ж)	[ɔrbitál¹naja stántsija]
lançamento (m)	старт (м)	[stárt]

motor (m)	двигатель (м)	[dvígatel¹]
bocal (m)	сопло (с)	[sɔpló]
combustível (m)	топливо (с)	[tóplivɔ]

cabine (f)	кабина (ж)	[kabína]
antena (f)	антенна (ж)	[antǽna]
vigia (f)	иллюминатор (м)	[il¹uminátɔr]
bateria (f) solar	солнечная батарея (ж)	[sólnetʃnaja bataréja]
traje (m) espacial	скафандр (м)	[skafándr]

| imponderabilidade (f) | невесомость (ж) | [nevesómɔst¹] |
| oxigénio (m) | кислород (м) | [kislɔród] |

| acoplagem (f) | стыковка (ж) | [stɨkófka] |
| fazer uma acoplagem | производить стыковку | [prɔizvɔdít¹ stɨkófku] |

observatório (m)	обсерватория (ж)	[ɔpservatórija]
telescópio (m)	телескоп (м)	[teleskóp]
observar (vt)	наблюдать (нсв, нпх)	[nabl¹udát¹]
explorar (vt)	исследовать (н/св, пх)	[islédɔvat¹]

196. A Terra

Terra (f)	Земля (ж)	[zeml¹á]
globo terrestre (Terra)	земной шар (м)	[zemnój ʃár]
planeta (m)	планета (ж)	[planéta]

atmosfera (f)	атмосфера (ж)	[atmɔsféra]
geografia (f)	география (ж)	[geɔgráfija]
natureza (f)	природа (ж)	[priróda]

globo (mapa esférico)	глобус (м)	[glóbus]
mapa (m)	карта (ж)	[kárta]
atlas (m)	атлас (м)	[átlas]

Europa (f)	Европа (ж)	[evrópa]
Ásia (f)	Азия (ж)	[ázija]
África (f)	Африка (ж)	[áfrika]
Austrália (f)	Австралия (ж)	[afstrálija]

América (f)	Америка (ж)	[amérika]
América (f) do Norte	Северная Америка (ж)	[sévernaja amérika]
América (f) do Sul	Южная Америка (ж)	[júʒnaja amérika]

| Antártida (f) | Антарктида (ж) | [antarktída] |
| Ártico (m) | Арктика (ж) | [árktika] |

197. Pontos cardeais

norte (m)	север (м)	[séver]
para norte	на север	[na séver]
no norte	на севере	[na sévere]
do norte	северный	[sévernij]
sul (m)	юг (м)	[júg]
para sul	на юг	[na júg]
no sul	на юге	[na júge]
do sul	южный	[júʒnij]
oeste, ocidente (m)	запад (м)	[západ]
para oeste	на запад	[na západ]
no oeste	на западе	[na západe]
ocidental	западный	[západnij]
leste, oriente (m)	восток (м)	[vɔstók]
para leste	на восток	[na vɔstók]
no leste	на востоке	[na vɔstóke]
oriental	восточный	[vɔstótʃnij]

198. Mar. Oceano

mar (m)	море (с)	[móre]
oceano (m)	океан (м)	[ɔkeán]
golfo (m)	залив (м)	[zalíf]
estreito (m)	пролив (м)	[prɔlíf]
terra (f) firme	земля (ж), суша (ж)	[zemlʲá], [súʃa]
continente (m)	материк (м)	[materík]
ilha (f)	остров (м)	[óstrɔf]
península (f)	полуостров (м)	[polu·óstrɔf]
arquipélago (m)	архипелаг (м)	[arhipelág]
baía (f)	бухта (ж)	[búhta]
porto (m)	гавань (ж)	[gávanʲ]
lagoa (f)	лагуна (ж)	[lagúna]
cabo (m)	мыс (м)	[mỹs]
atol (m)	атолл (м)	[atól]
recife (m)	риф (м)	[ríf]
coral (m)	коралл (м)	[kɔrál]
recife (m) de coral	коралловый риф (м)	[kɔrálɔvij ríf]
profundo	глубокий	[glubókij]
profundidade (f)	глубина (ж)	[glubiná]
abismo (m)	бездна (ж)	[bézdna]
fossa (f) oceânica	впадина (ж)	[fpádina]
corrente (f)	течение (с)	[tetʃénie]
banhar (vt)	омывать (нсв, пх)	[ɔmivátʲ]
litoral (m)	побережье (с)	[pɔberéʒje]

181

costa (f)	берег (м)	[béreg]
maré (f) alta	прилив (м)	[prilíf]
refluxo (m), maré (f) baixa	отлив (м)	[ɔtlíf]
restinga (f)	отмель (ж)	[ótmelʲ]
fundo (m)	дно (с)	[dnó]

onda (f)	волна (ж)	[vɔlná]
crista (f) da onda	гребень (м) волны	[grébenʲ vɔlnɪ̄]
espuma (f)	пена (ж)	[péna]

tempestade (f)	буря (ж)	[búrʲa]
furacão (m)	ураган (м)	[uragán]
tsunami (m)	цунами (с)	[tsunámi]
calmaria (f)	штиль (м)	[ʃtílʲ]
calmo	спокойный	[spɔkójnij]

| polo (m) | полюс (м) | [pólʲus] |
| polar | полярный | [pɔlʲárnij] |

latitude (f)	широта (ж)	[ʃirɔtá]
longitude (f)	долгота (ж)	[dɔlgɔtá]
paralela (f)	параллель (ж)	[paralélʲ]
equador (m)	экватор (м)	[ɛkvátɔr]

céu (m)	небо (с)	[nébɔ]
horizonte (m)	горизонт (м)	[gɔrizónt]
ar (m)	воздух (м)	[vózduh]

farol (m)	маяк (м)	[maják]
mergulhar (vi)	нырять (нсв, нпх)	[nirʲátʲ]
afundar-se (vr)	затонуть (св, нпх)	[zatɔnútʲ]
tesouros (m pl)	сокровища (мн)	[sɔkróviʃa]

199. Nomes de Mares e Oceanos

Oceano (m) Atlântico	Атлантический океан (м)	[atlantítʃeskij ɔkeán]
Oceano (m) Índico	Индийский океан (м)	[indíjskij ɔkeán]
Oceano (m) Pacífico	Тихий океан (м)	[tíhij ɔkeán]
Oceano (m) Ártico	Северный Ледовитый океан (м)	[sévernij ledɔvítij ɔkeán]

Mar (m) Negro	Чёрное море (с)	[tʃórnɔe mórе]
Mar (m) Vermelho	Красное море (с)	[krásnɔe mórе]
Mar (m) Amarelo	Жёлтое море (с)	[ʒóltɔe mórе]
Mar (m) Branco	Белое море (с)	[bélɔe mórе]

Mar (m) Cáspio	Каспийское море (с)	[kaspíjskɔe mórе]
Mar (m) Morto	Мёртвое море (с)	[mǿrtvɔe mórе]
Mar (m) Mediterrâneo	Средиземное море (с)	[sredizémnɔe mórе]

Mar (m) Egeu	Эгейское море (с)	[ɛgéjskɔe mórе]
Mar (m) Adriático	Адриатическое море (с)	[adriatítʃeskɔe mórе]
Mar (m) Arábico	Аравийское море (с)	[aravíjskɔe mórе]
Mar (m) do Japão	японское море (с)	[jıpónskɔe mórе]

| Mar (m) de Bering | Берингово море (c) | [béringɔvɔ móre] |
| Mar (m) da China Meridional | Южно-Китайское море (c) | [júʒnɔ-kitájskɔe móre] |

Mar (m) de Coral	Коралловое море (c)	[kɔrálɔvɔe móre]
Mar (m) de Tasman	Тасманово море (c)	[tasmánɔvɔ móre]
Mar (m) do Caribe	Карибское море (c)	[karíbskɔe móre]

| Mar (m) de Barents | Баренцево море (c) | [bárentsɛvɔ móre] |
| Mar (m) de Kara | Карское море (c) | [kárskɔe móre] |

Mar (m) do Norte	Северное море (c)	[sévernɔe móre]
Mar (m) Báltico	Балтийское море (c)	[baltíjskɔe móre]
Mar (m) da Noruega	Норвежское море (c)	[nɔrvéʒskɔe móre]

200. Montanhas

montanha (f)	гора (ж)	[gɔrá]
cordilheira (f)	горная цепь (ж)	[górnaja tsæpʲ]
serra (f)	горный хребет (м)	[górnij hrebét]

cume (m)	вершина (ж)	[verʃína]
pico (m)	пик (м)	[pík]
sopé (m)	подножие (c)	[pɔdnóʒie]
declive (m)	склон (м)	[sklón]

vulcão (m)	вулкан (м)	[vulkán]
vulcão (m) ativo	действующий вулкан (м)	[déjstvujuʃij vulkán]
vulcão (m) extinto	потухший вулкан (м)	[pɔtúhʃij vulkán]

erupção (f)	извержение (c)	[izverʒǽnie]
cratera (f)	кратер (м)	[krátɛr]
magma (m)	магма (ж)	[mágma]
lava (f)	лава (ж)	[láva]
fundido (lava ~a)	раскалённый	[raskalɵnnij]

desfiladeiro (m)	каньон (м)	[kanjón]
garganta (f)	ущелье (c)	[uʃélje]
fenda (f)	расщелина (ж)	[raʃélina]

passo, colo (m)	перевал (м)	[perevál]
planalto (m)	плато (c)	[plató]
falésia (f)	скала (ж)	[skalá]
colina (f)	холм (м)	[hólm]

glaciar (m)	ледник (м)	[ledník]
queda (f) d'água	водопад (м)	[vɔdɔpád]
géiser (m)	гейзер (м)	[géjzer]
lago (m)	озеро (c)	[ózerɔ]

planície (f)	равнина (ж)	[ravnína]
paisagem (f)	пейзаж (м)	[pejzáʃ]
eco (m)	эхо (c)	[ǽhɔ]
alpinista (m)	альпинист (м)	[alʲpiníst]
escalador (m)	скалолаз (м)	[skalɔlás]

| conquistar (vt) | покорять (нсв, пх) | [pɔkɔrʲátʲ] |
| subida, escalada (f) | восхождение (с) | [vɔsxɔʒdénie] |

201. Nomes de montanhas

Alpes (m pl)	Альпы (мн)	[álʲpi]
monte Branco (m)	Монблан (м)	[mɔnblán]
Pirineus (m pl)	Пиренеи (мн)	[pirenéi]

Cárpatos (m pl)	Карпаты (мн)	[karpáti]
montes (m pl) Urais	Уральские горы (мн)	[urálʲskie góri]
Cáucaso (m)	Кавказ (м)	[kafkás]
Elbrus (m)	Эльбрус (м)	[ɛlʲbrús]

Altai (m)	Алтай (м)	[altáj]
Tian Shan (m)	Тянь-Шань (ж)	[tʲánʲ-ʃánʲ]
Pamir (m)	Памир (м)	[pamír]
Himalaias (m pl)	Гималаи (мн)	[gimalái]
monte (m) Everest	Эверест (м)	[ɛverést]

| Cordilheira (f) dos Andes | Анды (мн) | [ándi] |
| Kilimanjaro (m) | Килиманджаро (ж) | [kilimandʒárɔ] |

202. Rios

rio (m)	река (ж)	[reká]
fonte, nascente (f)	источник (м)	[istótʃnik]
leito (m) do rio	русло (с)	[rúslɔ]
bacia (f)	бассейн (м)	[basæjn]
desaguar no ...	впадать в ... (нсв)	[fpadátʲ f ...]

| afluente (m) | приток (м) | [pritók] |
| margem (do rio) | берег (м) | [béreg] |

corrente (f)	течение (с)	[tetʃénie]
rio abaixo	вниз по течению	[vnís pɔ tetʃéniju]
rio acima	вверх по течению	[vvérh pɔ tetʃéniju]

inundação (f)	наводнение (с)	[navɔdnénie]
cheia (f)	половодье (с)	[pɔlɔvódje]
transbordar (vi)	разливаться (нсв, возв)	[razliváʦa]
inundar (vt)	затоплять (нсв, пх)	[zatɔplʲátʲ]

| banco (m) de areia | мель (ж) | [mélʲ] |
| rápidos (m pl) | порог (м) | [pɔróg] |

barragem (f)	плотина (ж)	[plɔtína]
canal (m)	канал (м)	[kanál]
reservatório (m) de água	водохранилище (с)	[vódɔ·hraníliʃe]
eclusa (f)	шлюз (м)	[ʃlʲús]
corpo (m) de água	водоём (м)	[vɔdɔjóm]
pântano (m)	болото (с)	[bɔlótɔ]

tremedal (m)	трясина (ж)	[trɪsína]
remoinho (m)	водоворот (м)	[vɔdɔvɔrót]
arroio, regato (m)	ручей (м)	[rutʃéj]
potável	питьевой	[pitjevój]
doce (água)	пресный	[présnʲij]
gelo (m)	лёд (м)	[lǿd]
congelar-se (vr)	замёрзнуть (св, нпх)	[zamǿrznutʲ]

203. Nomes de rios

rio Sena (m)	Сена (ж)	[séna]
rio Loire (m)	Луара (ж)	[luára]
rio Tamisa (m)	Темза (ж)	[tǽmza]
rio Reno (m)	Рейн (м)	[rǽjn]
rio Danúbio (m)	Дунай (м)	[dunáj]
rio Volga (m)	Волга (ж)	[vólga]
rio Don (m)	Дон (м)	[dón]
rio Lena (m)	Лена (ж)	[léna]
rio Amarelo (m)	Хуанхэ (ж)	[huanhǽ]
rio Yangtzé (m)	янцзы (ж)	[jɪntszī]
rio Mekong (m)	Меконг (м)	[mekóng]
rio Ganges (m)	Ганг (м)	[gáng]
rio Nilo (m)	Нил (м)	[níl]
rio Congo (m)	Конго (ж)	[kóngɔ]
rio Cubango (m)	Окаванго (ж)	[ɔkavángɔ]
rio Zambeze (m)	Замбези (ж)	[zambézi]
rio Limpopo (m)	Лимпопо (ж)	[limpɔpó]
rio Mississípi (m)	Миссисипи (ж)	[misisípi]

204. Floresta

floresta (f), bosque (m)	лес (м)	[lés]
florestal	лесной	[lesnój]
mata (f) cerrada	чаща (ж)	[tʃáʃʲa]
arvoredo (m)	роща (ж)	[róʃʲa]
clareira (f)	поляна (ж)	[pɔlʲána]
matagal (m)	заросли (мн)	[zárɔsli]
mato (m)	кустарник (м)	[kustárnik]
vereda (f)	тропинка (ж)	[trɔpínka]
ravina (f)	овраг (м)	[ɔvrág]
árvore (f)	дерево (с)	[dérevɔ]
folha (f)	лист (м)	[líst]

folhagem (f)	листва (ж)	[listvá]
queda (f) das folhas	листопад (м)	[listɔpád]
cair (vi)	опадать (нсв, нпх)	[ɔpadátʲ]
topo (m)	верхушка (ж)	[verhúʃka]

ramo (m)	ветка (ж)	[vétka]
galho (m)	сук (м)	[súk]
botão, rebento (m)	почка (ж)	[pótʃka]
agulha (f)	игла (ж)	[iglá]
pinha (f)	шишка (ж)	[ʃiʃka]

buraco (m) de árvore	дупло (с)	[dupló]
ninho (m)	гнездо (с)	[gnezdó]
toca (f)	нора (ж)	[nɔrá]

tronco (m)	ствол (м)	[stvól]
raiz (f)	корень (м)	[kórenʲ]
casca (f) de árvore	кора (ж)	[kɔrá]
musgo (m)	мох (м)	[móh]

arrancar pela raiz	корчевать (нсв, пх)	[kɔrtʃevátʲ]
cortar (vt)	рубить (нсв, пх)	[rubítʲ]
desflorestar (vt)	вырубать лес	[virubátʲ lʲés]
toco, cepo (m)	пень (м)	[pénʲ]

fogueira (f)	костёр (м)	[kɔstór]
incêndio (m) florestal	пожар (м)	[pɔʒár]
apagar (vt)	тушить (нсв, пх)	[tuʃítʲ]

guarda-florestal (m)	лесник (м)	[lesník]
proteção (f)	охрана (ж)	[ɔhrána]
proteger (a natureza)	охранять (нсв, пх)	[ɔhranʲátʲ]
caçador (m) furtivo	браконьер (м)	[brakɔnjér]
armadilha (f)	капкан (м)	[kapkán]

| colher (cogumelos, bagas) | собирать (нсв, пх) | [sɔbirátʲ] |
| perder-se (vr) | заблудиться (св, возв) | [zabludítsa] |

205. Recursos naturais

recursos (m pl) naturais	природные ресурсы (м мн)	[priródnie resúrsi]
minerais (m pl)	полезные ископаемые (с мн)	[poléznie iskɔpáemie]
depósitos (m pl)	залежи (мн)	[záleʒi]
jazida (f)	месторождение (с)	[mestɔrɔʒdénie]

extrair (vt)	добывать (нсв, пх)	[dɔbivátʲ]
extração (f)	добыча (ж)	[dɔbïtʃa]
minério (m)	руда (ж)	[rudá]
mina (f)	рудник (м)	[rudník]
poço (m) de mina	шахта (ж)	[ʃáhta]
mineiro (m)	шахтёр (м)	[ʃahtór]
gás (m)	газ (м)	[gás]
gasoduto (m)	газопровод (м)	[gazɔ·prɔvód]

petróleo (m)	нефть (ж)	[néftʲ]
oleoduto (m)	нефтепровод (м)	[nefte·prɔvód]
poço (m) de petróleo	нефтяная вышка (ж)	[neftɪnája vɨ̄ʃka]
torre (f) petrolífera	буровая вышка (ж)	[burɔvája vɨ̄ʃka]
petroleiro (m)	танкер (м)	[tánker]

areia (f)	песок (м)	[pesók]
calcário (m)	известняк (м)	[izvesnʲák]
cascalho (m)	гравий (м)	[grávij]
turfa (f)	торф (м)	[tórf]
argila (f)	глина (ж)	[glína]
carvão (m)	уголь (м)	[úgɔlʲ]

ferro (m)	железо (с)	[ʒelézɔ]
ouro (m)	золото (с)	[zólɔtɔ]
prata (f)	серебро (с)	[serebró]
níquel (m)	никель (м)	[níkelʲ]
cobre (m)	медь (ж)	[métʲ]

zinco (m)	цинк (м)	[tsɪ̄nk]
manganês (m)	марганец (м)	[márganets]
mercúrio (m)	ртуть (ж)	[rtútʲ]
chumbo (m)	свинец (м)	[svinéts]

mineral (m)	минерал (м)	[minerál]
cristal (m)	кристалл (м)	[kristál]
mármore (m)	мрамор (м)	[mrámɔr]
urânio (m)	уран (м)	[urán]

A Terra. Parte 2

206. Tempo

tempo (m)	погода (ж)	[pɔgóda]
previsão (f) do tempo	прогноз (м) погоды	[prɔgnós pɔgódi]
temperatura (f)	температура (ж)	[temperatúra]
termómetro (m)	термометр (м)	[termómetr]
barómetro (m)	барометр (м)	[barómetr]
húmido	влажный	[vláʒnij]
humidade (f)	влажность (ж)	[vláʒnɔstʲ]
calor (m)	жара (ж)	[ʒará]
cálido	жаркий	[ʒárkij]
está muito calor	жарко	[ʒárkɔ]
está calor	тепло	[tepló]
quente	тёплый	[tǿplij]
está frio	холодно	[hólɔdnɔ]
frio	холодный	[hɔlódnij]
sol (m)	солнце (c)	[sóntse]
brilhar (vi)	светить (нсв, нпх)	[svetítʲ]
de sol, ensolarado	солнечный	[sólnetʃnij]
nascer (vi)	взойти (св, нпх)	[vzɔjtí]
pôr-se (vr)	сесть (св, нпх)	[séstʲ]
nuvem (f)	облако (c)	[óblakɔ]
nublado	облачный	[óblatʃnij]
nuvem (f) preta	туча (ж)	[tútʃa]
escuro, cinzento	пасмурный	[pásmurnij]
chuva (f)	дождь (м)	[dóʃtʲ], [dóʃ]
está a chover	идёт дождь	[idǿt dóʃtʲ]
chuvoso	дождливый	[dɔʒdlívij]
chuviscar (vi)	моросить (нсв, нпх)	[mɔrɔsítʲ]
chuva (f) torrencial	проливной дождь (м)	[prɔlivnój dóʃtʲ]
chuvada (f)	ливень (м)	[lívenʲ]
forte (chuva)	сильный	[sílʲnij]
poça (f)	лужа (ж)	[lúʒa]
molhar-se (vr)	промокнуть (св, нпх)	[prɔmóknutʲ]
nevoeiro (m)	туман (м)	[tumán]
de nevoeiro	туманный	[tumánnij]
neve (f)	снег (м)	[snég]
está a nevar	идёт снег	[idǿt snég]

207. Tempo extremo. Catástrofes naturais

trovoada (f)	гроза (ж)	[grɔzá]
relâmpago (m)	молния (ж)	[mólnija]
relampejar (vi)	сверкать (нсв, нпх)	[sverkátʲ]
trovão (m)	гром (м)	[gróm]
trovejar (vi)	греметь (нсв, нпх)	[gremétʲ]
está a trovejar	гремит гром	[gremít gróm]
granizo (m)	град (м)	[grád]
está a cair granizo	идёт град	[idǿt grád]
inundar (vt)	затопить (св, пх)	[zatɔpítʲ]
inundação (f)	наводнение (c)	[navɔdnénie]
terremoto (m)	землетрясение (c)	[zemletrɪsénie]
abalo, tremor (m)	толчок (м)	[tɔlʧók]
epicentro (m)	эпицентр (м)	[ɛpitsǽntr]
erupção (f)	извержение (c)	[izverʒǽnie]
lava (f)	лава (ж)	[láva]
turbilhão (m)	смерч (м)	[smérʧ]
tornado (m)	торнадо (м)	[tɔrnádɔ]
tufão (m)	тайфун (м)	[tajfún]
furacão (m)	ураган (м)	[uragán]
tempestade (f)	буря (ж)	[búrʲa]
tsunami (m)	цунами (c)	[ʦunámi]
ciclone (m)	циклон (м)	[ʦiklón]
mau tempo (m)	непогода (ж)	[nepɔgóda]
incêndio (m)	пожар (м)	[pɔʒár]
catástrofe (f)	катастрофа (ж)	[katastrófa]
meteorito (m)	метеорит (м)	[meteɔrít]
avalanche (f)	лавина (ж)	[lavína]
deslizamento (m) de neve	обвал (м)	[ɔbvál]
nevasca (f)	метель (ж)	[metélʲ]
tempestade (f) de neve	вьюга (ж)	[vjúga]

208. Ruídos. Sons

silêncio (m)	тишина (ж)	[tiʃiná]
som (m)	звук (м)	[zvúk]
ruído, barulho (m)	шум (м)	[ʃúm]
fazer barulho	шуметь (нсв, нпх)	[ʃumétʲ]
ruidoso, barulhento	шумный	[ʃúmnij]
alto (adv)	громко	[grómkɔ]
alto (adj)	громкий	[grómkij]
constante (ruído, etc.)	постоянный	[pɔstɔjánnij]

grito (m)	крик (м)	[krík]
gritar (vi)	кричать (нсв, нпх)	[kritʃátʲ]
sussurro (m)	шёпот (м)	[ʃópɔt]
sussurrar (vt)	шептать (нсв, н/пх)	[ʃɛptátʲ]

latido (m)	лай (м)	[láj]
latir (vi)	лаять (нсв, нпх)	[lájɪtʲ]

gemido (m)	стон (м)	[stón]
gemer (vi)	стонать (нсв, нпх)	[stɔnátʲ]
tosse (f)	кашель (м)	[káʃɛlʲ]
tossir (vi)	кашлять (нсв, нпх)	[káʃlɪtʲ]

assobio (m)	свист (м)	[svíst]
assobiar (vi)	свистеть (нсв, нпх)	[svistétʲ]
batida (f)	стук (м)	[stúk]
bater (vi)	стучать (нсв, нпх)	[stutʃátʲ]

estalar (vi)	трещать (нсв, нпх)	[treʃátʲ]
estalido (m)	треск (м)	[trésk]

sirene (f)	сирена (ж)	[siréna]
apito (m)	гудок (м)	[gudók]
apitar (vi)	гудеть (нсв, нпх)	[gudétʲ]
buzina (f)	сигнал (м)	[signál]
buzinar (vi)	сигналить (нсв, нпх)	[signálitʲ]

209. Inverno

inverno (m)	зима (ж)	[zimá]
de inverno	зимний	[zímnij]
no inverno	зимой	[zimój]

neve (f)	снег (м)	[snég]
está a nevar	идёт снег	[idǿt snég]
queda (f) de neve	снегопад (м)	[snegɔpád]
amontoado (m) de neve	сугроб (м)	[sugrób]

floco (m) de neve	снежинка (ж)	[sneʒĩnka]
bola (f) de neve	снежок (м)	[sneʒók]
boneco (m) de neve	снеговик (м)	[snegɔvík]
sincelo (m)	сосулька (ж)	[sɔsúlʲka]

dezembro (m)	декабрь (м)	[dekábrʲ]
janeiro (m)	январь (м)	[jɪnvárʲ]
fevereiro (m)	февраль (м)	[fevrálʲ]

gelo (m)	мороз (м)	[mɔrós]
gelado, glacial	морозный	[mɔróznɪj]

abaixo de zero	ниже нуля	[níʒe nulʲá]
geada (f)	заморозки (мн)	[zámɔrɔski]
geada (f) branca	иней (м)	[ínej]
frio (m)	холод (м)	[hólɔd]

está frio   холодно   [hólɔdnɔ]
casaco (m) de peles   шуба (ж)   [ʃúba]
mitenes (f pl)   варежки (ж мн)   [várejki]

adoecer (vi)   заболеть (св, нпх)   [zabɔlétʲ]
constipação (f)   простуда (ж)   [prɔstúda]
constipar-se (vr)   простудиться (св, возв)   [prɔstudíʦa]

gelo (m)   лёд (м)   [lǿd]
gelo (m) na estrada   гололёд (м)   [gɔlɔlǿd]
congelar-se (vr)   замёрзнуть (св, нпх)   [zamǿrznutʲ]
bloco (m) de gelo   льдина (ж)   [lʲdína]

esqui (m)   лыжи (ж мн)   [lī́ʒi]
esquiador (m)   лыжник (м)   [lī́ʒnik]
esquiar (vi)   кататься на лыжах   [katáʦa na lī́ʒah]
patinar (vi)   кататься на коньках   [katáʦa na kɔnʲkáh]

Fauna

210. Mamíferos. Predadores

predador (m)	хищник (м)	[híʃnik]
tigre (m)	тигр (м)	[tígr]
leão (m)	лев (м)	[léf]
lobo (m)	волк (м)	[vólk]
raposa (f)	лиса (ж)	[lisá]
jaguar (m)	ягуар (м)	[jɪguár]
leopardo (m)	леопард (м)	[leɔpárd]
chita (f)	гепард (м)	[gepárd]
pantera (f)	пантера (ж)	[pantǽra]
puma (m)	пума (ж)	[púma]
leopardo-das-neves (m)	снежный барс (м)	[snéʒnij bárs]
lince (m)	рысь (ж)	[rɨsʲ]
coiote (m)	койот (м)	[kɔjót]
chacal (m)	шакал (м)	[ʃakál]
hiena (f)	гиена (ж)	[giéna]

211. Animais selvagens

animal (m)	животное (c)	[ʒivótnɔe]
besta (f)	зверь (м)	[zvérʲ]
esquilo (m)	белка (ж)	[bélka]
ouriço (m)	ёж (м)	[jóʃ]
lebre (f)	заяц (м)	[záits]
coelho (m)	кролик (м)	[królik]
texugo (m)	барсук (м)	[barsúk]
guaxinim (m)	енот (м)	[enót]
hamster (m)	хомяк (м)	[homʲák]
marmota (f)	сурок (м)	[surók]
toupeira (f)	крот (м)	[krót]
rato (m)	мышь (ж)	[mɨʃ]
ratazana (f)	крыса (ж)	[krɨsa]
morcego (m)	летучая мышь (ж)	[letútʃaja mɨʃ]
arminho (m)	горностай (м)	[gɔrnɔstáj]
zibelina (f)	соболь (м)	[sóbɔlʲ]
marta (f)	куница (ж)	[kunítsa]
doninha (f)	ласка (ж)	[láska]
vison (m)	норка (ж)	[nórka]

castor (m)	бобр (м)	[bóbr]
lontra (f)	выдра (ж)	[vĭdra]

cavalo (m)	лошадь (ж)	[lóʃatʲ]
alce (m)	лось (м)	[lósʲ]
veado (m)	олень (м)	[ɔlénʲ]
camelo (m)	верблюд (м)	[verblʲúd]

bisão (m)	бизон (м)	[bizón]
auroque (m)	зубр (м)	[zúbr]
búfalo (m)	буйвол (м)	[bújvɔl]

zebra (f)	зебра (ж)	[zébra]
antílope (m)	антилопа (ж)	[antilópa]
corça (f)	косуля (ж)	[kɔsúlʲa]
gamo (m)	лань (ж)	[lánʲ]
camurça (f)	серна (ж)	[sérna]
javali (m)	кабан (м)	[kabán]

baleia (f)	кит (м)	[kítʲ]
foca (f)	тюлень (м)	[tʲulénʲ]
morsa (f)	морж (м)	[mórʃ]
urso-marinho (m)	котик (м)	[kótik]
golfinho (m)	дельфин (м)	[delʲfín]

urso (m)	медведь (м)	[medvétʲ]
urso (m) branco	белый медведь (м)	[bélij medvétʲ]
panda (m)	панда (ж)	[pánda]

macaco (em geral)	обезьяна (ж)	[ɔbezjána]
chimpanzé (m)	шимпанзе (с)	[ʃimpanzǽ]
orangotango (m)	орангутанг (м)	[ɔrangutáng]
gorila (m)	горилла (ж)	[gɔríla]
macaco (m)	макака (ж)	[makáka]
gibão (m)	гиббон (м)	[gibón]

elefante (m)	слон (м)	[slón]
rinoceronte (m)	носорог (м)	[nɔsɔróg]
girafa (f)	жираф (м)	[ʒɨráf]
hipopótamo (m)	бегемот (м)	[begemót]

canguru (m)	кенгуру (м)	[kengurú]
coala (m)	коала (ж)	[kɔála]

mangusto (m)	мангуст (м)	[mangúst]
chinchila (m)	шиншилла (ж)	[ʃinʃĭla]
doninha-fedorenta (f)	скунс (м)	[skúns]
porco-espinho (m)	дикобраз (м)	[dikɔbrás]

212. Animais domésticos

gata (f)	кошка (ж)	[kóʃka]
gato (m) macho	кот (м)	[kót]
cavalo (m)	лошадь (ж)	[lóʃatʲ]

garanhão (m)	жеребец (м)	[ʒerebéts]
égua (f)	кобыла (ж)	[kɔbɨ́la]
vaca (f)	корова (ж)	[kɔróva]
touro (m)	бык (м)	[bɨ́k]
boi (m)	вол (м)	[vól]
ovelha (f)	овца (ж)	[ɔftsá]
carneiro (m)	баран (м)	[barán]
cabra (f)	коза (ж)	[kɔzá]
bode (m)	козёл (м)	[kɔzǿl]
burro (m)	осёл (м)	[ɔsǿl]
mula (f)	мул (м)	[múl]
porco (m)	свинья (ж)	[svinjá]
leitão (m)	поросёнок (м)	[pɔrɔsǿnɔk]
coelho (m)	кролик (м)	[królik]
galinha (f)	курица (ж)	[kúritsa]
galo (m)	петух (м)	[petúh]
pata (f)	утка (ж)	[útka]
pato (macho)	селезень (м)	[sélezenʲ]
ganso (m)	гусь (м)	[gúsʲ]
peru (m)	индюк (м)	[indʲúk]
perua (f)	индюшка (ж)	[indʲúʃka]
animais (m pl) domésticos	домашние животные (с мн)	[dɔmáʃnie ʒivótnie]
domesticado	ручной	[rutʃnój]
domesticar (vt)	приручать (нсв, пх)	[prirutʃátʲ]
criar (vt)	выращивать (нсв, пх)	[vɨráʃʲivatʲ]
quinta (f)	ферма (ж)	[férma]
aves (f pl) domésticas	домашняя птица (ж)	[dɔmáʃnʲaja ptítsa]
gado (m)	скот (м)	[skót]
rebanho (m), manada (f)	стадо (с)	[stádɔ]
estábulo (m)	конюшня (ж)	[kɔnʲúʃnʲa]
pocilga (f)	свинарник (м)	[svinárnik]
estábulo (m)	коровник (м)	[kɔróvnik]
coelheira (f)	крольчатник (м)	[krɔlʲtʃátnik]
galinheiro (m)	курятник (м)	[kurʲátnik]

213. Cães. Raças de cães

cão (m)	собака (ж)	[sɔbáka]
cão pastor (m)	овчарка (ж)	[ɔftʃárka]
pastor-alemão (m)	немецкая овчарка (ж)	[nemétskaja ɔftʃárka]
caniche (m)	пудель (м)	[púdelʲ]
teckel (m)	такса (ж)	[táksa]
buldogue (m)	бульдог (м)	[bulʲdóg]
boxer (m)	боксёр (м)	[bɔksǿr]

mastim (m)	мастиф (м)	[mastíf]
rottweiler (m)	ротвейлер (м)	[rɔtvéjler]
dobermann (m)	доберман (м)	[dɔbermán]

basset (m)	бассет (м)	[bássɛt]
pastor inglês (m)	бобтейл (м)	[bɔptǽjl]
dálmata (m)	далматинец (м)	[dalmatínets]
cocker spaniel (m)	кокер-спаниель (м)	[kóker-spaniélʲ]

| terra-nova (m) | ньюфаундленд (м) | [njufáundlend] |
| são-bernardo (m) | сенбернар (м) | [senbernár] |

husky (m)	хаски (м)	[háski]
Chow-chow (m)	чау-чау (м)	[ʧáu-ʧáu]
spitz alemão (m)	шпиц (м)	[ʃpíts]
carlindogue (m)	мопс (м)	[móps]

214. Sons produzidos pelos animais

latido (m)	лай (м)	[láj]
latir (vi)	лаять (нсв, нпх)	[lájɪtʲ]
miar (vi)	мяукать (нсв, нпх)	[mɪúkatʲ]
ronronar (vi)	мурлыкать (нсв, нпх)	[murlĩkatʲ]

mugir (vaca)	мычать (нсв, нпх)	[miʧátʲ]
bramir (touro)	реветь (нсв, нпх)	[revétʲ]
rosnar (vi)	рычать (нсв, нпх)	[riʧátʲ]

uivo (m)	вой (м)	[vój]
uivar (vi)	выть (нсв, нпх)	[vĩtʲ]
ganir (vi)	скулить (нсв, нпх)	[skulítʲ]

balir (vi)	блеять (нсв, нпх)	[bléjatʲ]
grunhir (porco)	хрюкать (нсв, нпх)	[hrʲúkatʲ]
guinchar (vi)	визжать (нсв, нпх)	[viʒʒátʲ]

coaxar (sapo)	квакать (нсв, нпх)	[kvákatʲ]
zumbir (inseto)	жужжать (нсв, нпх)	[ʒuʒʒátʲ]
estridular, ziziar (vi)	стрекотать (нсв, нпх)	[strekɔtátʲ]

215. Animais jovens

cria (f), filhote (m)	детёныш (м)	[detɵniʃ]
gatinho (m)	котёнок (м)	[kɔtɵnɔk]
ratinho (m)	мышонок (м)	[miʃónɔk]
cãozinho (m)	щенок (м)	[ʃʲenók]

filhote (m) de lebre	зайчонок (м)	[zajʧónɔk]
coelhinho (m)	крольчонок (м)	[krɔlʲʧónɔk]
lobinho (m)	волчонок (м)	[vɔlʧónɔk]
raposinho (m)	лисёнок (м)	[lisɵnɔk]
ursinho (m)	медвежонок (м)	[medveʒónɔk]

leãozinho (m)	льввёнок (м)	[lʲvǿnɔk]
filhote (m) de tigre	тигрёнок (м)	[tigrǿnɔk]
filhote (m) de elefante	слонёнок (м)	[slɔnǿnɔk]

leitão (m)	поросёнок (м)	[pɔrɔsǿnɔk]
bezerro (m)	телёнок (м)	[telǿnɔk]
cabrito (m)	козлёнок (м)	[kɔzlǿnɔk]
cordeiro (m)	ягнёнок (м)	[jɪgnǿnɔk]
cria (f) de veado	оленёнок (м)	[ɔlenǿnɔk]
cria (f) de camelo	верблюжонок (м)	[verblʲuʒónɔk]

| filhote (m) de serpente | змеёныш (м) | [zmejóniʃ] |
| cria (f) de rã | лягушонок (м) | [lɪguʃónɔk] |

cria (f) de ave	птенец (м)	[ptenéts]
pinto (m)	цыплёнок (м)	[tsiplǿnɔk]
patinho (m)	утёнок (м)	[utǿnɔk]

216. Pássaros

pássaro (m), ave (f)	птица (ж)	[ptítsa]
pombo (m)	голубь (м)	[gólupʲ]
pardal (m)	воробей (м)	[vɔrɔbéj]
chapim-real (m)	синица (ж)	[sinítsa]
pega-rabuda (f)	сорока (ж)	[sɔróka]

corvo (m)	ворон (м)	[vórɔn]
gralha (f) cinzenta	ворона (ж)	[vɔróna]
gralha-de-nuca-cinzenta (f)	галка (ж)	[gálka]
gralha-calva (f)	грач (м)	[grátʃ]

pato (m)	утка (ж)	[útka]
ganso (m)	гусь (м)	[gúsʲ]
faisão (m)	фазан (м)	[fazán]

águia (f)	орёл (м)	[ɔrǿl]
açor (m)	ястреб (м)	[jástreb]
falcão (m)	сокол (м)	[sókɔl]
abutre (m)	гриф (м)	[gríf]
condor (m)	кондор (м)	[kóndɔr]

cisne (m)	лебедь (м)	[lébetʲ]
grou (m)	журавль (м)	[ʒurávlʲ]
cegonha (f)	аист (м)	[áist]

papagaio (m)	попугай (м)	[pɔpugáj]
beija-flor (m)	колибри (ж)	[kɔlíbri]
pavão (m)	павлин (м)	[pavlín]

avestruz (m)	страус (м)	[stráus]
garça (f)	цапля (ж)	[tsáplʲa]
flamingo (m)	фламинго (c)	[flamíngɔ]
pelicano (m)	пеликан (м)	[pelikán]
rouxinol (m)	соловей (м)	[sɔlɔvéj]

andorinha (f)	ласточка (ж)	[lástotʃka]
tordo-zornal (m)	дрозд (м)	[drózd]
tordo-músico (m)	певчий дрозд (м)	[péftʃij drózd]
melro-preto (m)	чёрный дрозд (м)	[tʃórnij drózd]

andorinhão (m)	стриж (м)	[stríʃ]
cotovia (f)	жаворонок (м)	[ʒávoronok]
codorna (f)	перепел (м)	[pérepel]

pica-pau (m)	дятел (м)	[diátel]
cuco (m)	кукушка (ж)	[kukúʃka]
coruja (f)	сова (ж)	[sová]
corujão, bufo (m)	филин (м)	[fílin]
tetraz-grande (m)	глухарь (м)	[gluhári]
tetraz-lira (m)	тетерев (м)	[téteref]
perdiz-cinzenta (f)	куропатка (ж)	[kuropátka]

estorninho (m)	скворец (м)	[skvoréts]
canário (m)	канарейка (ж)	[kanaréjka]
galinha-do-mato (f)	рябчик (м)	[riáptʃik]
tentilhão (m)	зяблик (м)	[ziáblik]
dom-fafe (m)	снегирь (м)	[snegíri]

gaivota (f)	чайка (ж)	[tʃájka]
albatroz (m)	альбатрос (м)	[alibatrós]
pinguim (m)	пингвин (м)	[pingvín]

217. Pássaros. Canto e sons

cantar (vi)	петь (нсв, н/пх)	[péti]
gritar (vi)	кричать (нсв, нпх)	[kritʃáti]
cantar (o galo)	кукарекать (нсв, нпх)	[kukarékati]
cocorocó (m)	кукареку (с)	[kukarekú]

cacarejar (vi)	кудахтать (нсв, нпх)	[kudáhtati]
crocitar (vi)	каркать (нсв, нпх)	[kárkati]
grasnar (vi)	крякать (нсв, нпх)	[kriákati]
piar (vi)	пищать (нсв, нпх)	[piʃáti]
chilrear, gorjear (vi)	чирикать (нсв, нпх)	[tʃiríkati]

218. Peixes. Animais marinhos

brema (f)	лещ (м)	[léʃ]
carpa (f)	карп (м)	[kárp]
perca (f)	окунь (м)	[ókuni]
siluro (m)	сом (м)	[sóm]
lúcio (m)	щука (ж)	[ʃúka]

salmão (m)	лосось (м)	[losósi]
esturjão (m)	осётр (м)	[osótr]
arenque (m)	сельдь (ж)	[séliti]
salmão (m)	сёмга (ж)	[sómga]

| cavala, sarda (f) | скумбрия (ж) | [skúmbrija] |
| solha (f) | камбала (ж) | [kámbala] |

lúcio perca (m)	судак (м)	[sudák]
bacalhau (m)	треска (ж)	[treská]
atum (m)	тунец (м)	[tunéts]
truta (f)	форель (ж)	[forǽlʲ]

enguia (f)	угорь (м)	[úgorʲ]
raia elétrica (f)	электрический скат (м)	[ɛlektrítʃeskij skát]
moreia (f)	мурена (ж)	[muréna]
piranha (f)	пиранья (ж)	[piránja]

tubarão (m)	акула (ж)	[akúla]
golfinho (m)	дельфин (м)	[delʲfín]
baleia (f)	кит (м)	[kít]

caranguejo (m)	краб (м)	[kráb]
medusa, alforreca (f)	медуза (ж)	[medúza]
polvo (m)	осьминог (м)	[osʲminóg]

estrela-do-mar (f)	морская звезда (ж)	[morskája zvezdá]
ouriço-do-mar (m)	морской ёж (м)	[morskój jóʃ]
cavalo-marinho (m)	морской конёк (м)	[morskój konǿk]

ostra (f)	устрица (ж)	[ústritsa]
camarão (m)	креветка (ж)	[krevétka]
lavagante (m)	омар (м)	[omár]
lagosta (f)	лангуст (м)	[langúst]

219. Amfíbios. Répteis

| serpente, cobra (f) | змея (ж) | [zmejá] |
| venenoso | ядовитый | [jɪdovítɪj] |

víbora (f)	гадюка (ж)	[gadʲúka]
cobra-capelo, naja (f)	кобра (ж)	[kóbra]
pitão (m)	питон (м)	[pitón]
jiboia (f)	удав (м)	[udáf]
cobra-de-água (f)	уж (м)	[úʃ]
cascavel (f)	гремучая змея (ж)	[gremútʃaja zmejá]
anaconda (f)	анаконда (ж)	[anakónda]

lagarto (m)	ящерица (ж)	[jáʃeritsa]
iguana (f)	игуана (ж)	[iguána]
varano (m)	варан (м)	[varán]
salamandra (f)	саламандра (ж)	[salamándra]
camaleão (m)	хамелеон (м)	[hameleón]
escorpião (m)	скорпион (м)	[skorpión]

tartaruga (f)	черепаха (ж)	[tʃerepáha]
rã (f)	лягушка (ж)	[lɪgúʃka]
sapo (m)	жаба (ж)	[ʒába]
crocodilo (m)	крокодил (м)	[krokodíl]

220. Insetos

inseto (m)	насекомое (с)	[nasekómoe]
borboleta (f)	бабочка (ж)	[bábotʃka]
formiga (f)	муравей (м)	[muravéj]
mosca (f)	муха (ж)	[múha]
mosquito (m)	комар (м)	[kɔmár]
escaravelho (m)	жук (м)	[ʒúk]
vespa (f)	оса (ж)	[ɔsá]
abelha (f)	пчела (ж)	[ptʃelá]
mamangava (f)	шмель (м)	[ʃmélʲ]
moscardo (m)	овод (м)	[óvɔd]
aranha (f)	паук (м)	[paúk]
teia (f) de aranha	паутина (ж)	[pautína]
libélula (f)	стрекоза (ж)	[strekɔzá]
gafanhoto-do-campo (m)	кузнечик (м)	[kuznétʃik]
traça (f)	мотылёк (м)	[mɔtiløk]
barata (f)	таракан (м)	[tarakán]
carraça (f)	клещ (м)	[kléʃ]
pulga (f)	блоха (ж)	[blɔhá]
borrachudo (m)	мошка (ж)	[móʃka]
gafanhoto (m)	саранча (ж)	[sarantʃá]
caracol (m)	улитка (ж)	[ulítka]
grilo (m)	сверчок (м)	[svertʃók]
pirilampo (m)	светлячок (м)	[svetlitʃók]
joaninha (f)	божья коровка (ж)	[bóʒja korófka]
besouro (m)	майский жук (м)	[májskij ʒúk]
sanguessuga (f)	пиявка (ж)	[pijáfka]
lagarta (f)	гусеница (ж)	[gúsenitsa]
minhoca (f)	червь (м)	[tʃérfʲ]
larva (f)	личинка (ж)	[litʃínka]

221. Animais. Partes do corpo

bico (m)	клюв (м)	[klʲúf]
asas (f pl)	крылья (с мн)	[krílja]
pata (f)	лапа (ж)	[lápa]
plumagem (f)	оперение (с)	[ɔperénie]
pena, pluma (f)	перо (с)	[peró]
crista (f)	хохолок (м)	[hɔhɔlók]
brânquias, guelras (f pl)	жабры (мн)	[ʒábri]
ovas (f pl)	икра (ж)	[ikrá]
larva (f)	личинка (ж)	[litʃínka]
barbatana (f)	плавник (м)	[plavník]
escama (f)	чешуя (ж)	[tʃeʃujá]
canino (m)	клык (м)	[klík]

pata (f)	лапа (ж)	[lápa]
focinho (m)	морда (ж)	[mórda]
boca (f)	пасть (ж)	[pástʲ]
cauda (f), rabo (m)	хвост (м)	[hvóst]
bigodes (m pl)	усы (м мн)	[usī]
casco (m)	копыто (с)	[kɔpĩtɔ]
corno (m)	рог (м)	[róg]
carapaça (f)	панцирь (м)	[pántsirʲ]
concha (f)	ракушка (ж)	[rakúʃka]
casca (f) de ovo	скорлупа (ж)	[skɔrlupá]
pelo (m)	шерсть (ж)	[ʃǽrstʲ]
pele (f), couro (m)	шкура (ж)	[ʃkúra]

222. Ações dos animais

voar (vi)	летать (нсв, нпх)	[letátʲ]
dar voltas	кружить (нсв, нпх)	[kruʒĩtʲ]
voar (para longe)	улететь (св, нпх)	[uletétʲ]
bater as asas	махать (нсв, нпх)	[mahátʲ]
bicar (vi)	клевать (нсв, пх)	[klevátʲ]
incubar (vt)	высиживать яйца	[vɨsíʒivatʲ jájtsa]
sair do ovo	вылупляться (нсв, возв)	[viluplʲátsa]
fazer o ninho	вить гнездо	[vítʲ gnezdó]
rastejar (vi)	ползать (нсв, нпх)	[pólzatʲ]
picar (vt)	жалить (нсв, пх)	[ʒálitʲ]
morder (vt)	кусать (нсв, пх)	[kusátʲ]
cheirar (vt)	нюхать (нсв, пх)	[nʲúhatʲ]
latir (vi)	лаять (нсв, нпх)	[lájɪtʲ]
silvar (vi)	шипеть (нсв, нпх)	[ʃipétʲ]
assustar (vt)	пугать (нсв, пх)	[pugátʲ]
atacar (vt)	нападать (нсв, нпх)	[napadátʲ]
roer (vt)	грызть (нсв, пх)	[grīztʲ]
arranhar (vt)	царапать (нсв, пх)	[tsarápatʲ]
esconder-se (vr)	прятаться (нсв, возв)	[prʲátatsa]
brincar (vi)	играть (нсв, нпх)	[igrátʲ]
caçar (vi)	охотиться (нсв, возв)	[ɔhótitsa]
hibernar (vi)	быть в спячке	[bĩtʲ f spʲátʃke]
extinguir-se (vr)	вымереть (св, нпх)	[vĩmeretʲ]

223. Animais. Habitats

hábitat	среда (ж) обитания	[sredá ɔbitánija]
migração (f)	миграция (ж)	[migrátsija]
montanha (f)	гора (ж)	[gɔrá]

recife (m)	риф (м)	[ríf]
falésia (f)	скала (ж)	[skalá]
floresta (f)	лес (м)	[lés]
selva (f)	джунгли (мн)	[dʒúngli]
savana (f)	саванна (ж)	[savána]
tundra (f)	тундра (ж)	[túndra]
estepe (f)	степь (ж)	[stépʲ]
deserto (m)	пустыня (ж)	[pustínʲa]
oásis (m)	оазис (м)	[ɔázis]
mar (m)	море (с)	[móre]
lago (m)	озеро (с)	[ózerɔ]
oceano (m)	океан (м)	[ɔkeán]
pântano (m)	болото (с)	[bɔlótɔ]
de água doce	пресноводный	[presnɔvódnʲij]
lagoa (f)	пруд (м)	[prúd]
rio (m)	река (ж)	[reká]
toca (f) do urso	берлога (ж)	[berlóga]
ninho (m)	гнездо (с)	[gnezdó]
buraco (m) de árvore	дупло (с)	[dupló]
toca (f)	нора (ж)	[nɔrá]
formigueiro (m)	муравейник (м)	[muravéjnik]

224. Cuidados com os animais

jardim (m) zoológico	зоопарк (м)	[zɔɔpárk]
reserva (f) natural	заповедник (м)	[zapɔvédnik]
viveiro (m)	питомник (м)	[pitómnik]
jaula (f) de ar livre	вольер (м)	[vɔljér]
jaula, gaiola (f)	клетка (ж)	[klétka]
casinha (f) de cão	конура (ж)	[kɔnurá]
pombal (m)	голубятня (ж)	[gɔlubʲátnʲa]
aquário (m)	аквариум (м)	[akvárium]
delfinário (m)	дельфинарий (м)	[delʲfinárij]
criar (vt)	разводить (нсв, пх)	[razvɔdítʲ]
ninhada (f)	потомство (с)	[pɔtómstvɔ]
domesticar (vt)	приручать (нсв, пх)	[prirutʃátʲ]
adestrar (vt)	дрессировать (нсв, пх)	[dresirɔvátʲ]
ração (f)	корм (м)	[kórm]
alimentar (vt)	кормить (нсв, пх)	[kɔrmítʲ]
loja (f) de animais	зоомагазин (м)	[zɔɔ·magazín]
açaime (m)	намордник (м)	[namórdnik]
coleira (f)	ошейник (м)	[ɔʃæjnik]
nome (m)	кличка (ж)	[klítʃka]
pedigree (m)	родословная (ж)	[rɔdɔslóvnaja]

225. Animais. Diversos

alcateia (f)	стая (ж)	[stája]
bando (pássaros)	стая (ж)	[stája]
cardume (peixes)	стая (ж), косяк (м)	[stája], [kɔsʲák]
manada (cavalos)	табун (м)	[tabún]
macho (m)	самец (м)	[saméts]
fêmea (f)	самка (ж)	[sámka]
faminto	голодный	[gɔlódnij]
selvagem	дикий	[díkij]
perigoso	опасный	[ɔpásnij]

226. Cavalos

raça (f)	порода (ж)	[pɔróda]
potro (m)	жеребёнок (м)	[ʒerebǿnɔk]
égua (f)	кобыла (ж)	[kɔbȋla]
mustangue (m)	мустанг (м)	[mustáng]
pónei (m)	пони (м)	[póni]
cavalo (m) de tiro	тяжеловоз (м)	[tɪʒelɔvós]
crina (f)	грива (ж)	[gríva]
cauda (f)	хвост (м)	[hvóst]
casco (m)	копыто (с)	[kɔpȋtɔ]
ferradura (f)	подкова (ж)	[pɔtkóva]
ferrar (vt)	подковать (св, пх)	[pɔtkɔvátʲ]
ferreiro (m)	кузнец (м)	[kuznéts]
sela (f)	седло (с)	[sedló]
estribo (m)	стремя (ж)	[strémʲa]
brida (f)	уздечка (ж)	[uzdétʃka]
rédeas (f pl)	вожжи (мн)	[vóʒʒʲi]
chicote (m)	плётка (ж)	[plǿtka]
cavaleiro (m)	наездник (м)	[naéznik]
colocar sela	оседлать (св, пх)	[ɔsedlátʲ]
montar no cavalo	сесть в седло	[séstʲ f sedló]
galope (m)	галоп (м)	[galóp]
galopar (vi)	скакать галопом	[skakátʲ galópɔm]
trote (m)	рысь (ж)	[rȋsʲ]
a trote	рысью	[rȋsju]
ir a trote	скакать рысью	[skakátʲ rȋsju]
cavalo (m) de corrida	скаковая лошадь (ж)	[skakɔvája lóʃatʲ]
corridas (f pl)	скачки (мн)	[skátʃki]
estábulo (m)	конюшня (ж)	[kɔnʲúʃnʲa]
alimentar (vt)	кормить (нсв, пх)	[kɔrmítʲ]

feno (m)	сено (c)	[sénɔ]
dar água	поить (нсв, пх)	[pɔítʲ]
limpar (vt)	чистить (нсв, пх)	[ʨístitʲ]

carroça (f)	воз, повозка (ж)	[vós], [pɔvóska]
pastar (vi)	пастись (нсв, возв)	[pastísʲ]
relinchar (vi)	ржать (нсв, нпх)	[rʒátʲ]
dar um coice	лягнуть (св, пх)	[lɪgnútʲ]

Flora

árvore (f)	дерево (c)	[dérevɔ]
decídua	лиственное	[lístvenɔe]
conífera	хвойное	[hvójnɔe]
perene	вечнозелёное	[vetʃnɔ·zelǿnɔe]

macieira (f)	яблоня (ж)	[jáblonʲa]
pereira (f)	груша (ж)	[grúʃa]
cerejeira (f)	черешня (ж)	[tʃeréʃnʲa]
ginjeira (f)	вишня (ж)	[víʃnʲa]
ameixeira (f)	слива (ж)	[slíva]

bétula (f)	берёза (ж)	[berǿza]
carvalho (m)	дуб (м)	[dúb]
tília (f)	липа (ж)	[lípa]
choupo-tremedor (m)	осина (ж)	[ɔsína]
bordo (m)	клён (м)	[klǿn]
espruce-europeu (m)	ель (ж)	[élʲ]
pinheiro (m)	сосна (ж)	[sɔsná]
alerce, lariço (m)	лиственница (ж)	[lístvenitsa]
abeto (m)	пихта (ж)	[píhta]
cedro (m)	кедр (м)	[kédr]

choupo, álamo (m)	тополь (м)	[tópɔlʲ]
tramazeira (f)	рябина (ж)	[rıbína]
salgueiro (m)	ива (ж)	[íva]
amieiro (m)	ольха (ж)	[ɔlʲhá]
faia (f)	бук (м)	[búk]
ulmeiro (m)	вяз (м)	[vʲás]
freixo (m)	ясень (м)	[jásenʲ]
castanheiro (m)	каштан (м)	[kaʃtán]

magnólia (f)	магнолия (ж)	[magnólija]
palmeira (f)	пальма (ж)	[pálʲma]
cipreste (m)	кипарис (м)	[kiparís]

mangue (m)	мангровое дерево (c)	[mángrovɔe dérevɔ]
embondeiro, baobá (m)	баобаб (м)	[baɔbáb]
eucalipto (m)	эвкалипт (м)	[ɛfkalípt]
sequoia (f)	секвойя (ж)	[sekvója]

| arbusto (m) | куст (м) | [kúst] |
| arbusto (m), moita (f) | кустарник (м) | [kustárnik] |

| videira (f) | виноград (м) | [vinográd] |
| vinhedo (m) | виноградник (м) | [vinográdnik] |

framboeseira (f)	малина (ж)	[malína]
groselheira-preta (f)	чёрная смородина (ж)	[ʧórnaja smoródina]
groselheira-vermelha (f)	красная смородина (ж)	[krásnaja smoródina]
groselheira (f) espinhosa	крыжовник (м)	[kriʒóvnik]

acácia (f)	акация (ж)	[akátsija]
bérberis (f)	барбарис (м)	[barbarís]
jasmim (m)	жасмин (м)	[ʒasmín]

junípero (m)	можжевельник (м)	[moʒevélʲnik]
roseira (f)	розовый куст (м)	[rózovij kúst]
roseira (f) brava	шиповник (м)	[ʃipóvnik]

229. Cogumelos

cogumelo (m)	гриб (м)	[gríb]
cogumelo (m) comestível	съедобный гриб (м)	[sjedóbnij gríb]
cogumelo (m) venenoso	ядовитый гриб (м)	[jidovítij gríb]
chapéu (m)	шляпка (ж)	[ʃlʲápka]
pé, caule (m)	ножка (ж)	[nóʃka]

boleto (m)	белый гриб (м)	[bélij gríb]
boleto (m) alaranjado	подосиновик (м)	[podosínovik]
míscaro (m) das bétulas	подберёзовик (м)	[podberǿzovik]
cantarela (f)	лисичка (ж)	[lisíʧka]
rússula (f)	сыроежка (ж)	[siroéʃka]

morchella (f)	сморчок (м)	[smorʧók]
agário-das-moscas (m)	мухомор (м)	[muhomór]
cicuta (f) verde	поганка (ж)	[pogánka]

230. Frutos. Bagas

maçã (f)	яблоко (с)	[jábloko]
pera (f)	груша (ж)	[grúʃa]
ameixa (f)	слива (ж)	[slíva]

morango (m)	клубника (ж)	[klubníka]
ginja (f)	вишня (ж)	[víʃnʲa]
cereja (f)	черешня (ж)	[ʧeréʃnʲa]
uva (f)	виноград (м)	[vinográd]

framboesa (f)	малина (ж)	[malína]
groselha (f) preta	чёрная смородина (ж)	[ʧórnaja smoródina]
groselha (f) vermelha	красная смородина (ж)	[krásnaja smoródina]
groselha (f) espinhosa	крыжовник (м)	[kriʒóvnik]
oxicoco (m)	клюква (ж)	[klʲúkva]
laranja (f)	апельсин (м)	[apelʲsín]
tangerina (f)	мандарин (м)	[mandarín]

ananás (m)	ананас (м)	[ananás]
banana (f)	банан (м)	[banán]
tâmara (f)	финик (м)	[fínik]

limão (m)	лимон (м)	[limón]
damasco (m)	абрикос (м)	[abrikós]
pêssego (m)	персик (м)	[pérsik]
kiwi (m)	киви (м)	[kívi]
toranja (f)	грейпфрут (м)	[gréjpfrut]

baga (f)	ягода (ж)	[jágɔda]
bagas (f pl)	ягоды (ж мн)	[jágɔdɨ]
arando (m) vermelho	брусника (ж)	[brusníka]
morango-silvestre (m)	земляника (ж)	[zemlɪníka]
mirtilo (m)	черника (ж)	[ʧerníka]

231. Flores. Plantas

| flor (f) | цветок (м) | [ʦvetók] |
| ramo (m) de flores | букет (м) | [bukét] |

rosa (f)	роза (ж)	[róza]
tulipa (f)	тюльпан (м)	[tʲulʲpán]
cravo (m)	гвоздика (ж)	[gvɔzdíka]
gladíolo (m)	гладиолус (м)	[gladiólus]

centáurea (f)	василёк (м)	[vasilǿk]
campânula (f)	колокольчик (м)	[kɔlɔkólʲʧik]
dente-de-leão (m)	одуванчик (м)	[ɔduvánʧik]
camomila (f)	ромашка (ж)	[rɔmáʃka]

aloé (m)	алоэ (c)	[alóɛ]
cato (m)	кактус (м)	[káktus]
fícus (m)	фикус (м)	[fíkus]

lírio (m)	лилия (ж)	[lílija]
gerânio (m)	герань (ж)	[geránʲ]
jacinto (m)	гиацинт (м)	[giaʦɨnt]

mimosa (f)	мимоза (ж)	[mimóza]
narciso (m)	нарцисс (м)	[narʦɨs]
capuchinha (f)	настурция (ж)	[nastúrʦija]

orquídea (f)	орхидея (ж)	[ɔrhidéja]
peónia (f)	пион (м)	[pión]
violeta (f)	фиалка (ж)	[fiálka]

amor-perfeito (m)	анютины глазки (мн)	[anʲútinɨ gláski]
não-me-esqueças (m)	незабудка (ж)	[nezabútka]
margarida (f)	маргаритка (ж)	[margarítka]

papoula (f)	мак (м)	[mák]
cânhamo (m)	конопля (ж)	[kɔnɔplʲá]
hortelã (f)	мята (ж)	[mʲáta]

| lírio-do-vale (m) | ландыш (м) | [lándiʃ] |
| campânula-branca (f) | подснежник (м) | [potsnéʒnik] |

urtiga (f)	крапива (ж)	[krapíva]
azeda (f)	щавель (м)	[ʃavélʲ]
nenúfar (m)	кувшинка (ж)	[kufʃínka]
feto (m), samambaia (f)	папоротник (м)	[páportnik]
líquen (m)	лишайник (м)	[liʃájnik]

estufa (f)	оранжерея (ж)	[oranʒeréja]
relvado (m)	газон (м)	[gazón]
canteiro (m) de flores	клумба (ж)	[klúmba]

planta (f)	растение (с)	[rasténie]
erva (f)	трава (ж)	[travá]
folha (f) de erva	травинка (ж)	[travínka]

folha (f)	лист (м)	[líst]
pétala (f)	лепесток (м)	[lepestók]
talo (m)	стебель (м)	[stébelʲ]
tubérculo (m)	клубень (м)	[klúbenʲ]

| broto, rebento (m) | росток (м) | [rostók] |
| espinho (m) | шип (м) | [ʃip] |

florescer (vi)	цвести (нсв, нпх)	[tsvestí]
murchar (vi)	вянуть (нсв, нпх)	[vʲánutʲ]
cheiro (m)	запах (м)	[zápah]
cortar (flores)	срезать (св, пх)	[srézatʲ]
colher (uma flor)	сорвать (св, пх)	[sorvátʲ]

232. Cereais, grãos

grão (m)	зерно (с)	[zernó]
cereais (plantas)	зерновые растения (с мн)	[zernovīe rasténija]
espiga (f)	колос (м)	[kólos]

trigo (m)	пшеница (ж)	[pʃɛnítsa]
centeio (m)	рожь (ж)	[róʃ]
aveia (f)	овёс (м)	[ovǿs]

| milho-miúdo (m) | просо (с) | [próso] |
| cevada (f) | ячмень (м) | [jɪtʃménʲ] |

milho (m)	кукуруза (ж)	[kukurúza]
arroz (m)	рис (м)	[rís]
trigo-sarraceno (m)	гречиха (ж)	[gretʃíha]

| ervilha (f) | горох (м) | [goróh] |
| feijão (m) | фасоль (ж) | [fasólʲ] |

soja (f)	соя (ж)	[sója]
lentilha (f)	чечевица (ж)	[tʃetʃevítsa]
fava (f)	бобы (мн)	[bobī]

233. Vegetais. Verduras

legumes (m pl)	овощи (м мн)	[óvɔʃi]
verduras (f pl)	зелень (ж)	[zélenʲ]
tomate (m)	помидор (м)	[pɔmidór]
pepino (m)	огурец (м)	[ɔguréts]
cenoura (f)	морковь (ж)	[mɔrkófʲ]
batata (f)	картофель (м)	[kartófelʲ]
cebola (f)	лук (м)	[lúk]
alho (m)	чеснок (м)	[tʃesnók]
couve (f)	капуста (ж)	[kapústa]
couve-flor (f)	цветная капуста (ж)	[tsvetnája kapústa]
couve-de-bruxelas (f)	брюссельская капуста (ж)	[brʲusélʲskaja kapústa]
brócolos (m pl)	капуста брокколи (ж)	[kapústa brókɔli]
beterraba (f)	свёкла (ж)	[svǿkla]
beringela (f)	баклажан (м)	[baklaʒán]
curgete (f)	кабачок (м)	[kabatʃók]
abóbora (f)	тыква (ж)	[tíkva]
nabo (m)	репа (ж)	[répa]
salsa (f)	петрушка (ж)	[petrúʃka]
funcho, endro (m)	укроп (м)	[ukróp]
alface (f)	салат (м)	[salát]
aipo (m)	сельдерей (м)	[selʲderéj]
espargo (m)	спаржа (ж)	[spárʒa]
espinafre (m)	шпинат (м)	[ʃpinát]
ervilha (f)	горох (м)	[gɔróh]
fava (f)	бобы (мн)	[bɔbí]
milho (m)	кукуруза (ж)	[kukurúza]
feijão (m)	фасоль (ж)	[fasólʲ]
pimentão (m)	перец (м)	[pérets]
rabanete (m)	редис (м)	[redís]
alcachofra (f)	артишок (м)	[artiʃók]

GEOGRAFIA REGIONAL

Países. Nacionalidades

234. Europa Ocidental

Europa (f)	Европа (ж)	[evrópa]
União (f) Europeia	Европейский Союз (м)	[evrɔpéjskij sɔjús]
europeu (m)	европеец (м)	[evrɔpéets]
europeu	европейский	[evrɔpéjskij]
Áustria (f)	Австрия (ж)	[áfstrija]
austríaco (m)	австриец (м)	[afstríets]
austríaca (f)	австрийка (ж)	[afstríjka]
austríaco	австрийский	[afstríjskij]
Grã-Bretanha (f)	Великобритания (ж)	[velikɔbritánija]
Inglaterra (f)	Англия (ж)	[ánglija]
inglês (m)	англичанин (м)	[anglitʃánin]
inglesa (f)	англичанка (ж)	[anglitʃánka]
inglês	английский	[anglíjskij]
Bélgica (f)	Бельгия (ж)	[bélʲgija]
belga (m)	бельгиец (м)	[belʲgíets]
belga (f)	бельгийка (ж)	[belʲgíjka]
bolga	бельгийский	[belʲgíjskij]
Alemanha (f)	Германия (ж)	[germánija]
alemão (m)	немец (м)	[némets]
alemã (f)	немка (ж)	[némka]
alemão	немецкий	[nemétskij]
Países (m pl) Baixos	Нидерланды (мн)	[niderlándi]
Holanda (f)	Голландия (ж)	[gɔlándija]
holandês (m)	голландец (м)	[gɔlándets]
holandesa (f)	голландка (ж)	[gɔlántka]
holandês	голландский	[gɔlánskij]
Grécia (f)	Греция (ж)	[grétsija]
grego (m)	грек (м)	[grék]
grega (f)	гречанка (ж)	[gretʃánka]
grego	греческий	[grétʃeskij]
Dinamarca (f)	Дания (ж)	[dánija]
dinamarquês (m)	датчанин (м)	[dattʃánin]
dinamarquesa (f)	датчанка (ж)	[dattʃánka]
dinamarquês	датский	[dátskij]
Irlanda (f)	Ирландия (ж)	[irlándija]
irlandês (m)	ирландец (м)	[irlándets]

| Irlandesa (f) | ирландка (ж) | [irlántka] |
| irlandês | ирландский | [irlánskij] |

Islândia (f)	Исландия (ж)	[islándija]
islandês (m)	исландец (м)	[islándets]
islandesa (f)	исландка (ж)	[islánka]
islandês	исландский	[islánskij]

Espanha (f)	Испания (ж)	[ispánija]
espanhol (m)	испанец (м)	[ispánets]
espanhola (f)	испанка (ж)	[ispánka]
espanhol	испанский	[ispánskij]

Itália (f)	Италия (ж)	[itálija]
italiano (m)	итальянец (м)	[italjánets]
italiana (f)	итальянка (ж)	[italjánka]
italiano	итальянский	[italjánskij]

Chipre (m)	Кипр (м)	[kípr]
cipriota (m)	киприот (м)	[kipriót]
cipriota (f)	киприотка (ж)	[kipriótka]
cipriota	кипрский	[kíprskij]

Malta (f)	Мальта (ж)	[málⁱta]
maltês (m)	мальтиец (м)	[malⁱtíets]
maltesa (f)	мальтийка (ж)	[malⁱtíjka]
maltês	мальтийский	[malⁱtíjskij]

Noruega (f)	Норвегия (ж)	[nɔrvégija]
norueguês (m)	норвежец (м)	[nɔrvéʒets]
norueguesa (f)	норвежка (ж)	[nɔrvéʒka]
norueguês	норвежский	[nɔrvéʒskij]

Portugal (m)	Португалия (ж)	[pɔrtugálija]
português (m)	португалец (м)	[pɔrtugálets]
portuguesa (f)	португалка (ж)	[pɔrtugálka]
português	португальский	[pɔrtugálⁱskij]

Finlândia (f)	Финляндия (ж)	[finlⁱándija]
finlandês (m)	финн (м)	[fínn]
finlandesa (f)	финка (ж)	[fínka]
finlandês	финский	[fínskij]

França (f)	Франция (ж)	[frántsija]
francês (m)	француз (м)	[frantsús]
francesa (f)	француженка (ж)	[frantsúʒenka]
francês	французский	[frantsúskij]

Suécia (f)	Швеция (ж)	[ʃvétsija]
sueco (m)	швед (м)	[ʃvéd]
sueca (f)	шведка (ж)	[ʃvétka]
sueco	шведский	[ʃvétskij]

Suíça (f)	Швейцария (ж)	[ʃvejtsárija]
suíço (m)	швейцарец (м)	[ʃvejtsárets]
suíça (f)	швейцарка (ж)	[ʃvejtsárka]

suíço	швейцарский	[ʃvejtsárskij]
Escócia (f)	Шотландия (ж)	[ʃotlándija]
escocês (m)	шотландец (м)	[ʃotlándets]
escocesa (f)	шотландка (ж)	[ʃotlántka]
escocês	шотландский	[ʃotlánskij]

Vaticano (m)	Ватикан (м)	[vatikán]
Liechtenstein (m)	Лихтенштейн (м)	[lihtɛnʃtǽjn]
Luxemburgo (m)	Люксембург (м)	[lʲuksembúrg]
Mónaco (m)	Монако (с)	[mɔnákɔ]

235. Europa Central e de Leste

Albânia (f)	Албания (ж)	[albánija]
albanês (m)	албанец (м)	[albánets]
albanesa (f)	албанка (ж)	[albánka]
albanês	албанский	[albánskij]

Bulgária (f)	Болгария (ж)	[bɔlgárija]
búlgaro (m)	болгарин (м)	[bɔlgárin]
búlgara (f)	болгарка (ж)	[bɔlgárka]
búlgaro	болгарский	[bɔlgárskij]

Hungria (f)	Венгрия (ж)	[véngrija]
húngaro (m)	венгр (м)	[véngr]
húngara (f)	венгерка (ж)	[vengérka]
húngaro	венгерский	[vengérskij]

Letónia (f)	Латвия (ж)	[látvija]
letão (m)	латыш (м)	[latɨ́ʃ]
letã (f)	латышка (ж)	[latɨ́ʃka]
letão	латышский	[latɨ́ʃskij]

Lituânia (f)	Литва (ж)	[litvá]
lituano (m)	литовец (м)	[litóvets]
lituana (f)	литовка (ж)	[litófka]
lituano	литовский	[litófskij]

Polónia (f)	Польша (ж)	[pólʲʃa]
polaco (m)	поляк (м)	[pɔlʲák]
polaca (f)	полька (ж)	[pólʲka]
polaco	польский	[pólʲskij]

Roménia (f)	Румыния (ж)	[rumɨ̆nija]
romeno (m)	румын (м)	[rumɨ̆n]
romena (f)	румынка (ж)	[rumɨ̆nka]
romeno	румынский	[rumɨ̆nskij]

Sérvia (f)	Сербия (ж)	[sérbija]
sérvio (m)	серб (м)	[sérb]
sérvia (f)	сербка (ж)	[sérpka]
sérvio	сербский	[sérpskij]
Eslováquia (f)	Словакия (ж)	[slɔvákija]
eslovaco (m)	словак (м)	[slɔvák]

| eslovaca (f) | словачка (ж) | [slovátʃka] |
| eslovaco | словацкий | [slovátskij] |

Croácia (f)	Хорватия (ж)	[hɔrvátija]
croata (m)	хорват (м)	[hɔrvát]
croata (f)	хорватка (ж)	[hɔrvátka]
croata	хорватский	[hɔrvátskij]

República (f) Checa	Чехия (ж)	[tʃéhija]
checo (m)	чех (м)	[tʃéh]
checa (f)	чешка (ж)	[tʃéʃka]
checo	чешский	[tʃéʃskij]

Estónia (f)	Эстония (ж)	[ɛstónija]
estónio (m)	эстонец (м)	[ɛstónets]
estónia (f)	эстонка (ж)	[ɛstónka]
estónio	эстонский	[ɛstónskij]

Bósnia e Herzegovina (f)	Босния и Герцеговина (ж)	[bósnija i gertsɛgovína]
Macedónia (f)	Македония (ж)	[makedónija]
Eslovénia (f)	Словения (ж)	[slɔvénija]
Montenegro (m)	Черногория (ж)	[tʃernɔgórija]

236. Países da ex-URSS

Azerbaijão (m)	Азербайджан (м)	[azerbajdʒán]
azeri (m)	азербайджанец (м)	[azerbajdʒánets]
azeri (f)	азербайджанка (ж)	[azerbajdʒánka]
azeri, azerbaijano	азербайджанский	[azerbajdʒánskij]

Arménia (f)	Армения (ж)	[arménija]
arménio (m)	армянин (м)	[armınín]
arménia (f)	армянка (ж)	[armʲánka]
arménio	армянский	[armʲánskij]

Bielorrússia (f)	Беларусь (ж)	[belarúsʲ]
bielorrusso (m)	белорус (м)	[belɔrús]
bielorrussa (f)	белоруска (ж)	[belɔrúska]
bielorrusso	белорусский	[belɔrúskij]

Geórgia (f)	Грузия (ж)	[grúzija]
georgiano (m)	грузин (м)	[gruzín]
georgiana (f)	грузинка (ж)	[gruzínka]
georgiano	грузинский	[gruzínskij]

Cazaquistão (m)	Казахстан (м)	[kazahstán]
cazaque (m)	казах (м)	[kazáh]
cazaque (f)	казашка (ж)	[kazáʃka]
cazaque	казахский	[kazáhskij]

Quirguistão (m)	Кыргызстан (м)	[kirgizstán]
quirguiz (m)	киргиз (м)	[kirgís]
quirguiz (f)	киргизка (ж)	[kirgíska]
quirguiz	киргизский	[kirgískij]

Moldávia (f)	Молдова (ж)	[mɔldóva]
moldavo (m)	молдаванин (м)	[mɔldavánin]
moldava (f)	молдаванка (ж)	[mɔldavánka]
moldavo	молдавский	[mɔldáfskij]
Rússia (f)	Россия (ж)	[rɔsíja]
russo (m)	русский (м)	[rúskij]
russa (f)	русская (ж)	[rúskaja]
russo	русский	[rúskij]
Tajiquistão (m)	Таджикистан (м)	[tadʒikistán]
tajique (m)	таджик (м)	[tadʒĩk]
tajique (f)	таджичка (ж)	[tadʒĩʧka]
tajique	таджикский	[tadʒĩkskij]
Turquemenistão (m)	Туркмения (ж)	[turkménija]
turcomeno (m)	туркмен (м)	[turkmén]
turcomena (f)	туркменка (ж)	[turkménka]
turcomeno	туркменский	[turkménskij]
Uzbequistão (f)	Узбекистан (м)	[uzbekistán]
uzbeque (m)	узбек (м)	[uzbék]
uzbeque (f)	узбечка (ж)	[uzbéʧka]
uzbeque	узбекский	[uzbékskij]
Ucrânia (f)	Украина (ж)	[ukraína]
ucraniano (m)	украинец (м)	[ukraínets]
ucraniana (f)	украинка (ж)	[ukraínka]
ucraniano	украинский	[ukraínskij]

237. Asia

Ásia (f)	Азия (ж)	[ázija]
asiático	азиатский	[aziátskij]
Vietname (m)	Вьетнам (м)	[vjetnám]
vietnamita (m)	вьетнамец (м)	[vjetnámets]
vietnamita (f)	вьетнамка (ж)	[vjetnámka]
vietnamita	вьетнамский	[vjetnámskij]
Índia (f)	Индия (ж)	[índija]
indiano (m)	индус (м)	[indús]
indiana (f)	индуска (ж)	[indúska]
indiano	индийский	[indíjskij]
Israel (m)	Израиль (м)	[izráilʲ]
israelita (m)	израильтянин (м)	[izrailʲtʲánin]
israelita (f)	израильтянка (ж)	[izrailʲtʲánka]
israelita	израильский	[izráilʲskij]
judeu (m)	еврей (м)	[evréj]
judia (f)	еврейка (ж)	[evréjka]
judeu	еврейский	[evréjskij]
China (f)	Китай (м)	[kitáj]

chinês (m)	китаец (м)	[kitáets]
chinesa (f)	китаянка (ж)	[kitajánka]
chinês	китайский	[kitájskij]

coreano (m)	кореец (м)	[koréets]
coreana (f)	кореянка (ж)	[korejánka]
coreano	корейский	[koréjskij]

Líbano (m)	Ливан (м)	[liván]
libanês (m)	ливанец (м)	[livánets]
libanesa (f)	ливанка (ж)	[livánka]
libanês	ливанский	[livánskij]

Mongólia (f)	Монголия (ж)	[mongólija]
mongol (m)	монгол (м)	[mongól]
mongol (f)	монголка (ж)	[mongólka]
mongol	монгольский	[mongóljskij]

Malásia (f)	Малайзия (ж)	[malájzija]
malaio (m)	малаец (м)	[maláets]
malaia (f)	малайка (ж)	[malájka]
malaio	малайский	[malájskij]

Paquistão (m)	Пакистан (м)	[pakistán]
paquistanês (m)	пакистанец (м)	[pakistánets]
paquistanesa (f)	пакистанка (ж)	[pakistánka]
paquistanês	пакистанский	[pakistánskij]

Arábia (f) Saudita	Саудовская Аравия (ж)	[saúdofskaja arávija]
árabe (m)	араб (м)	[aráb]
árabe (f)	арабка (ж)	[arápka]
árabe	арабский	[arápskij]

Tailândia (f)	Таиланд (м)	[tailánd]
tailandês (m)	таец (м)	[táets]
tailandesa (f)	тайка (ж)	[tájka]
tailandês	тайский	[tájskij]

Taiwan (m)	Тайвань (м)	[tajvánj]
taiwanês (m)	тайванец (м)	[tajvánets]
taiwanesa (f)	тайванка (ж)	[tajvánka]
taiwanês	тайванский	[tajvánskij]

Turquia (f)	Турция (ж)	[túrtsija]
turco (m)	турок (м)	[túrok]
turca (f)	турчанка (ж)	[turtʃánka]
turco	турецкий	[turétskij]

Japão (m)	япония (ж)	[jipónija]
japonês (m)	японец (м)	[jipónets]
japonesa (f)	японка (ж)	[jipónka]
japonês	японский	[jipónskij]

Afeganistão (m)	Афганистан (м)	[afganistán]
Bangladesh (m)	Бангладеш (м)	[bangladéʃ]
Indonésia (f)	Индонезия (ж)	[indonézija]

Jordânia (f)	Иордания (ж)	[iordánija]
Iraque (m)	Ирак (м)	[irák]
Irão (m)	Иран (м)	[irán]
Camboja (f)	Камбоджа (ж)	[kambódʒa]
Kuwait (m)	Кувейт (м)	[kuvéjt]

Laos (m)	Лаос (м)	[laós]
Myanmar (m), Birmânia (f)	Мьянма (ж)	[mjánma]
Nepal (m)	Непал (м)	[nepál]
Emirados Árabes Unidos	Объединённые Арабские Эмираты (мн)	[ɔbjedinɵ́nnie arápskie ɛmiráti]

Síria (f)	Сирия (ж)	[sírija]
Palestina (f)	Палестина (ж)	[palestína]
Coreia do Sul (f)	Южная Корея (ж)	[júʒnaja kɔréja]
Coreia do Norte (f)	Северная Корея (ж)	[sévernaja kɔréja]

238. América do Norte

Estados Unidos da América	Соединённые Штаты (мн) Америки	[sɔedinɵ́nnie ʃtáti amériki]
americano (m)	американец (м)	[amerikánets]
americana (f)	американка (ж)	[amerikánka]
americano	американский	[amerikánskij]

Canadá (m)	Канада (ж)	[kanáda]
canadiano (m)	канадец (м)	[kanádets]
canadiana (f)	канадка (ж)	[kanátka]
canadiano	канадский	[kanátskij]

México (m)	Мексика (ж)	[méksɪka]
mexicano (m)	мексиканец (м)	[meksikánets]
mexicana (f)	мексиканка (ж)	[meksikánka]
mexicano	мексиканский	[meksikánskij]

239. América Central do Sul

Argentina (f)	Аргентина (ж)	[argentína]
argentino (m)	аргентинец (м)	[argentínets]
argentina (f)	аргентинка (ж)	[argentínka]
argentino	аргентинский	[argentínskij]

Brasil (m)	Бразилия (ж)	[brazílija]
brasileiro (m)	бразилец (м)	[brazílets]
brasileira (f)	бразильянка (ж)	[braziljánka]
brasileiro	бразильский	[brazílʲskij]

Colômbia (f)	Колумбия (ж)	[kɔlúmbija]
colombiano (m)	колумбиец (м)	[kɔlumbíets]
colombiana (f)	колумбийка (ж)	[kɔlumbíjka]
colombiano	колумбийский	[kɔlumbíjskij]
Cuba (f)	Куба (ж)	[kúba]

cubano (m)	кубинец (м)	[kubínets]
cubana (f)	кубинка (ж)	[kubínka]
cubano	кубинский	[kubínskij]

Chile (m)	Чили (ж)	[ʧíli]
chileno (m)	чилиец (м)	[ʧilíets]
chilena (f)	чилийка (ж)	[ʧilíjka]
chileno	чилийский	[ʧilíjskij]

Bolívia (f)	Боливия (ж)	[bolívija]
Venezuela (f)	Венесуэла (ж)	[venesuǽla]
Paraguai (m)	Парагвай (м)	[paragváj]
Peru (m)	Перу (с)	[perú]
Suriname (m)	Суринам (м)	[surinám]
Uruguai (m)	Уругвай (м)	[urugváj]
Equador (m)	Эквадор (м)	[ɛkvadór]

Bahamas (f pl)	Багамские острова (ж)	[bagámskie ɔstrɔvá]
Haiti (m)	Гаити (м)	[gaíti]
República (f) Dominicana	Доминиканская республика (ж)	[dominikánskaja respúblika]
Panamá (m)	Панама (ж)	[panáma]
Jamaica (f)	ямайка (ж)	[jɪmájka]

240. Africa

Egito (m)	Египет (м)	[egípet]
egípcio (m)	египтянин (м)	[egiptiánin]
egípcia (f)	египтянка (ж)	[egiptiánka]
egípcio	египетский	[egípetskij]

Marrocos	Марокко (с)	[marókɔ]
marroquino (m)	марокканец (м)	[marɔkánets]
marroquina (f)	марокканка (ж)	[marɔkánka]
marroquino	марокканский	[marɔkánskij]

Tunísia (f)	Тунис (м)	[tunís]
tunisino (m)	тунисец (м)	[tunísets]
tunisina (f)	туниска (ж)	[tuníska]
tunisino	тунисский	[tunískij]

Gana (f)	Гана (ж)	[gána]
Zanzibar (m)	Занзибар (м)	[zanzibár]
Quénia (f)	Кения (ж)	[kénija]
Líbia (f)	Ливия (ж)	[lívija]
Madagáscar (m)	Мадагаскар (м)	[madagaskár]

Namíbia (f)	Намибия (ж)	[namíbija]
Senegal (m)	Сенегал (м)	[senegál]
Tanzânia (f)	Танзания (ж)	[tanzánija]
África do Sul (f)	ЮАР (ж)	[juár]
africano (m)	африканец (м)	[afrikánets]
africana (f)	африканка (ж)	[afrikánka]
africano	африканский	[afrikánskij]

241. Austrália. Oceania

Austrália (f)	Австралия (ж)	[afstrálija]
australiano (m)	австралиец (м)	[afstraliéts]
australiana (f)	австралийка (ж)	[afstralíjka]
australiano	австралийский	[afstralíjskij]

Nova Zelândia (f)	Новая Зеландия (ж)	[nóvaja zelándija]
neozelandês (m)	новозеландец (м)	[nɔvɔzelándets]
neozelandesa (f)	новозеландка (ж)	[nɔvɔzelántka]
neozelandês	новозеландский	[nɔvɔzelánskij]

| Tasmânia (f) | Тасмания (ж) | [tasmánija] |
| Polinésia Francesa (f) | Французская
Полинезия (ж) | [frantsúskaja
pɔlinǽzija] |

242. Cidades

Amesterdão	Амстердам (м)	[amstɛrdám]
Ancara	Анкара (ж)	[ankará]
Atenas	Афины (мн)	[afíni]
Bagdade	Багдад (м)	[bagdád]
Banguecoque	Бангкок (м)	[bankók]
Barcelona	Барселона (ж)	[barselóna]
Beirute	Бейрут (м)	[bejrút]
Berlim	Берлин (м)	[berlín]

Bombaim	Бомбей (м)	[bɔmbéj]
Bona	Бонн (м)	[bónn]
Bordéus	Бордо (м)	[bɔrdó]
Bratislava	Братислава (ж)	[bratisláva]
Bruxelas	Брюссель (м)	[briusélʲ]
Bucareste	Бухарест (м)	[buharést]
Budapeste	Будапешт (м)	[budapéʃt]

Cairo	Каир (м)	[kaír]
Calcutá	Калькутта (ж)	[kalʲkútta]
Chicago	Чикаго (м)	[tʃikágɔ]
Cidade do México	Мехико (м)	[méhikɔ]
Copenhaga	Копенгаген (м)	[kɔpengágen]

Dar es Salaam	Дар-эс-Салам (м)	[dár-ɛs-sálam]
Deli	Дели (м)	[dǽli]
Dubai	Дубай (м)	[dubáj]
Dublin, Dublim	Дублин (м)	[dúblin]
Düsseldorf	Дюссельдорф (м)	[dʲúselʲdɔrf]
Estocolmo	Стокгольм (м)	[stɔggólʲm]

Florença	Флоренция (ж)	[flɔréntsija]
Frankfurt	Франкфурт (м)	[fránkfurt]
Genebra	Женева (ж)	[ʒenéva]
Haia	Гаага (ж)	[gaága]
Hamburgo	Гамбург (м)	[gámburg]

| Hanói | Ханой (м) | [hanój] |
| Havana | Гавана (ж) | [gavána] |

Helsínquia	Хельсинки (м)	[hélʲsinki]
Hiroshima	Хиросима (ж)	[hirɔsíma]
Hong Kong	Гонконг (м)	[gɔnkóng]
Istambul	Стамбул (м)	[stambúl]
Jerusalém	Иерусалим (м)	[ierusalím]

Kiev	Киев (м)	[kíef]
Kuala Lumpur	Куала-Лумпур (м)	[kuála-lúmpur]
Lisboa	Лиссабон (м)	[lisabón]
Londres	Лондон (м)	[lóndɔn]
Los Angeles	Лос-Анджелес (м)	[lɔs-ánʒeles]
Lion	Лион (м)	[lión]

Madrid	Мадрид (м)	[madríd]
Marselha	Марсель (м)	[marsǽlʲ]
Miami	Майями (м)	[majámi]
Montreal	Монреаль (м)	[mɔnreálʲ]
Moscovo	Москва (ж)	[mɔskvá]
Munique	Мюнхен (м)	[mʲúnhen]
Nairóbi	Найроби (м)	[najróbi]
Nápoles	Неаполь (м)	[neápɔlʲ]
Nice	Ницца (ж)	[nítsa]
Nova York	Нью-Йорк (м)	[nju-jórk]

Oslo	Осло (м)	[óslɔ]
Ottawa	Оттава (ж)	[ɔttáva]
Paris	Париж (м)	[paríʃ]
Pequim	Пекин (м)	[pekín]
Praga	Прага (ж)	[prága]

Rio de Janeiro	Рио-де-Жанейро (м)	[ríɔ-dɛ-ʒanǽjrɔ]
Roma	Рим (м)	[rím]
São Petersburgo	Санкт-Петербург (м)	[sánkt-peterbúrg]
Seul	Сеул (м)	[seúl]
Singapura	Сингапур (м)	[singapúr]
Sydney	Сидней (м)	[sídnej]

Taipé	Тайпей (м)	[tajpéj]
Tóquio	Токио (м)	[tókia]
Toronto	Торонто (м)	[tɔróntɔ]
Varsóvia	Варшава (ж)	[varʃáva]
Veneza	Венеция (ж)	[venétsija]
Viena	Вена (ж)	[véna]

| Washington | Вашингтон (м) | [vaʃinktón] |
| Xangai | Шанхай (м) | [ʃanháj] |

243. Política. Governo. Parte 1

| política (f) | политика (ж) | [polítika] |
| político | политический | [politítʃeskij] |

político (m)	политик (м)	[polítik]
estado (m)	государство (c)	[gɔsudárstvɔ]
cidadão (m)	гражданин (м)	[graʒdanín]
cidadania (f)	гражданство (c)	[graʒdánstvɔ]

| brasão (m) de armas | национальный герб (м) | [naʦiɔnálʲnij gérb] |
| hino (m) nacional | государственный гимн (м) | [gɔsudárstvenij gímn] |

governo (m)	правительство (c)	[pravítelʲstvɔ]
Chefe (m) de Estado	руководитель (м) страны	[rukɔvɔdítelʲ straní]
parlamento (m)	парламент (м)	[parláment]
partido (m)	партия (ж)	[pártija]

| capitalismo (m) | капитализм (м) | [kapitalízm] |
| capitalista | капиталистический | [kapitalistíʧeskij] |

| socialismo (m) | социализм (м) | [sɔʦialízm] |
| socialista | социалистический | [sɔʦialistíʧeskij] |

comunismo (m)	коммунизм (м)	[kɔmunízm]
comunista	коммунистический	[kɔmunistíʧeskij]
comunista (m)	коммунист (м)	[kɔmuníst]

democracia (f)	демократия (ж)	[demɔkrátija]
democrata (m)	демократ (м)	[demɔkrát]
democrático	демократический	[demɔkratíʧeskij]
Partido (m) Democrático	демократическая партия (ж)	[demɔkratíʧeskaja pártija]

| liberal (m) | либерал (м) | [liberál] |
| liberal | либеральный | [liberálʲnij] |

| conservador (m) | консерватор (м) | [kɔnservátɔr] |
| conservador | консервативный | [kɔnservatívnij] |

república (f)	республика (ж)	[respúblika]
republicano (m)	республиканец (м)	[respublikáneʦ]
Partido (m) Republicano	республиканская партия (ж)	[respublikánskaja pártija]

eleições (f pl)	выборы (мн)	[víbɔri]
eleger (vt)	выбирать (нсв, пх)	[vibrátʲ]
eleitor (m)	избиратель (м)	[izbirátelʲ]
campanha (f) eleitoral	избирательная кампания (ж)	[izbirátelʲnaja kampánija]

votação (f)	голосование (c)	[gɔlɔsɔvánie]
votar (vi)	голосовать (нсв, нпх)	[gɔlɔsɔvátʲ]
direito (m) de voto	право (c) голоса	[právɔ gólɔsa]

candidato (m)	кандидат (м)	[kandidát]
candidatar-se (vi)	баллотироваться (нсв, возв)	[balɔtírɔvaʦa]
campanha (f)	кампания (ж)	[kampánija]

| da oposição | оппозиционный | [ɔpɔʦiónnij] |
| oposição (f) | оппозиция (ж) | [ɔpɔʦítsija] |

visita (f)	визит (м)	[vizít]
visita (f) oficial	официальный визит (м)	[ɔfitsiálʲnij vizít]
internacional	международный	[meʒdunaródnij]

| negociações (f pl) | переговоры (мн) | [peregɔvóri] |
| negociar (vi) | вести переговоры | [vestí peregɔvóri] |

244. Política. Governo. Parte 2

sociedade (f)	общество (c)	[ópʃestvɔ]
constituição (f)	конституция (ж)	[kɔnstitútsija]
poder (ir para o ~)	власть (ж)	[vlástʲ]
corrupção (f)	коррупция (ж)	[kɔrúptsija]

| lei (f) | закон (м) | [zakón] |
| legal | законный | [zakónnij] |

| justiça (f) | справедливость (ж) | [spravedlívɔstʲ] |
| justo | справедливый | [spravedlívij] |

comité (m)	комитет (м)	[kɔmitét]
projeto-lei (m)	законопроект (м)	[zakónɔ·prɔǽkt]
orçamento (m)	бюджет (м)	[bʲudʒǽt]
política (f)	политика (ж)	[pɔlítika]
reforma (f)	реформа (ж)	[refórma]
radical	радикальный	[radikálʲnij]

força (f)	сила (ж)	[síla]
poderoso	сильный	[sílʲnij]
partidário (m)	сторонник (м)	[stɔrónnik]
influência (f)	влияние (c)	[vlijánie]

regime (m)	режим (м)	[reʒīm]
conflito (m)	конфликт (м)	[kɔnflíkt]
conspiração (f)	заговор (м)	[zágɔvɔr]
provocação (f)	провокация (ж)	[prɔvɔkátsija]

derrubar (vt)	свергнуть (св, пх)	[svérgnutʲ]
derrube (m), queda (f)	свержение (c)	[sverʒǽnie]
revolução (f)	революция (ж)	[revɔlʲútsija]

| golpe (m) de Estado | переворот (м) | [perevɔrót] |
| golpe (m) militar | военный переворот (м) | [vɔénnij perevɔrót] |

crise (f)	кризис (м)	[krízis]
recessão (f) económica	экономический спад (м)	[ɛkɔnɔmítʃeskij spád]
manifestante (m)	демонстрант (м)	[demɔnstránt]
manifestação (f)	демонстрация (ж)	[demɔnstrátsija]
lei (f) marcial	военное положение (c)	[vɔénnɔe pɔlɔʒǽnie]
base (f) militar	военная база (ж)	[vɔénnaja báza]

estabilidade (f)	стабильность (ж)	[stabílʲnɔstʲ]
estável	стабильный	[stabílʲnij]
exploração (f)	эксплуатация (ж)	[ɛkspluatátsija]

explorar (vt)	эксплуатировать (нсв, пх)	[ɛkspluatírɔvatʲ]
racismo (m)	расизм (м)	[rasízm]
racista (m)	расист (м)	[rasíst]
fascismo (m)	фашизм (м)	[faʃízm]
fascista (m)	фашист (м)	[faʃíst]

245. Países. Diversos

estrangeiro (m)	иностранец (м)	[inɔstránets]
estrangeiro	иностранный	[inɔstránnij]
no estrangeiro	за границей	[za graníʦɛj]

emigrante (m)	эмигрант (м)	[ɛmigránt]
emigração (f)	эмиграция (ж)	[ɛmigrátsija]
emigrar (vi)	эмигрировать (н/св, нпх)	[ɛmigrírɔvatʲ]

Ocidente (m)	Запад (м)	[západ]
Oriente (m)	Восток (м)	[vɔstók]
Extremo Oriente (m)	Дальний Восток (м)	[dálʲnij vɔstók]

civilização (f)	цивилизация (ж)	[tsivilizátsija]
humanidade (f)	человечество (с)	[tʃelɔvétʃestvɔ]
mundo (m)	мир (м)	[mír]

| paz (f) | мир (м) | [mír] |
| mundial | мировой | [mirɔvój] |

pátria (f)	родина (ж)	[ródina]
povo (m)	народ (м)	[naród]
população (f)	население (с)	[naselénie]
gente (f)	люди (м мн)	[lʲúdi]

| nação (f) | нация (ж) | [nátsija] |
| geração (f) | поколение (с) | [pɔkɔlénie] |

território (m)	территория (ж)	[teritórija]
região (f)	регион (м)	[región]
estado (m)	штат (м)	[ʃtát]

tradição (f)	традиция (ж)	[tradítsija]
costume (m)	обычай (м)	[ɔbītʃaj]
ecologia (f)	экология (ж)	[ɛkɔlógija]

| índio (m) | индеец (м) | [indéets] |
| cigano (m) | цыган (м) | [tsigán] |

| cigana (f) | цыганка (ж) | [tsigánka] |
| cigano | цыганский | [tsigánskij] |

império (m)	империя (ж)	[impérija]
colónia (f)	колония (ж)	[kɔlónija]
escravidão (f)	рабство (с)	[rábstvɔ]
invasão (f)	нашествие (с)	[naʃæstvie]
fome (f)	голод (м)	[gólɔd]

246. Grupos religiosos mais importantes. Confissões

religião (f)	религия (ж)	[relígija]
religioso	религиозный	[religióznij]
crença (f)	верование (с)	[vérovanie]
crer (vt)	верить (нсв, пх)	[vérit']
crente (m)	верующий (м)	[vérujuʃij]
ateísmo (m)	атеизм (м)	[atɛízm]
ateu (m)	атеист (м)	[atɛíst]
cristianismo (m)	христианство (с)	[hristiánstvo]
cristão (m)	христианин (м)	[hristianín]
cristão	христианский	[hristiánskij]
catolicismo (m)	Католицизм (м)	[katolitsízm]
católico (m)	католик (м)	[katólik]
católico	католический	[katolítʃeskij]
protestantismo (m)	Протестантство (с)	[protestántstvo]
Igreja (f) Protestante	Протестантская церковь (ж)	[protestánskaja tsǽrkof']
protestante (m)	протестант (м)	[protestánt]
ortodoxia (f)	Православие (с)	[pravoslávie]
Igreja (f) Ortodoxa	Православная церковь (ж)	[pravoslávnaja tsǽrkof']
ortodoxo (m)	православный (м)	[pravoslávnij]
presbiterianismo (m)	Пресвитерианство (с)	[presviteriánstvo]
Igreja (f) Presbiteriana	Пресвитерианская церковь (ж)	[presviteriánskaja tsǽrkof']
presbiteriano (m)	пресвитерианин (м)	[presviteriánin]
Igreja (f) Luterana	Лютеранская церковь (ж)	[l'uteránskaja tsǽrkof']
luterano (m)	лютеранин (м)	[l'uteránin]
Igreja (f) Batista	Баптизм (м)	[baptízm]
batista (m)	баптист (м)	[baptíst]
Igreja (f) Anglicana	Англиканская церковь (ж)	[anglikánskaja tsǽrkof']
anglicano (m)	англиканин (м)	[anglikánin]
mormonismo (m)	Мормонство (с)	[mormónstvo]
mórmon (m)	мормон (м)	[mormón]
Judaísmo (m)	Иудаизм (м)	[iudaízm]
judeu (m)	иудей (м)	[iudéj]
budismo (m)	Буддизм (м)	[budízm]
budista (m)	буддист (м)	[budíst]
hinduísmo (m)	Индуизм (м)	[induízm]
hindu (m)	индуист (м)	[induíst]
Islão (m)	Ислам (м)	[islám]

| muçulmano (m) | мусульманин (м) | [musulʲmánin] |
| muçulmano | мусульманский | [musulʲmánskij] |

| Xiismo (m) | Шиизм (м) | [ʃiízm] |
| xiita (m) | шиит (м) | [ʃiít] |

| sunismo (m) | Суннизм (м) | [sunízm] |
| sunita (m) | суннит (м) | [sunít] |

247. Religiões. Padres

| padre (m) | священник (м) | [svɪʃénik] |
| Papa (m) | Папа Римский (м) | [pápa rímskij] |

monge (m)	монах (м)	[mɔnáh]
freira (f)	монахиня (ж)	[mɔnáhinʲa]
pastor (m)	пастор (м)	[pástɔr]

abade (m)	аббат (м)	[abát]
vigário (m)	викарий (м)	[vikárij]
bispo (m)	епископ (м)	[epískɔp]
cardeal (m)	кардинал (м)	[kardinál]

pregador (m)	проповедник (м)	[prɔpɔvédnik]
sermão (m)	проповедь (ж)	[própɔvetʲ]
paroquianos (pl)	прихожане (мн)	[prihɔʒáne]

| crente (m) | верующий (м) | [vérujuʃʲij] |
| ateu (m) | атеист (м) | [atɛíst] |

248. Fé. Cristianismo. Islão

| Adão | Адам (м) | [adám] |
| Eva | Ева (ж) | [éva] |

Deus (m)	Бог (м)	[bóh]
Senhor (m)	Господь (м)	[gɔspótʲ]
Todo Poderoso (m)	Всемогущий (м)	[fsemɔgúʃʲij]

pecado (m)	грех (м)	[gréh]
pecar (vi)	грешить (нсв, нпх)	[greʃítʲ]
pecador (m)	грешник (м)	[gréʃnik]
pecadora (f)	грешница (ж)	[gréʃnitsa]

| inferno (m) | ад (м) | [ád] |
| paraíso (m) | рай (м) | [ráj] |

| Jesus | Иисус (м) | [iisús] |
| Jesus Cristo | Иисус Христос (м) | [iisús hristós] |

| Espírito (m) Santo | Святой Дух (м) | [svɪtój dúh] |
| Salvador (m) | Спаситель (м) | [spasítelʲ] |

Virgem Maria (f)	Богородица (ж)	[bogoróditsa]
Diabo (m)	Дьявол (м)	[djávol]
diabólico	дьявольский	[djávol'skij]
Satanás (m)	Сатана (ж)	[sataná]
satânico	сатанинский	[satanínskij]
anjo (m)	ангел (м)	[ángel]
anjo (m) da guarda	ангел-хранитель (м)	[ángel-hranítel']
angélico	ангельский	[ángel'skij]
apóstolo (m)	апостол (м)	[apóstol]
arcanjo (m)	архангел (м)	[arhángel]
anticristo (m)	антихрист (м)	[antíhrist]
Igreja (f)	Церковь (ж)	[tsǽrkof']
Bíblia (f)	библия (ж)	[bíblija]
bíblico	библейский	[bibléjskij]
Velho Testamento (m)	Ветхий Завет (м)	[vétxij zavét]
Novo Testamento (m)	Новый Завет (м)	[nóvij zavét]
Evangelho (m)	Евангелие (c)	[evángelie]
Sagradas Escrituras (f pl)	Священное Писание (c)	[sviʃénoe pisánie]
Céu (m)	Царство (c) Небесное	[tsárstvo nebésnoe]
mandamento (m)	заповедь (ж)	[zápovet']
profeta (m)	пророк (м)	[prorók]
profecia (f)	пророчество (c)	[prorótʃestvo]
Alá	Аллах (м)	[aláh]
Maomé	Мухаммед (м)	[muhámmed]
Corão, Alcorão (m)	Коран (м)	[korán]
mesquita (f)	мечеть (ж)	[metʃét']
mulá (m)	мулла (ж)	[mulá]
oração (f)	молитва (ж)	[molítva]
rezar, orar (vi)	молиться (нсв, возв)	[molítsa]
peregrinação (f)	паломничество (c)	[palómnitʃestvo]
peregrino (m)	паломник (м)	[palómnik]
Meca (f)	Мекка (ж)	[mékka]
igreja (f)	церковь (ж)	[tsǽrkof']
templo (m)	храм (м)	[hrám]
catedral (f)	собор (м)	[sobór]
gótico	готический	[gotítʃeskij]
sinagoga (f)	синагога (ж)	[sinagóga]
mesquita (f)	мечеть (ж)	[metʃét']
capela (f)	часовня (ж)	[tʃasóvn'a]
abadia (f)	аббатство (c)	[abátstvo]
convento (m)	монастырь (м)	[monastír']
mosteiro (m)	монастырь (м)	[monastír']
sino (m)	колокол (м)	[kólokol]
campanário (m)	колокольня (ж)	[kolokól'n'a]
repicar (vi)	звонить (нсв, нпх)	[zvonít']

cruz (f)	крест (м)	[krést]
cúpula (f)	купол (м)	[kúpɔl]
ícone (m)	икона (ж)	[ikóna]

alma (f)	душа (ж)	[duʃá]
destino (m)	судьба (ж)	[sutʲbá]
mal (m)	зло (с)	[zló]
bem (m)	добро (с)	[dɔbró]

vampiro (m)	вампир (м)	[vampír]
bruxa (f)	ведьма (ж)	[védʲma]
demónio (m)	демон (м)	[démɔn]
espírito (m)	дух (м)	[dúh]

| redenção (f) | искупление (с) | [iskuplénie] |
| redimir (vt) | искупить (св, пх) | [iskupítʲ] |

missa (f)	служба (ж)	[slúʒba]
celebrar a missa	служить (нсв, нпх)	[sluʒítʲ]
confissão (f)	исповедь (ж)	[íspɔvetʲ]
confessar-se (vr)	исповедоваться (н/св, возв)	[ispɔvédɔvatsa]

santo (m)	святой (м)	[svɪtójj]
sagrado	священный	[svɪʃénij]
água (f) benta	святая вода (ж)	[svɪtája vɔdá]

ritual (m)	ритуал (м)	[rituál]
ritual	ритуальный	[rituálʲnij]
sacrifício (m)	жертвоприношение (с)	[ʒértvɔ·prinɔʃǽnie]

superstição (f)	суеверие (с)	[suevérie]
supersticioso	суеверный	[suevérnij]
vida (f) depois da morte	загробная жизнь (ж)	[zagróbnajʉ ʒīznʲ]
vida (f) eterna	вечная жизнь (ж)	[vétʃnaja ʒīznʲ]

TEMAS DIVERSOS

249. Várias palavras úteis

ajuda (f)	помощь (ж)	[pómɔʃ]
barreira (f)	преграда (ж)	[pregráda]
base (f)	база (ж)	[báza]
categoria (f)	категория (ж)	[kategórija]
causa (f)	причина (ж)	[priʧína]
coincidência (f)	совпадение (c)	[sɔfpadénie]
coisa (f)	вещь (ж)	[véʃ]
começo (m)	начало (c)	[naʧálɔ]
cómodo (ex. poltrona ~a)	удобный	[udóbnij]
comparação (f)	сравнение (c)	[sravnénie]
compensação (f)	компенсация (ж)	[kɔmpensátsija]
crescimento (m)	рост (м)	[róst]
desenvolvimento (m)	развитие (c)	[razvítie]
diferença (f)	различие (c)	[razlíʧie]
efeito (m)	эффект (м)	[ɛfékt]
elemento (m)	элемент (м)	[ɛlemént]
equilíbrio (m)	баланс (м)	[baláns]
erro (m)	ошибка (ж)	[ɔʃípka]
esforço (m)	усилие (c)	[usílie]
estilo (m)	стиль (м)	[stílʲ]
exemplo (m)	пример (м)	[primér]
facto (m)	факт (м)	[fákt]
fim (m)	окончание (c)	[ɔkɔnʧánie]
forma (f)	форма (ж)	[fórma]
frequente	частый	[ʧástij]
fundo (ex. ~ verde)	фон (м)	[fón]
género (tipo)	вид (м)	[víd]
grau (m)	степень (ж)	[stépenʲ]
ideal (m)	идеал (м)	[ideál]
labirinto (m)	лабиринт (м)	[labirínt]
modo (m)	способ (м)	[spósɔb]
momento (m)	момент (м)	[mɔmént]
objeto (m)	объект (м)	[ɔbjékt]
obstáculo (m)	препятствие (c)	[prepʲátstvie]
original (m)	оригинал (м)	[ɔriginál]
padrão	стандартный	[standártnij]
padrão (m)	стандарт (м)	[standárt]
paragem (pausa)	остановка (ж)	[ɔstanófka]
parte (f)	часть (ж)	[ʧástʲ]

partícula (f)	частица (ж)	[ʧastíʦa]
pausa (f)	пауза (ж)	[páuza]
posição (f)	позиция (ж)	[pozíʦija]
princípio (m)	принцип (м)	[príntsip]
problema (m)	проблема (ж)	[probléma]
processo (m)	процесс (м)	[proʦǽs]
progresso (m)	прогресс (м)	[prográs]
propriedade (f)	свойство (с)	[svójstvo]
reação (f)	реакция (ж)	[reáktsija]
risco (m)	риск (м)	[rísk]
ritmo (m)	темп (м)	[tǽmp]
segredo (m)	тайна (ж)	[tájna]
série (f)	серия (ж)	[sérija]
sistema (m)	система (ж)	[sistéma]
situação (f)	ситуация (ж)	[situátsija]
solução (f)	решение (с)	[reʃǽnie]
tabela (f)	таблица (ж)	[tablíʦa]
termo (ex. ~ técnico)	термин (м)	[términ]
tipo (m)	тип (м)	[típ]
urgente	срочный	[srótʃnij]
urgentemente	срочно	[srótʃno]
utilidade (f)	польза (ж)	[pólʲza]
variante (f)	вариант (м)	[variánt]
variedade (f)	выбор (м)	[vībor]
verdade (f)	истина (ж)	[ístina]
vez (f)	очередь (ж)	[óʧeretʲ]
zona (f)	зона (ж)	[zóna]

250. Modificadores. Adjetivos. Parte 1

aberto	открытый	[otkrītij]
afiado	острый	[óstrij]
agradável	приятный	[prijátnij]
agradecido	благодарный	[blagodárnij]
alegre	весёлый	[vesólij]
alto (ex. voz ~a)	громкий	[grómkij]
amargo	горький	[górʲkij]
amplo	просторный	[prostórnij]
antigo	древний	[drévnij]
apertado (sapatos ~s)	тесный	[tésnij]
apropriado	пригодный	[prigódnij]
arriscado	рискованный	[riskóvanij]
artificial	искусственный	[iskústvenij]
azedo	кислый	[kíslʲij]
baixo (voz ~a)	тихий	[tíhij]
barato	дешёвый	[deʃóvij]

| belo | прекрасный | [prekrásnij] |
| bom | хороший | [horóʃij] |

bondoso	добрый	[dóbrij]
bonito	красивый	[krasívij]
bronzeado	загорелый	[zagɔrélij]
burro, estúpido	глупый	[glúpij]
calmo	спокойный	[spɔkójnij]

cansado	усталый	[ustálij]
cansativo	утомительный	[utɔmítelʲnij]
carinhoso	заботливый	[zabótlivij]
caro	дорогой	[dɔrɔgój]
cego	слепой	[slepój]

central	центральный	[ʦɛntrálʲnij]
cerrado (ex. nevoeiro ~)	густой	[gustój]
cheio (ex. copo ~)	полный	[pólnij]
civil	гражданский	[graʒdánskij]

clandestino	подпольный	[pɔtpólʲnij]
claro	светлый	[svétlij]
claro (explicação ~a)	понятный	[pɔnʲátnij]
compatível	совместимый	[sɔvmestímij]

comum, normal	обыкновенный	[ɔbɨknɔvénnij]
congelado	замороженный	[zamɔróʒenij]
conjunto	совместный	[sɔvmésnij]
considerável	значительный	[znatʃítelʲnij]
contente	довольный	[dɔvólʲnij]

contínuo	продолжительный	[prɔdɔlʒítelʲnij]
contrário (ex. o efeito ~)	противоположный	[prɔtivɔpɔlóʒnij]
correto (resposta ~a)	правильный	[právilʲnij]
cru (não cozinhado)	сырой	[sɨrój]
curto	короткий	[kɔrótkij]

de curta duração	кратковременный	[kratkɔvrémenij]
de sol, ensolarado	солнечный	[sólnetʃnij]
de trás	задний	[zádnij]
denso (fumo, etc.)	плотный	[plótnij]
desanuviado	безоблачный	[bezóblatʃnij]

descuidado	небрежный	[nebréʒnij]
diferente	разный	[ráznij]
difícil	трудный	[trúdnij]
difícil, complexo	сложный	[slóʒnij]
direito	правый	[právij]

distante	далёкий	[dalókij]
diverso	различный	[razlítʃnij]
doce (açucarado)	сладкий	[slátkij]
doce (água)	пресный	[présnij]
doente	больной	[bɔlʲnój]
duro (material ~)	твёрдый	[tvǿrdij]
educado	вежливый	[véʒlivij]

| encantador | милый | [mílij] |
| enigmático | загадочный | [zagádotʃnij] |

enorme	огромный	[ɔgrómnij]
escuro (quarto ~)	тёмный	[tǿmnij]
especial	специальный	[spetsiálʲnij]
esquerdo	левый	[lévij]
estrangeiro	иностранный	[inɔstránnij]

estreito	узкий	[úskij]
exato	точный	[tótʃnij]
excelente	отличный	[ɔtlítʃnij]
excessivo	чрезмерный	[tʃrezmérnij]
externo	внешний	[vnéʃnij]

fácil	лёгкий	[lǿhkij]
faminto	голодный	[gɔlódnij]
fechado	закрытый	[zakrĩtij]
feliz	счастливый	[ʃislívij]
fértil (terreno ~)	плодородный	[plɔdɔródnij]

forte (pessoa ~)	сильный	[sílʲnij]
fraco (luz ~a)	тусклый	[túsklij]
frágil	хрупкий	[hrúpkij]
fresco	прохладный	[prɔhládnij]
fresco (pão ~)	свежий	[svéʒij]

frio	холодный	[hɔlódnij]
gordo	жирный	[ʒĩrnij]
gostoso	вкусный	[fkúsnij]
grande	большой	[bɔlʲʃój]

gratuito, grátis	бесплатный	[besplátnlj]
grosso (camada ~a)	толстый	[tólstij]
hostil	враждебный	[vraʒdébnij]
húmido	влажный	[vláʒnij]

251. Modificadores. Adjetivos. Parte 2

igual	одинаковый	[ɔdinákɔvij]
imóvel	неподвижный	[nepɔdvíʒnij]
importante	важный	[váʒnij]
impossível	невозможный	[nevɔzmóʒnij]
incompreensível	непонятный	[nepɔnʲátnij]

indigente	нищий	[níʃij]
indispensável	необходимый	[neɔphɔdímij]
inexperiente	неопытный	[neópitnij]
infantil	детский	[détskij]

ininterrupto	непрерывный	[neprerĩvnij]
insignificante	незначительный	[neznatʃítelʲnij]
inteiro (completo)	целый	[tsǽlij]
inteligente	умный	[úmnij]

interno	внутренний	[vnútrenij]
jovem	молодой	[mɔlɔdój]
largo (caminho ~)	широкий	[ʃirókij]
legal	законный	[zakónnij]
leve	лёгкий	[lǿhkij]

limitado	ограниченный	[ɔgraníʧennij]
limpo	чистый	[ʧístij]
líquido	жидкий	[ʒĩtkij]
liso	гладкий	[glátkij]
liso (superfície ~a)	ровный	[róvnij]

livre	свободный	[svɔbódnij]
longo (ex. cabelos ~s)	длинный	[dlínnij]
maduro (ex. fruto ~)	зрелый	[zrélij]
magro	худой	[hudój]
magro (pessoa)	тощий	[tóʃij]

mais próximo	ближайший	[bliʒájʃij]
mais recente	прошедший	[prɔʃǽedʃij]
mate, baço	матовый	[mátɔvij]
mau	плохой	[plɔhój]
meticuloso	аккуратный	[akurátnij]

míope	близорукий	[blizɔrúkij]
mole	мягкий	[mʲáhkij]
molhado	мокрый	[mókrij]
moreno	смуглый	[smúglij]
morto	мёртвый	[mǿrtvij]

não difícil	нетрудный	[netrúdnij]
não é clara	неясный	[nejásnij]
não muito grande	небольшой	[nebɔlʲʃój]
natal (país ~)	родной	[rɔdnój]
necessário	нужный	[núʒnij]

negativo	отрицательный	[ɔtriʦátelʲnij]
nervoso	нервный	[nérvnij]
normal	нормальный	[nɔrmálʲnij]
novo	новый	[nóvij]
o mais importante	самый важный	[sámij váʒnij]

obrigatório	обязательный	[ɔbızátelʲnij]
original	оригинальный	[ɔriginálʲnij]
passado	прошлый	[próʃlij]
perigoso	опасный	[ɔpásnij]

permanente	постоянный	[pɔstɔjánnij]
perto	ближний	[blíʒnij]
pesado	тяжёлый	[tıʒólij]
pessoal	персональный	[persɔnálʲnij]
plano (ex. ecrã ~ a)	плоский	[plóskij]

pobre	бедный	[bédnij]
pontual	пунктуальный	[punktuálʲnij]
possível	возможный	[vɔzmóʒnij]

| pouco fundo | мелкий | [mélkij] |
| presente (ex. momento ~) | настоящий | [nastɔjáʃij] |

primeiro (principal)	основной	[ɔsnɔvnój]
principal	главный	[glávnij]
privado	частный	[ʧásnij]

provável	вероятный	[verɔjátnij]
próximo	близкий	[blískij]
público	общественный	[ɔpʃéstvenij]
quente (cálido)	горячий	[gɔrʲáʧij]

quente (morno)	тёплый	[tǿplij]
rápido	быстрый	[bīstrij]
raro	редкий	[rétkij]
remoto, longínquo	дальний	[dálʲnij]
reto	прямой	[prɪmój]

salgado	солёный	[sɔlǿnij]
satisfeito	удовлетворённый	[udɔvletvɔrǿnij]
seco	сухой	[suhój]
seguinte	следующий	[sléduʃij]
seguro	безопасный	[bezɔpásnij]

similar	похожий	[pɔhóʒij]
simples	простой	[prɔstój]
soberbo	превосходный	[prevɔsxódnij]
sólido	прочный	[próʧnij]
sombrio	мрачный	[mráʧnij]

sujo	грязный	[grʲáznij]
superior	высший	[vīsʃij]
suplementar	дополнительный	[dɔpɔlnʲílʲelʲnij]
terno, afetuoso	нежный	[néʒnij]

tranquilo	тихий	[tíhij]
transparente	прозрачный	[prɔzráʧnij]
triste (pessoa)	грустный	[grúsnij]
triste (um ar ~)	печальный	[peʧálʲnij]
último	последний	[pɔslédnij]

único	уникальный	[unikálʲnij]
usado	бывший в употреблении	[bīfʃij v upɔtreblénii]
vazio (meio ~)	пустой	[pustój]
velho	старый	[stárij]
vizinho	соседний	[sɔsédnij]

500 VERBOS PRINCIPAIS

252. Verbos A-B

aborrecer-se (vr)	скучать (нсв, нпх)	[skutʃátʲ]
abraçar (vt)	обнимать (нсв, пх)	[ɔbnimátʲ]
abrir (~ a janela)	открывать (нсв, пх)	[ɔtkrivátʲ]
acalmar (vt)	успокаивать (нсв, пх)	[uspɔkáivatʲ]

acariciar (vt)	гладить (нсв, пх)	[gláditʲ]
acenar (vt)	махать (нсв, н/пх)	[mahátʲ]
acender (~ uma fogueira)	зажечь (св, пх)	[zaʒǽtʃʲ]
achar (vt)	считать (нсв, нпх)	[ʃitátʲ]

acompanhar (vt)	сопровождать (нсв, пх)	[sɔprɔvɔʒdátʲ]
aconselhar (vt)	советовать (нсв, пх)	[sɔvétɔvatʲ]
acordar (despertar)	будить (нсв, пх)	[budítʲ]
acrescentar (vt)	добавлять (нсв, пх)	[dɔbavlʲátʲ]

acusar (vt)	обвинять (нсв, пх)	[ɔbvinʲátʲ]
adestrar (vt)	дрессировать (нсв, пх)	[dresirɔvátʲ]
adivinhar (vt)	отгадать (св, пх)	[ɔdgadátʲ]
admirar (vt)	восхищаться (нсв, возв)	[vɔsxiʃʲátsa]

advertir (vt)	предупреждать (нсв, пх)	[predupreʒdátʲ]
afirmar (vt)	утверждать (нсв, пх)	[utverʒdátʲ]
afogar-se (pessoa)	тонуть (нсв, нпх)	[tɔnútʲ]
afugentar (vt)	прогнать (св, пх)	[prɔgnátʲ]

agir (vi)	действовать (нсв, нпх)	[déjstvɔvatʲ]
agitar, sacudir (objeto)	трясти (нсв, пх)	[trɪstí]
agradecer (vt)	благодарить (нсв, пх)	[blagɔdarítʲ]
ajudar (vt)	помогать (нсв, пх)	[pɔmɔgátʲ]

alcançar (objetivos)	достигать (нсв, пх)	[dɔstigátʲ]
alimentar (dar comida)	кормить (нсв, пх)	[kɔrmítʲ]
almoçar (vi)	обедать (нсв, нпх)	[ɔbédatʲ]
alugar (~ o barco, etc.)	нанимать (нсв, пх)	[nanimátʲ]

alugar (~ um apartamento)	снимать (нсв, пх)	[snimátʲ]
amar (pessoa)	любить (нсв, пх)	[lʲubítʲ]
amarrar (vt)	связывать (нсв, пх)	[svʲázivatʲ]
ameaçar (vt)	угрожать (нсв, пх)	[ugrɔʒátʲ]

amputar (vt)	ампутировать (н/св, пх)	[amputírɔvatʲ]
anotar (escrever)	пометить (св, пх)	[pɔmétitʲ]
anular, cancelar (vt)	отменить (св, пх)	[ɔtmenítʲ]
apagar (com apagador, etc.)	стереть (св, пх)	[sterétʲ]
apagar (um incêndio)	тушить (нсв, пх)	[tuʃítʲ]
apaixonar-se de ...	влюбиться (св, возв)	[vlʲubítsa]

232

aparecer (vi)	ПОЯВЛЯТЬСЯ (нсв, возв)	[pɔɪvlʲátsa]
aplaudir (vi)	аплодировать (нсв, нпх)	[aplɔdírovatʲ]
apoiar (vt)	поддержать (св, пх)	[pɔddɛrʒátʲ]
apontar para ...	целиться (нсв, возв)	[tsǽlitsa]

apresentar (alguém a alguém)	знакомить (нсв, пх)	[znakómitʲ]
apresentar (Gostaria de ~)	представлять (нсв, пх)	[pretstavlʲátʲ]
apressar (vt)	торопить (нсв, пх)	[tɔrɔpítʲ]
apressar-se (vr)	торопиться (нсв, возв)	[tɔrɔpítsa]

aproximar-se (vr)	подходить (нсв, нпх)	[pɔtxɔdítʲ]
aquecer (vt)	нагревать (нсв, пх)	[nagrevátʲ]
arrancar (vt)	оторвать (св, пх)	[ɔtɔrvátʲ]
arranhar (gato, etc.)	царапать (нсв, пх)	[tsarápatʲ]

arrepender-se (vr)	сожалеть (нсв, нпх)	[sɔʒilétʲ]
arriscar (vt)	рисковать (нсв, нпх)	[riskɔvátʲ]
arrumar, limpar (vt)	убирать (нсв, пх)	[ubirátʲ]
aspirar a ...	стремиться (нсв, возв)	[stremítsa]
assinar (vt)	подписывать (нсв, пх)	[pɔtpísivatʲ]

assistir (vt)	ассистировать (н/св, пх)	[asistírovatʲ]
atacar (vt)	атаковать (н/св, пх)	[atakɔvátʲ]
atar (vt)	привязывать (нсв, пх)	[privʲázivatʲ]
atirar (vi)	стрелять (нсв, нпх)	[strelʲátʲ]

atracar (vi)	причаливать (нсв, нпх)	[pritʃálivatʲ]
aumentar (vi)	увеличиваться (нсв, возв)	[uvelítʃivatsa]
aumentar (vt)	увеличивать (нсв, пх)	[uvelítʃivatʲ]
avançar (sb. trabalhos, etc.)	продвигаться (нсв, возв)	[prɔdvigátsa]

avistar (vt)	увидеть (св, пх)	[uvídotʲ]
baixar (guindaste)	опускать (нсв, пх)	[ɔpuskátʲ]
barbear-se (vr)	бриться (нсв, возв)	[brítsa]
basear-se em ...	базироваться (нсв, возв)	[bazírovatsa]

bastar (vi)	хватать (нсв, нпх)	[hvatátʲ]
bater (espancar)	бить (нсв, пх)	[bítʲ]
bater (vi)	стучать (нсв, нпх)	[stutʃátʲ]
bater-se (vr)	драться (нсв, возв)	[drátsa]

beber, tomar (vt)	пить (нсв, н/пх)	[pítʲ]
brilhar (vi)	светиться (нсв, возв)	[svetítsa]
brincar, jogar (crianças)	играть (нсв, нпх)	[igrátʲ]
buscar (vt)	искать ... (нсв, пх)	[iskátʲ ...]

253. Verbos C-D

caçar (vi)	охотиться (нсв, возв)	[ɔhótitsa]
calar-se (parar de falar)	замолчать (св, нпх)	[zamɔltʃátʲ]
calcular (vt)	считать (нсв, пх)	[ʃitátʲ]
carregar (o caminhão)	грузить (нсв, пх)	[gruzítʲ]
carregar (uma arma)	заряжать (нсв, пх)	[zarɪʒátʲ]

casar-se (vr)	жениться (н/св, возв)	[ʒenítsa]
causar (vt)	быть причиной ...	[bĭtʲ pritʃínɔj ...]
cavar (vt)	рыть, копать (нсв, пх)	[rĭtʲ], [kɔpátʲ]
ceder (não resistir)	уступать (нсв, пх)	[ustupátʲ]
cegar, ofuscar (vt)	ослеплять (нсв, пх)	[ɔsleplʲátʲ]
censurar (vt)	упрекать (нсв, пх)	[uprekátʲ]
cessar (vt)	прекращать (нсв, пх)	[prekraʃátʲ]
chamar (~ por socorro)	звать (нсв, пх)	[zvátʲ]
chamar (dizer em voz alta o nome)	позвать (св, пх)	[pɔzvátʲ]
chegar (a algum lugar)	достигать (нсв, пх)	[dɔstigátʲ]
chegar (sb. comboio, etc.)	прибывать (нсв, нпх)	[pribɨvátʲ]
cheirar (tem o cheiro)	пахнуть (нсв, нпх)	[páhnutʲ]
cheirar (uma flor)	нюхать (нсв, пх)	[nʲúhatʲ]
chorar (vi)	плакать (нсв, нпх)	[plákatʲ]
citar (vt)	цитировать (нсв, пх)	[tsɨtírɔvatʲ]
colher (flores)	рвать (нсв, пх)	[rvátʲ]
colocar (vt)	класть (нсв), положить (св)	[klástʲ], [pɔlɔʒĭtʲ]
combater (vi, vt)	сражаться (нсв, возв)	[sraʒátsa]
começar (vt)	начинать (нсв, пх)	[natʃinátʲ]
comer (vt)	кушать, есть (нсв, н/пх)	[kúʃatʲ], [éstʲ]
comparar (vt)	сравнивать (нсв, пх)	[srávnivatʲ]
compensar (vt)	компенсировать (н/св, пх)	[kɔmpensírɔvatʲ]
competir (vi)	конкурировать (нсв, нпх)	[kɔnkurírɔvatʲ]
complicar (vt)	осложнить (св, пх)	[ɔslɔʒnítʲ]
compor (vt)	сочинить (св, пх)	[sɔtʃinítʲ]
comportar-se (vr)	вести себя	[vestí sebʲá]
comprar (vt)	покупать (нсв, пх)	[pɔkupátʲ]
compreender (vt)	понимать (нсв, пх)	[pɔnimátʲ]
comprometer (vt)	компрометировать (нсв, пх)	[kɔmprɔmetírɔvatʲ]
concentrar-se (vr)	концентрироваться (нсв, возв)	[kɔntsɛntrírɔvatsa]
concordar (dizer "sim")	соглашаться (нсв, возв)	[sɔglaʃátsa]
condecorar (dar medalha)	наградить (св, пх)	[nagradítʲ]
conduzir (~ o carro)	вести машину	[vestí maʃĭnu]
confessar-se (criminoso)	признаваться (нсв, возв)	[priznavátsa]
confiar (vt)	доверять (нсв, пх)	[dɔverʲátʲ]
confundir (equivocar-se)	путать (нсв, пх)	[pútatʲ]
conhecer (vt)	знать (нсв, пх)	[znátʲ]
conhecer-se (vr)	знакомиться (нсв, возв)	[znakómitsa]
consertar (vt)	приводить в порядок	[privɔdítʲ f pɔrʲádɔk]
consultar ...	консультироваться с ... (нсв)	[kɔnsulʲtírɔvatsa s ...]
contagiar-se com ...	заразиться (св, возв)	[zarazítsa]
contar (vt)	рассказывать (нсв, пх)	[raskázivatʲ]
contar com ...	рассчитывать на ... (нсв)	[raʃʃítivatʲ na ...]

continuar (vt)	продолжать (нсв, пх)	[prədɔlʒátʲ]
contratar (vt)	нанимать (нсв, пх)	[nanimátʲ]
controlar (vt)	контролировать (нсв, пх)	[kɔntrɔlírɔvatʲ]
convencer (vt)	убеждать (нсв, пх)	[ubeʒdátʲ]
convidar (vt)	приглашать (нсв, пх)	[priglaʃátʲ]

cooperar (vi)	сотрудничать (нсв, нпх)	[sɔtrúdnitʃatʲ]
coordenar (vt)	координировать (нсв, пх)	[kɔɔrdinírɔvatʲ]
corar (vi)	краснеть (нсв, нпх)	[krasnétʲ]
correr (vi)	бежать (н/св, нпх)	[beʒátʲ]
corrigir (vt)	исправлять (нсв, пх)	[ispravlʲátʲ]

cortar (com um machado)	отрубить (св, пх)	[ɔtrubítʲ]
cortar (vt)	отрезать (св, пх)	[ɔtrézatʲ]
cozinhar (vt)	готовить (нсв, пх)	[gɔtóvitʲ]
crer (pensar)	верить (нсв, пх)	[véritʲ]
criar (vt)	создать (св, пх)	[sɔzdátʲ]

cultivar (vt)	растить (нсв, пх)	[rastítʲ]
cuspir (vi)	плевать (нсв, нпх)	[plevátʲ]
custar (vt)	стоить (нсв, пх)	[stóitʲ]

dar banho, lavar (vt)	купать (нсв, пх)	[kupátʲ]
datar (vi)	датироваться (нсв, возв)	[datírɔvatsa]
decidir (vt)	решать (нсв, пх)	[reʃátʲ]
decorar (enfeitar)	украшать (нсв, пх)	[ukraʃátʲ]
dedicar (vt)	посвящать (нсв, пх)	[pɔsviʃátʲ]

defender (vt)	защищать (нсв, пх)	[zaʃiʃátʲ]
defender-se (vr)	защищаться (нсв, возв)	[zaʃiʃátsa]
deixar (a mulher)	бросать (нсв, пх)	[brɔsátʲ]
deixar (esquecer)	оставлять (нсв, пх)	[ɔstavlʲátʲ]

deixar (permitir)	позволять (нсв, н/пх)	[pɔzvɔlʲátʲ]
deixar cair (vt)	ронять (нсв, пх)	[rɔnʲátʲ]
denominar (vt)	называть (нсв, пх)	[nazivátʲ]
denunciar (vt)	доносить (нсв, нпх)	[dɔnɔsítʲ]
depender de … (vi)	зависеть (нсв, нпх)	[zavísetʲ]

derramar (vt)	пролить (св, пх)	[prɔlítʲ]
derramar-se (vr)	просыпаться (св, возв)	[prɔsípatsa]
desaparecer (vi)	исчезнуть (св, нпх)	[isʃéznutʲ]
desatar (vt)	отвязывать (нсв, пх)	[ɔtvʲázivatʲ]
desatracar (vi)	отчаливать (нсв, нпх)	[ɔtʃálivatʲ]

descansar (um pouco)	отдыхать (нсв, нпх)	[ɔtdihátʲ]
descer (para baixo)	спускаться (нсв, возв)	[spuskátsa]
descobrir (novas terras)	открывать (нсв, пх)	[ɔtkrivátʲ]
descolar (avião)	взлетать (нсв, нпх)	[vzletátʲ]

desculpar (vt)	извинять (нсв, пх)	[izvinʲátʲ]
desculpar-se (vr)	извиняться (нсв, возв)	[izvinʲátsa]
desejar (vt)	желать (нсв, пх)	[ʒelátʲ]
desempenhar (vt)	играть (нсв, н/пх)	[igrátʲ]
desligar (vt)	тушить (нсв, пх)	[tuʃítʲ]
desprezar (vt)	презирать (нсв, пх)	[prezirátʲ]

destruir (documentos, etc.)	уничтожать (нсв, пх)	[unitʃtoʒátʲ]
dever (vi)	быть должным	[bɨtʲ dólʒnɨm]
devolver (vt)	отправить обратно (св, пх)	[otprávitʲ obrátnɔ]

direcionar (vt)	направлять (нсв, пх)	[napravlʲátʲ]
dirigir (~ uma empresa)	руководить (нсв, пх)	[rukɔvɔdítʲ]
dirigir-se	обращаться (нсв, возв)	[ɔbraʃátsa]
(a um auditório, etc.)		
discutir (notícias, etc.)	обсуждать (нсв, пх)	[ɔpsuʒdátʲ]

distribuir (folhetos, etc.)	распространять (нсв, пх)	[rasprɔstranʲátʲ]
distribuir (vt)	раздать (св, пх)	[razdátʲ]
divertir (vt)	развлекать (нсв, пх)	[razvlekátʲ]
divertir-se (vr)	веселиться (нсв, возв)	[veselítsa]

dividir (mat.)	делить (нсв, пх)	[delítʲ]
dizer (vt)	сказать (св, пх)	[skazátʲ]
dobrar (vt)	удваивать (нсв, пх)	[udváivatʲ]
duvidar (vt)	сомневаться (нсв, возв)	[sɔmnevátsa]

254. Verbos E-J

elaborar (uma lista)	составлять (нсв, пх)	[sɔstavlʲátʲ]
elevar-se acima de ...	возвышаться (нсв, возв)	[vɔzvɨʃátsa]
eliminar (um obstáculo)	устранять (нсв, пх)	[ustranʲátʲ]
embrulhar (com papel)	заворачивать (нсв, пх)	[zavɔrátʃivatʲ]

emergir (submarino)	всплывать (нсв, нпх)	[fsplɨvátʲ]
emitir (vt)	распространять (нсв, пх)	[rasprɔstranʲátʲ]
empreender (vt)	предпринимать (нсв, пх)	[pretprinimátʲ]
empurrar (vt)	толкать (нсв, пх)	[tɔlkátʲ]

encabeçar (vt)	возглавлять (нсв, пх)	[vɔzglavlʲátʲ]
encher (~ a garrafa, etc.)	наполнять (нсв, пх)	[napɔlnʲátʲ]
encontrar (achar)	находить (нсв, пх)	[nahɔdítʲ]
enganar (vt)	обманывать (нсв, пх)	[ɔbmánivatʲ]

ensinar (vt)	обучать (нсв, пх)	[ɔbutʃátʲ]
entrar (na sala, etc.)	войти (св, нпх)	[vɔjtí]
enviar (uma carta)	отправлять (нсв, пх)	[ɔtpravlʲátʲ]
equipar (vt)	оборудовать (нсв, пх)	[ɔbɔrúdɔvatʲ]

errar (vi)	ошибаться (нсв, возв)	[ɔʃibátsa]
escolher (vt)	выбирать (нсв, пх)	[vɨbirátʲ]
esconder (vt)	прятать (нсв, пх)	[prʲátatʲ]
escrever (vt)	писать (нсв, пх)	[pisátʲ]

escutar (vt)	слушать (нсв, пх)	[slúʃatʲ]
escutar atrás da porta	подслушивать (нсв, нпх)	[potslúʃivatʲ]
esmagar (um inseto, etc.)	раздавить (св, пх)	[razdavítʲ]
esperar (contar com)	ожидать (нсв, пх)	[ɔʒɨdátʲ]

esperar (o autocarro, etc.)	ждать (нсв, пх)	[ʒdátʲ]
esperar (ter esperança)	надеяться (нсв, возв)	[nadéɪtsa]

espreitar (vi)	подсматривать (нсв, нпх)	[potsmátrivatʲ]
esquecer (vt)	забыть (св, пх)	[zabĩtʲ]
estar	лежать (нсв, нпх)	[leʒátʲ]

estar convencido	убеждаться (нсв, возв)	[ubeʒdáʦa]
estar deitado	лежать (нсв, нпх)	[leʒátʲ]
estar perplexo	недоумевать (нсв, нпх)	[nedɔumevátʲ]

estar sentado	сидеть (нсв, нпх)	[sidétʲ]
estremecer (vi)	вздрагивать (нсв, нпх)	[vzdrágivatʲ]
estudar (vt)	изучать (нсв, пх)	[izuʧátʲ]
evitar (vt)	избегать (нсв, пх)	[izbegátʲ]

examinar (vt)	рассмотреть (св, пх)	[rasmɔtrétʲ]
exigir (vt)	требовать (нсв, пх)	[trébɔvatʲ]
existir (vi)	существовать (нсв, нпх)	[suʃestvɔvátʲ]
explicar (vt)	объяснять (нсв, пх)	[ɔbjɪsnʲátʲ]

expressar (vt)	выразить (нсв, пх)	[vĩrazitʲ]
expulsar (vt)	исключать (нсв, пх)	[isklʲuʧátʲ]
facilitar (vt)	облегчить (св, пх)	[ɔblehʧítʲ]
falar com ...	говорить с ... (нсв)	[gɔvɔrítʲ s ...]

faltar a ...	пропускать (нсв, пх)	[prɔpuskátʲ]
fascinar (vt)	очаровывать (нсв, пх)	[ɔʧaróvivatʲ]
fatigar (vt)	утомлять (нсв, пх)	[utɔmlʲátʲ]
fazer (vt)	делать (нсв, пх)	[délatʲ]

fazer lembrar	напоминать (нсв, пх)	[napɔminátʲ]
fazer piadas	шутить (нсв, нпх)	[ʃutítʲ]
fazer uma tentativa	попытаться (нсв, возв)	[pɔpitátsa]
fechar (vt)	закрывать (нсв, пх)	[zakrivátʲ]
felicitar (dar os parabéns)	поздравлять (нсв, пх)	[pɔzdrávlʲátʲ]

ficar cansado	уставать (нсв, нпх)	[ustavátʲ]
ficar em silêncio	молчать (нсв, нпх)	[mɔlʧátʲ]
ficar pensativo	задуматься (св, возв)	[zadúmatsa]
forçar (vt)	принуждать (нсв, пх)	[prinuʒdátʲ]
formar (vt)	образовывать (нсв, пх)	[ɔbrazóvivatʲ]

fotografar (vt)	фотографировать (нсв, пх)	[fɔtɔgrafírovatʲ]
gabar-se (vr)	хвастаться (нсв, возв)	[hvástatsa]
garantir (vt)	гарантировать (н/св, пх)	[garantírovatʲ]
gostar (apreciar)	нравиться (нсв, возв)	[nrávitsa]

gostar (vt)	любить (нсв, пх)	[lʲubítʲ]
gritar (vi)	кричать (нсв, нпх)	[kriʧátʲ]
guardar (cartas, etc.)	хранить (нсв, пх)	[hranítʲ]
guardar (no armário, etc.)	убирать (нсв, пх)	[ubirátʲ]
guerrear (vt)	воевать (нсв, нпх)	[vɔevátʲ]

herdar (vt)	наследовать (н/св, пх)	[naslédovatʲ]
iluminar (vt)	освещать (нсв, пх)	[ɔsveʃátʲ]
imaginar (vt)	представлять себе	[pretstavlʲátʲ sebé]
imitar (vt)	имитировать (нсв, пх)	[imitírovatʲ]
implorar (vt)	умолять (нсв, пх)	[umɔlʲátʲ]

importar (vt)	импортировать (нсв, пх)	[importírovat']
indicar (orientar)	указать (св, пх)	[ukazát']
indignar-se (vr)	возмущаться (нсв, возв)	[vɔzmuʃátsa]

infetar, contagiar (vt)	заразить (св, пх)	[zarazít']
influenciar (vt)	влиять (нсв, нпх)	[vliját']
informar (fazer saber)	сообщать (нсв, пх)	[sɔɔpʃát']
informar (vt)	информировать (н/св, пх)	[infɔrmírovat']

informar-se (~ sobre)	узнавать (нсв, пх)	[uznavát']
inscrever (na lista)	вписывать (нсв, пх)	[fpísivat']
inserir (vt)	вставлять (нсв, пх)	[fstavl'át']
insinuar (vt)	намекать (нсв, н/пх)	[namekát']

insistir (vi)	настаивать (нсв, нпх)	[nastáivat']
inspirar (vt)	воодушевлять (нсв, пх)	[vɔɔduʃɛvl'át']
instruir (vt)	инструктировать (нсв, пх)	[instruktírovat']
insultar (vt)	оскорблять (нсв, пх)	[ɔskɔrbl'át']

interessar (vt)	интересовать (нсв, пх)	[interesovát']
interessar-se (vr)	интересоваться ... (нсв)	[interesovátsa ...]
intervir (vi)	вмешиваться (нсв, возв)	[vméʃivatsa]
invejar (vt)	завидовать (нсв, пх)	[zavídovat']

inventar (vt)	изобретать (нсв, пх)	[izɔbretát']
ir (a pé)	идти (нсв, нпх)	[it't'i]
ir (de carro, etc.)	ехать (нсв, нпх)	[éhat']
ir nadar	купаться (нсв, возв)	[kupátsa]

ir para a cama	ложиться спать	[lɔʒîtsa spát']
irritar (vt)	раздражать (нсв, пх)	[razdraʒát']
irritar-se (vr)	раздражаться (нсв, возв)	[razdraʒátsa]
isolar (vt)	изолировать (н/св, пх)	[izɔlírovat']

jantar (vi)	ужинать (нсв, нпх)	[úʒinat']
jogar, atirar (vt)	бросать (нсв, пх)	[brɔsát']
juntar, unir (vt)	объединять (нсв, пх)	[ɔbjedin'át']
juntar-se a ...	присоединяться (нсв, возв)	[prisɔedin'átsa]

255. Verbos L-P

lançar (novo projeto)	запускать (нсв, пх)	[zapuskát']
lavar (vt)	мыть (нсв, пх)	[mît']
lavar a roupa	стирать (нсв, пх)	[stirát']
lavar-se (vr)	мыться (нсв, возв)	[mîtsa]

lembrar (vt)	помнить (нсв, пх)	[pómnit']
ler (vt)	читать (нсв, н/пх)	[tʃitát']
levantar-se (vr)	вставать (нсв, нпх)	[fstavát']
levar (ex. leva isso daqui)	уносить (нсв, пх)	[unɔsít']

libertar (cidade, etc.)	освобождать (нсв, пх)	[ɔsvɔbɔʒdát']
ligar (o radio, etc.)	включать (нсв, пх)	[fkl'utʃát']
limitar (vt)	ограничивать (нсв, пх)	[ɔgraníʃivat']

limpar (eliminar sujeira)	чистить (нсв, пх)	[tʃístitʲ]
limpar (vt)	очищать (нсв, пх)	[ɔtʃiʃátʲ]

lisonjear (vt)	льстить (нсв, пх)	[lʲstítʲ]
livrar-se de ...	избавиться от ... (св)	[izbávitsa ɔt ...]
lutar (combater)	бороться (нсв, возв)	[bɔrótsa]
lutar (desp.)	бороться (нсв, возв)	[bɔrótsa]
marcar (com lápis, etc.)	отметить (св, пх)	[ɔtmétitʲ]

matar (vt)	убивать (нсв, пх)	[ubivátʲ]
memorizar (vt)	запомнить (св, пх)	[zapómnitʲ]
mencionar (vt)	упоминать (нсв, пх)	[upɔminátʲ]
mentir (vi)	врать (нсв, нпх)	[vrátʲ]

merecer (vt)	заслуживать (нсв, пх)	[zaslúʒivatʲ]
mergulhar (vi)	нырять (нсв, нпх)	[nirʲátʲ]
misturar (combinar)	смешивать (нсв, пх)	[sméʃivatʲ]
morar (vt)	жить (нсв, нпх)	[ʒĩtʲ]

mostrar (vt)	показывать (нсв, пх)	[pɔkázivatʲ]
mover (arredar)	передвигать (нсв, пх)	[peredvígatʲ]
mudar (modificar)	изменить (св, пх)	[izmenítʲ]
multiplicar (vt)	умножать (нсв, пх)	[umnɔʒátʲ]

nadar (vi)	плавать (нсв, нпх)	[plávatʲ]
negar (vt)	отрицать (нсв, пх)	[ɔtritsátʲ]
negociar (vi)	вести переговоры	[vestí peregɔvóri]
nomear (função)	назначать (нсв, пх)	[naznatʃátʲ]

obedecer (vt)	подчиняться (св, возв)	[pɔttʃinʲátsa]
objetar (vt)	возражать (нсв, н/пх)	[vɔzraʒátʲ]
observar (vt)	наблюдать (нсв, н/пх)	[nablʲudátʲ]
ofender (vt)	обижать (нсв, пх)	[ɔbiʒátʲ]

olhar (vt)	смотреть (нсв, нпх)	[smɔtrétʲ]
omitir (vt)	опускать (нсв, пх)	[ɔpuskátʲ]
ordenar (mil.)	приказывать (нсв, пх)	[prikázivatʲ]
organizar (evento, etc.)	устраивать (нсв, пх)	[ustráivatʲ]

ousar (vt)	осмеливаться (нсв, возв)	[ɔsmélivatsa]
ouvir (vt)	слышать (нсв, пх)	[slíʃatʲ]
pagar (vt)	платить (нсв, н/пх)	[platítʲ]
parar (para descansar)	останавливаться (нсв, возв)	[ɔstanávlivatsa]
parecer-se (vr)	быть похожим	[bĩtʲ pɔhóʒim]

participar (vi)	участвовать (нсв, нпх)	[utʃástvovatʲ]
partir (~ para o estrangeiro)	уезжать (нсв, нпх)	[ueʒʒátʲ]
passar (vt)	проезжать (нсв, пх)	[prɔeʒʒátʲ]
passar a ferro	гладить (нсв, пх)	[gláditʲ]

pecar (vi)	грешить (нсв, нпх)	[greʃítʲ]
pedir (comida)	заказывать (нсв, пх)	[zakázivatʲ]
pedir (um favor, etc.)	просить (нсв, пх)	[prɔsítʲ]
pegar (tomar com a mão)	ловить (нсв, пх)	[lɔvítʲ]
pegar (tomar)	брать, взять (нсв, пх)	[brátʲ]
pendurar (cortinas, etc.)	вешать (нсв, пх)	[véʃatʲ]

penetrar (vt)	проникать (нсв, нпх)	[prɔnikátʲ]
pensar (vt)	думать (нсв, н/пх)	[dúmatʲ]
pentear-se (vr)	причёсываться (нсв, возв)	[pritʃósivatsa]

perceber (ver)	замечать (нсв, пх)	[zametʃátʲ]
perder (o guarda-chuva, etc.)	терять (нсв, пх)	[terʲátʲ]
perdoar (vt)	прощать (нсв, пх)	[prɔʃátʲ]
permitir (vt)	разрешать (нсв, пх)	[razreʃátʲ]

pertencer a ...	принадлежать ... (нсв, нпх)	[prinadleʒátʲ ...]
perturbar (vt)	беспокоить (нсв, пх)	[bespɔkóitʲ]
pesar (ter o peso)	весить (нсв, пх)	[vésitʲ]
pescar (vt)	ловить рыбу	[lɔvítʲ rĩbu]

planear (vt)	планировать (нсв, пх)	[planírɔvatʲ]
poder (vi)	мочь	[mótʃ]
pôr (posicionar)	располагать (нсв, пх)	[raspɔlagátʲ]
possuir (vt)	владеть (нсв, пх)	[vladétʲ]

predominar (vi, vt)	преобладать (нсв, нпх)	[preɔbladátʲ]
preferir (vt)	предпочитать (нсв, пх)	[pretpɔtʃitátʲ]
preocupar (vt)	беспокоить (нсв, пх)	[bespɔkóitʲ]
preocupar-se (vr)	беспокоиться (нсв, возв)	[bespɔkóitsa]
preocupar-se (vr)	волноваться (нсв, возв)	[vɔlnɔvátsa]

preparar (vt)	подготовить (св, пх)	[pɔdgɔtóvitʲ]
preservar (ex. ~ a paz)	сохранять (нсв, пх)	[sɔhranʲátʲ]
prever (vt)	предвидеть (нсв, пх)	[predvídetʲ]
privar (vt)	лишать (нсв, пх)	[liʃátʲ]

proibir (vt)	запрещать (нсв, пх)	[zapreʃátʲ]
projetar, criar (vt)	проектировать (нсв, пх)	[prɔɛktírɔvatʲ]
prometer (vt)	обещать (н/св, пх)	[ɔbeʃátʲ]
pronunciar (vt)	произносить (нсв, пх)	[prɔiznɔsítʲ]

propor (vt)	предлагать (нсв, пх)	[predlagátʲ]
proteger (a natureza)	охранять (нсв, пх)	[ɔhranʲátʲ]
protestar (vi)	протестовать (нсв, нпх)	[prɔtestɔvátʲ]
provar (~ a teoria, etc.)	доказывать (нсв, пх)	[dɔkázivatʲ]

provocar (vt)	провоцировать (нсв, пх)	[prɔvɔtsĩrɔvatʲ]
publicitar (vt)	рекламировать (нсв, пх)	[reklamírɔvatʲ]
punir, castigar (vt)	наказывать (нсв, пх)	[nakázivatʲ]
puxar (vt)	тянуть (нсв, пх)	[tɪnútʲ]

256. Verbos Q-Z

quebrar (vt)	ломать (нсв, пх)	[lɔmátʲ]
queimar (vt)	жечь (нсв, пх)	[ʒǽtʃ]
queixar-se (vr)	жаловаться (нсв, возв)	[ʒálɔvatsa]
querer (desejar)	хотеть (нсв, пх)	[hɔtétʲ]

| rachar-se (vr) | трескаться (нсв, возв) | [tréskatsa] |
| realizar (vt) | осуществлять (нсв, пх) | [ɔsuʃestvlʲátʲ] |

| recomendar (vt) | рекомендовать (нсв, пх) | [rekɔmendɔvátʲ] |
| reconhecer (identificar) | узнавать (нсв, пх) | [uznavátʲ] |

reconhecer (o erro)	признавать (нсв, пх)	[priznavátʲ]
recordar, lembrar (vt)	вспоминать (нсв, пх)	[fspɔminátʲ]
recuperar-se (vr)	выздоравливать (нсв, нпх)	[vizdɔrávlivatʲ]
recusar (vt)	отказывать (нсв, пх)	[ɔtkázivatʲ]

reduzir (vt)	уменьшать (нсв, пх)	[umenʲʃátʲ]
refazer (vt)	переделывать (нсв, пх)	[peredélivatʲ]
reforçar (vt)	укреплять (нсв, пх)	[ukréplʲátʲ]
refrear (vt)	удерживать (нсв, пх)	[udérʒivatʲ]

regar (plantas)	поливать (нсв, пх)	[pɔlivátʲ]
remover (~ uma mancha)	удалять (нсв, пх)	[udalʲátʲ]
reparar (vt)	починить (св, пх)	[pɔtʃinítʲ]
repetir (dizer outra vez)	повторять (нсв, пх)	[pɔftɔrʲátʲ]

reportar (vt)	докладывать (нсв, пх)	[dɔkládivatʲ]
repreender (vt)	ругать (нсв, пх)	[rugátʲ]
reservar (~ um quarto)	бронировать (н/св, пх)	[brɔnírɔvatʲ]
resolver (o conflito)	улаживать (нсв, пх)	[ulázivatʲ]
resolver (um problema)	решить (св, пх)	[reʃítʲ]

respirar (vi)	дышать (нсв, нпх)	[diʃátʲ]
responder (vt)	отвечать (нсв, пх)	[ɔtvetʃátʲ]
rezar, orar (vi)	молиться (нсв, возв)	[mɔlítsa]
rir (vi)	смеяться (нсв, возв)	[smejátsa]

romper-se (corda, etc.)	разорваться (св, возв)	[razɔrvátsa]
roubar (vt)	красть (нсв, н/пх)	[krástʲ]
saber (vt)	знать (нсв, пх)	[znátʲ]
sair (~ de casa)	выйти (св, нпх)	[vɪ̄jti]

sair (livro)	выйти (св, нпх)	[vɪ̄jti]
salvar (vt)	спасать (нсв, пх)	[spasátʲ]
satisfazer (vt)	удовлетворять (нсв, пх)	[udɔvletvɔrʲátʲ]
saudar (vt)	приветствовать (нсв, пх)	[privétstvɔvatʲ]
secar (vt)	сушить (нсв, пх)	[suʃítʲ]

seguir ...	следовать (нсв, нпх)	[slédɔvatʲ]
selecionar (vt)	отобрать (св, пх)	[ɔtɔbrátʲ]
semear (vt)	сеять (нсв, пх)	[séjatʲ]
sentar-se (vr)	сесть (св, нпх)	[séstʲ]

sentenciar (vt)	приговаривать (нсв, пх)	[prigɔvárivatʲ]
sentir (~ perigo)	чувствовать (нсв, пх)	[tʃústvɔvatʲ]
ser diferente	отличаться (нсв, возв)	[ɔtlitʃátsa]

ser indispensável	требоваться (нсв, возв)	[trébɔvatsa]
ser necessário	требоваться (нсв, возв)	[trébɔvatsa]
ser preservado	сохраниться (св, возв)	[sɔhranítsa]
ser, estar	быть (нсв, нпх)	[bɪ̄tʲ]

| servir (restaurant, etc.) | обслуживать (нсв, пх) | [ɔpslúʒivatʲ] |
| servir (roupa) | подходить (нсв, нпх) | [pɔtxɔdítʲ] |

significar (palavra, etc.)	значить (нсв, пх)	[znátʃitʲ]
significar (vt)	означать (нсв, пх)	[oznatʃátʲ]
simplificar (vt)	упрощать (нсв, пх)	[uproʃátʲ]

sobrestimar (vt)	переоценивать (нсв, пх)	[pereotsǽnivatʲ]
sofrer (vt)	страдать (нсв, нпх)	[stradátʲ]
sonhar (vi)	видеть сны	[vídetʲ snī]
sonhar (vt)	мечтать (нсв, нпх)	[metʃtátʲ]
soprar (vi)	дуть (нсв, нпх)	[dútʲ]

sorrir (vi)	улыбаться (нсв, возв)	[ulɨbátsa]
subestimar (vt)	недооценивать (нсв, пх)	[nedootsǽnivatʲ]
sublinhar (vt)	подчеркнуть (св, пх)	[pottʃerknútʲ]
sujar-se (vr)	испачкаться (св, возв)	[ispátʃkatsa]

supor (vt)	предполагать (нсв, пх)	[pretpolagátʲ]
suportar (as dores)	терпеть (нсв, пх)	[terpétʲ]
surpreender (vt)	удивлять (нсв, пх)	[udivlʲátʲ]
surpreender-se (vr)	удивляться (нсв, возв)	[udivlʲátsa]
suspeitar (vt)	подозревать (нсв, пх)	[podozrevátʲ]

suspirar (vi)	вздохнуть (св, нпх)	[vzdohnútʲ]
tentar (vt)	пытаться (нсв, возв)	[pɨtátsa]
ter (vt)	иметь (нсв, пх)	[imétʲ]
ter medo	бояться (нсв, возв)	[bojátsa]

terminar (vt)	заканчивать (нсв, пх)	[zakántʃivatʲ]
tirar (vt)	снимать (нсв, пх)	[snimátʲ]
tirar cópias	размножить (св, пх)	[razmnóʒitʲ]
tirar uma conclusão	делать заключение	[délatʲ zaklʲutʃénie]

tocar (com as mãos)	касаться (нсв, возв)	[kasátsa]
tomar emprestado	занимать (нсв, пх)	[zanimátʲ]
tomar nota	записывать (нсв, пх)	[zapísivatʲ]
tomar o pequeno-almoço	завтракать (нсв, нпх)	[záftrakatʲ]

tornar-se (ex. ~ conhecido)	становиться (нсв, возв)	[stanovítsa]
trabalhar (vi)	работать (нсв, нпх)	[rabótatʲ]
traduzir (vt)	переводить (нсв, пх)	[perevodítʲ]
transformar (vt)	трансформировать (н/св, пх)	[transformírovatʲ]

tratar (a doença)	лечить (нсв, пх)	[letʃítʲ]
trazer (vt)	привозить (нсв, пх)	[privozítʲ]
treinar (pessoa)	тренировать (нсв, пх)	[trenirovátʲ]
treinar-se (vr)	тренироваться (нсв, возв)	[trenirovátsa]
tremer (de frio)	дрожать (нсв, нпх)	[droʒátʲ]

trocar (vt)	обмениваться (нсв, возв)	[obménivatsa]
trocar, mudar (vt)	менять (нсв, пх)	[menʲátʲ]
usar (uma palavra, etc.)	употребить (св, пх)	[upotrebítʲ]
utilizar (vt)	пользоваться (нсв, возв)	[pólʲzovatsa]
vacinar (vt)	делать прививки	[délatʲ privífki]

vender (vt)	продавать (нсв, пх)	[prodavátʲ]
verter (encher)	наливать (нсв, пх)	[nalivátʲ]
vingar (vt)	мстить (нсв, пх)	[mstítʲ]

virar (ex. ~ à direita)	поворачивать (нсв, нпх)	[pɔvɔrátʃivatʲ]
virar (pedra, etc.)	перевернуть (св, пх)	[perevernútʲ]
virar as costas	отворачиваться (нсв, возв)	[ɔtvɔrátʃivaʦa]
viver (vi)	жить (нсв, нпх)	[ʒítʲ]
voar (vi)	летать (нсв, нпх)	[letátʲ]
voltar (vi)	возвращаться (нсв, возв)	[vɔzvraʃátsa]
votar (vi)	голосовать (нсв, нпх)	[gɔlɔsɔvátʲ]
zangar (vt)	сердить (нсв, пх)	[serdítʲ]
zangar-se com ...	сердиться (нсв, возв)	[serdíʦa]
zombar (vt)	насмехаться (нсв, возв)	[nasmehátsa]

www.ingramcontent.com/pod-product-compliance
Lightning Source LLC
Chambersburg PA
CBHW071329090426
42738CB00012B/2828